历史教学与大学生文化自信培养研究

涂 婷◎著

全国百佳图书出版单位
吉林出版集团股份有限公司

图书在版编目（CIP）数据

历史教学与大学生文化自信培养研究 / 涂婷著. -- 长春：吉林出版集团股份有限公司，2022.8
ISBN 978-7-5731-1949-0

Ⅰ.①历… Ⅱ.①涂… Ⅲ.①历史教学—关系—大学生—文化素质教育—研究—中国 Ⅳ.①K-42②G645.5

中国版本图书馆CIP数据核字(2022)第143878号

LISHI JIAOXUE YU DAXUESHENG WENHUA ZIXIN PEIYANG YANJIU

历史教学与大学生文化自信培养研究

著：涂婷
责任编辑：王芳芳
技术编辑：王会莲
封面设计：冯冯翼
开　　本：710mm×1000mm　1/16
字　　数：230千字
印　　张：12.5
版　　次：2022年8月第1版
印　　次：2022年8月第1次印刷

出　　版：吉林出版集团股份有限公司
发　　行：吉林出版集团外语教育有限公司
地　　址：长春市福祉大路5788号龙腾国际大厦B座7层
电　　话：总编办：0431-81629929
印　　刷：武汉市首壹印务有限公司

ISBN 978-7-5731-1949-0　　定　价：59.00元
版权所有　侵权必究　　举报电话：0431-81629929

前 言

当代大学生承载着祖国复兴的历史重任,肩负着我国建设社会主义文化强国的历史使命,是我国未来发展的生力军。我国大学生群体庞大,整体素质高,其文化素养代表了我国未来的文化方向。因此,作为新时代的大学生,必须具有高度的文化认同,坚定的文化自信,并能身体力行地传承、维护和发扬本国文化。新时代,对于大学生的文化自信培养,是我国社会主义文化强国建设的一个重要方面。

学习历史,可以陶冶大学生的情操,提高大学生的文化素养。历史不是呆滞的文字,是一件件具有教育意义的事件,是一个个鲜活的人物形象。通过历史,可以了解人类的发展脉络,看清社会的发展形式,知晓自身的社会价值。历史中具有丰富的优秀传统文化,也蕴含着我国的革命文化,还存在着我国社会主义先进文化。通过历史学习,可以坚定大学生的文化自信,丰富大学生的精神生活。同时,在历史教学中引入对大学生文化自信的培养,可以丰富历史课堂的教学内容,引导学生向更高的精神层面发展。

本书第一章为历史教学概述,分别介绍了历史教学的内涵、历史教学的课程设置、历史教学目标与结构和历史教学模式与方法;第二章为中国历史与文化,分别介绍先秦时期历史与文化、封建王朝历史与文化和近代中国历史与文化;第三章为历史与文化自信,分别介绍了文化自信的历史底蕴、文化自信的历史使命和文化自信的历史意义;第四章为大学生文化自信培养,分别介绍了大学生文化自信培养的目标、大学生文化自信培养的原则、大学生文化自信培养的方法和大学生文化自信培养的路径;第五章为历史教学与大学生文化自信培养,分别介绍了历史教学与大学生文化自信培养的关系、历史教学中大学生文化自信培养的重要性和历史教学中大学生文化自信培养的策略。

在撰写本书的过程中，作者得到了许多专家学者的帮助和指导，参考了大量的学术文献，在此表示真诚的感谢！本书内容系统全面，论述条理清晰、深入浅出。

限于作者水平有不足，加之时间仓促，本书难免存在一些疏漏，在此，恳请同行专家和读者朋友批评指正！该著作为武汉工商学院思想政治工作培育建设项目及"双带头人"教师党支部书记工作室建设项目成果。

目　录

第一章　历史教学概述 ………………………………………… 1
　　第一节　历史教学的内涵 ……………………………………… 1
　　第二节　历史教学的课程设置 ………………………………… 9
　　第三节　历史教学目标与结构 ………………………………… 62
　　第四节　历史教学模式与方法 ………………………………… 65

第二章　中国历史与文化 ………………………………………… 68
　　第一节　先秦时期历史与文化 ………………………………… 68
　　第二节　封建王朝历史与文化 ………………………………… 103
　　第三节　近代中国历史与文化 ………………………………… 120

第三章　历史与文化自信 ………………………………………… 123
　　第一节　文化自信的历史底蕴 ………………………………… 123
　　第二节　文化自信的历史使命 ………………………………… 136
　　第三节　文化自信的历史意义 ………………………………… 143

第四章　大学生文化自信培养 …………………………………… 147
　　第一节　大学生文化自信培养的目标 ………………………… 147
　　第二节　大学生文化自信培养的原则 ………………………… 152
　　第三节　大学生文化自信培养的方法 ………………………… 159

第四节 大学生文化自信培养的途径 ……………………………… 169

第五章 历史教学与大学生文化自信培养 ……………………… 174
  第一节 历史教学与大学生文化自信培养的关系 ………………… 174
  第二节 历史教学中大学生文化自信培养的重要性 ……………… 178
  第三节 历史教学中大学生文化自信培养的策略 ………………… 184

参考文献 …………………………………………………………… 192

第一章　历史教学概述

本章为历史教学概述，对历史教学做总体介绍，共四节。第一节为历史教学的内涵，第二节为历史教学的课程设置，第三节为历史教学目标与结构，第四节为历史教学模式与方法。

第一节　历史教学的内涵

一、历史的概念

历史是时空中一种曾经的具体的社会存在，是人类现今社会的前身。那时，人类的日常生活有着丰富内容，它与人们现今的社会始终保持着密切的联系。它的复杂性、连续性与严肃性，可能出乎人们的预料。历史学是对已经消失但又现实存在过的历史进行还原。人们谈论的历史，通常是历史学记述的"过去"。

（一）已经消失

历史是无法返回的岁月，历史人物不会重现，不能与研究者一同议论时政、辩驳文章。路易十四的宫廷、法国大革命、拿破仑帝国、戴高乐领导的共和政府都已经烟消云散。由马匹牵引在铁轨上"快速"行走的火车，早已驶入了历史的深处……这些就是历史。

也有过去的人与事消失得不明不白，多少年来无法弄清真相。这是因为不具备解开谜团的条件，如痕迹销毁、档案失散、证人死亡等。瑞典国王查理十二世（1682—1718）曾挥戈鏖战于欧洲东部，创造了瑞典的"英雄时代"。

1700—1709年他率军侵入俄罗斯，但在波尔塔瓦战败，落荒逃离。后来，当他进攻挪威的要塞弗雷德里克斯滕时，突然被人在近距离射中太阳穴而丧命。谁是凶手，至今无法查明。

1851年，法国总统拿破仑·波拿巴发动政变，获取了共和国的全部权力。当时，他的绝密文件夹封面上写着"卢比孔"，内有政变的具体安排，如调动军队、占领要冲等。政变开始行动前，参与指挥的数人皆曾见到它被放在总统的办公桌上。政变胜利了，"卢比孔"却不翼而飞。160余年过去了，研究者们在国家档案、私人档案、回忆录、私人书信中，任何地方都找不到"卢比孔"。另外，还有"铁面人"，他闻名世界，但此人究竟是谁，至今未见定论。1923年莫里斯·罗斯唐出版小说《铁面人》，后来有人又将它拍成电影，但它们只是采取某种说法的文艺作品。

历史蕴藏着魅力，吸引着研究者与读者，然而它毕竟是已经消失的社会实况。

（二）能够预见

这种说法看似与前一说法矛盾，然而事实却为此提供了佐证。近代法国，人们不止一次地预见未来，即尚未出现但将会来临的社会冲突。他们看清了局势，且估计其符合当时社会演变的趋势。

19世纪前期，法国政局多变，19世纪40年代社会安危的"能见度"可谓典型。当时法国不同职业的若干人士善于观察社会动态，预言政局突变正在临近。1840年，内尔蒙在里昂等地从事工人教育时，致函一位战友说："我看到革命距离我们这样近了。我想为了她，我们必须采取所有可能的办法进行合作。"八年之后，法国发生革命。1843年，诗人拉马丁发出警告："我们法兰西，五年以后将发生革命。我对此深信不疑。"他准确估计了时间，1848年法国爆发了革命，拉马丁成为新政府的实际负责人。此外，乌托邦社会主义者孔西得朗于1847年8月宣称"一场革命已迫在眉睫"，"一场浩劫很快就要来临"。

1848年1月29日，托克维尔在议会讲台上预告："人们说，革命离我们为时尚远。先生们，你们弄错了！"2月15日，作家巴尔扎克从乌克兰回到巴黎，他在信中告诉恋人韩斯卡："今日，在巴黎，我们坐在火山上。"2月22

日，路易·菲利普表示"人们不会在冬天闹革命"，但是当天巴黎爆发了革命。同年2月24日第二共和国成立，随后政治矛盾在新的情况下逐渐激化。巴尔扎克对女友预言：共和国维持不了多久，顶多三年。果然，1851年12月2日总统波拿巴发动政变，一年后建立第二帝国。

第二帝国的后期，也曾出现预见。1869年9月，"第一国际"在瑞士巴塞尔举行代表大会，会上讨论下一届大会将于何处举办时，法国代表团建议于1870年9月5日（该月第一个星期日）在巴黎召开，他们的根据为"一年之后，第二帝国将灭亡"。1870年9月4日巴黎民众起义，第二帝国垮台。那时，已于7月被判处监禁的"第一国际"法国组织的领导者们获释出狱。

这些人看清了法国政局正在走向激烈冲突，不论数年、数月、数日的预告，都是重要事件的提前说明。他们不是社会治安的负责人，却一语道破危机的来临，政治巨变果然发生。这些并非凭空臆造，而是认真了解与透彻分析后的结果。

乌托邦共产主义社会主义者们的设想中，有不少预见的内容已为后人实现了。如德萨米主张的"宽阔方便的人行道""规定靠右或靠左走"，等等。

（三）可以虚拟

有时历史中的"某人某事"，实际却查无此人此事，但由于口头或文字讲述时间过长、重复次数甚多，有关"人与事"逐渐演化成为仿佛曾经出现的真人真事。"沙文"与"退尔"便是典型的例子。

关于尼古拉·沙文的传说产生于法国民间，大约于19世纪二三十年代到处传播。随着时间的推移，仿佛越传越可信。国际上，若干辞书中出现了"沙文"与"沙文主义"的条目，说明"尼古拉·沙文是拿破仑一世的一个士兵"。"社会沙文主义是以这位沙文先生命名的一种民族主义"。于是借助传说与辞书，虚拟竟然变成了真实：沙文是拿破仑的士兵，一个活人，他忠心耿耿追随皇帝东征西战，多次负伤，曾获奖……法国西南部的罗什弗尔城竟然正式宣布当地为这位沙文先生的故乡，曾举行仪式，命名街道作为纪念。

众所周知，第一帝国结束于1815年。然而1889年1月，沙文116岁时，还在为拿破仑的事业而"积极参加"巴黎的示威游行。事实如何呢？巴黎警察局的调查结果："查无此人！"法国国家档案馆、军事档案馆、巴黎警察局档案馆、罗什弗尔城及该地区涉及民事与军事的文档，皆找不到这位尼古拉·沙文。近年，瑞士一学者的博士论文中，结论也是"查无此人"。虚构之人，转化为似有此人，幻变成士兵的民间传说，制造了一位民族英雄。他激励法国人热爱祖国。1827年诗人沙尔勒的诗句："我们全体法国人，如果大家都是沙文，任何事情难不倒我们！"

瑞士的威廉·退尔又是一例。传说此人曾经一箭射中放在儿子头上的苹果，从而迫使奥地利人履行诺言撤走军队。他因传说成为瑞士的民族英雄，早已被载入文学艺术作品。1793年8月2日，法国国民公会命令各市政府组织演出歌颂自由与革命的戏剧，其中包括关于威廉·退尔的戏剧。又如意大利作曲家罗西尼于1829年创作歌剧《威廉·退尔》，内容根据德国达人席勒写的剧本。后来人们终于查清楚，这仅为一个传说。当今多种西方辞书指出，这是约在1300年开始的瑞士传说中的民族英雄。传说是社会的需要。尽管那里山川交错、语言多种、居民并非单一、地区各自强调特性，人们还是需要维持一个国家，进而需要一个英雄的神话。

费弗尔曾说："神话就是神话，如果愿意，也可以将它视同幻影。"的确如此，但是在将传说认定为神话之前，人们视他们如同真实存在并受此鼓舞。罗什弗尔侯爵的举动体现了法兰西文化巧妙的尖刻性，他以独特的方式谴责第二帝国制度。众所周知，他是共和派记者，然而他公开声明："我是一个波拿巴主义者，我喜欢拿破仑二世的统治，多好的朝代，没有关税，没有皇帝独享的年俸。"1815年拿破仑战败，让位给儿子，6月23日和7月1日议会的"代表院"两次承认他为法国皇帝"拿破仑二世"。这位新皇帝此时身在维也纳，"软禁"于外公奥地利皇帝的宫中，未曾返回法国即位执政，更无征税可言。罗什弗尔意在言外。可见，虚拟的拿破仑二世的统治、征税、年俸、罗什弗尔属于波拿巴派等皆非真实，却都成了真实的武器，攻击真实的存在——当时的第二帝国与拿破仑三世。

幻影的作用、虚拟历史的实际价值难于否定。历史，已经消失，然而除能够预见和虚拟之外，它还可以是一种现实的存在。

二、历史教学的本质

作为一种社会活动，教育是要将人类所发现和创造的知识与技能进行传递与再创造，其实质是进行知识的接力与人的培养。对于个人来说，通过教育可以实现自身更好的发展，进而更好地融入社会生活。社会是由人这一主要群体构成的，其发展主要是由人的活动来推进，这就需要对社会中的"人"进行人文教育，而历史学正是人文教育的重要组成部分。历史承载着先人无数的智慧与经验，其中蕴含众多的人文知识。历史学涉及的领域众多，包含科学、政治、军事、经济、文化等等，是一个五彩缤纷的世界。文字记载中的历史只是人类过去存在的一个缩影，历史教学并不是为了让学生知道历史发生的事情，而是培养学生的求真意识和唯物历史观，探究历史发展的规律，更好地为人类和自身发展服务。人类活动创造了历史，它无法通过任何形式进行复制，具有唯一性，这也要求学生在学历史时进行换位思考，综合分析当时的社会情况，以当时的社会环境为背景来分析历史。这样既能开阔自身视野，又能从深层次挖掘历史价值，从而不断丰富自身精神世界，提高人文修养。历史教学中要准确把握学生的思想特点，运用不同的教学手段和工具创设丰富的历史教学环境，引导学生形成正确的历史观。

三、历史教学的理念

教学理念是教师进行教学活动的方向和指引，可以反映出教师对待教学活动的态度，折射出教师自身的教学信念。教学理念应当根据社会环境进行更新，保持和时代的步伐同步，向更积极的方向发展。对于历史教学来说，首先，教师应当具有丰富的史学知识，能够多角度、立体式地对历史事件和人物进行分析，从根本上解释历史事件发生的原因，让学生听得懂、学得透；其次，教师还应当具有理论联系实际的能力，能够从历史的角度分析、思考当今的社会问题，向学生传达正确的价值观，避免学生只会学不会用；另外，历史中含有丰富的情感教学资料，教师应当充分挖掘历史中的文化、情感等精神素材，充实历史教学内容，为学生树立正确的爱国意识，引导学生积极践行社会主义核心价值观。

四、历史教学的原则

（一）启发与生动性原则

历史教学不是单纯地浏览历史故事，了解历史人物，而是为了让学生树立历史发展的意识，提高自身解决问题的能力，这就要求在历史教学中需要对学生进行教学启发。启发就是指教师在历史教学中要引导学生主动探寻历史发展的规律，积极地用历史意识解决自身遇到的问题，进而提升自身综合能力。在启发性教学环境中，教师担任的不是知识的灌输者，而是问题的提出者，办法的引导者。在教学过程中，教师应当提出针对性的问题，引导学生积极进行思考和回答，营造一个畅所欲言的课堂气氛，培养学生主动参与的意识。在启发性课堂上，学生能够多角度地思考历史问题，发散自己的思维，逐渐地能够自己提出对历史问题的看法。比如，在近代史教学中，通过启发性教学，学生带着问题学习历史能够更好地理解中国人民选择中国共产党的原因，更深刻地理解中华民族伟大复兴的历史渊源。启发性原则要求教师在教学过程中积极地引导学生进行历史问题的讨论，最大化地倡导言论自由。学生在反复的争与不争中能够不断地增加自身知识储备，强化历史意识，逐渐形成科学的思维方法。

历史是一个复杂精彩的世界，历史教学不应是对枯燥的文字记载的讲解，而是对生动的过往世界的描绘，这就要求历史教学应当生动而富有吸引力。历史中不乏有趣的事件和人物，教师应当充分展现中国语言的魅力，运用生动的语言展现当时的历史情况，同时还可以利用多媒体手段丰富历史教学的内容。生动性原则要求教师在历史教学中应当丰富自己的表达形式，引导学生体会历史人物在所处历史环境下的心理状态。对于不同历史阶段的教学，教师可以使用不同的教学形式。比如，古代史教学中，教师可以组织学生前往历史遗迹或历史博物馆，加深对历史知识的了解；在近代史教学中，教师不但可以组织学生瞻仰革命遗址，还可以增加更多真实的影视资料，展现当时的历史环境。生动性原则主要就是为了引起学生对历史学习的兴趣，提升学生主动学习历史的动力，展现民族力量的强大。学生在生动的历史教学中能够更深刻地感悟历史变迁的规律，体会当前社会稳定的不易，树立坚定的爱国意识。生动的历史教学还可以展现强大的民族精神，树立学生的国家安全意识。

（二）实事求是原则

历史是已经过去的事实，无法改变，存在于过去的时间里，给人启迪。对于历史教学来说，应当以历史事实为依据，紧握史实资料，忠于史实，这也是历史教学忠于真理的态度。对于历史的学习，不仅仅是知晓历史事件和故事，更重要的是在历史学习中可以丰富个人的思维，寻找人类、民族和个人的发展规律。只有通过真实的历史，才能在历史这本饱含民族智慧的、富含民族经验的教科书中汲取营养，这也是一种"求是"的精神。对历史进行评价时，要秉持辩证的态度，从不同的角度看待历史事件和人物，这就要求学习历史还要解放思想，不能局限于个人的思维习惯。带有个人情绪的历史评价，必然会导致评价的片面性。忠于史实、解放思想就是对历史的实事求是。

（三）历史性分析性原则

任何人的思想行为都会受到历史的制约，历史教学中在评价历史人物和历史事件时，要将其置于它们发生、存在的社会历史环境之中，深入分析人物当时所处的政治、经济、文化等不同的环境。对于历史分析，要有历史的眼光和全局意识，既要考虑到历史的局限性，又要考虑到历史的发展规律。历史性分析性原则就是要求在历史学习中，要将自身处于当时的历史条件下，以当时的社会生产力为背景，客观地分析历史成就与挫折。历史总是向前发展的，对于历史事件和人物，不能只看结果，主要看其发展的过程，既不能全部肯定，也不能全部否定，否则就犯了形而上学的唯心主义。只有理性地看待历史，从历史的角度去分析历史事件和任务，才能掌握正确的历史观和方法论，才能了解历史教学的意义。

历史唯物主义是最科学的历史观和方法论。在历史发展中，不同的历史人物所处的阶级不同。当然，这不等于是给历史人物贴上阶级标签，而是说，这些历史人物在某些历史事件中做出的反映，多少会带有一些阶级属性。不同阶级的人在不同历史环境中做出的反映，对历史有不同的作用，有的会促进历史的进步，有的则会导致历史倒退。因此，在具体分析某个历史事件或者人物时，还要考虑当时的阶级环境。

（四）科学性与思想性统一原则

科学性与思想性指的是教师在历史教学中应当传递科学的知识，引领健康的思想，表达积极的态度。在大学生思想形成的关键时期，教育工作者应当用科学的马克思思想为理论武器，消灭大学生思想中的糟粕。历史教师应当秉持新时代的教育观，以科学的历史知识为基础，对大学生进行历史教育和社会主义教育。首先，历史教学的过程应当体现科学性，对大学生传递的知识应当是科学而有用的，能够解决实际问题的。其次，历史教学的内容应当体现思想性，体现马克思主义的指导性。没有科学的知识，学生就不会客观地认识历史，没有正确的思想，学生就不会正确对待我国的先进文化和制度。历史教师不但要教授历史知识，而且要指引学生形成正确的人生观、世界观和价值观，这其中离不开科学性与思想性的统一。科学性与思想性统一也是对我国历史教学提出的新要求。

五、历史教学的特点

（一）指导方法科学

马克思主义是指导我们党和国家发展的重要理论，是党和人民进行生产生活的重要理论武器。我国的历史教学是在党的关怀和领导下进行的，具有鲜明的马克思主义色彩，同时融入了中国特色社会主义理论。我国的历史教学是非常客观和公正的，能够正确地反映历史事件，客观地评价历史人物。我国历史绵延五千多年，给历史教学留下了丰富的教学资源，世界历史同样复杂多变。在中国史教学中，历史教学大多采用比较具有时代性的历史资料，这一点同样也体现在世界史的教学中。历史教学无法将所有的历史完全讲明，主要是让学生在了解历史的基础上，掌握正确对待历史的方法。

（二）内容丰富精彩

从不同的角度分析历史、评价历史是一件非常有意思的事情。历史的内容非常丰富，历史中的事件非常精彩，历史中的人物非常鲜明。不同时间、不同地域产生了不同的文明，不同的文明创造了各自不同的发展时代，这些都是世界文明的一部分。在历史学习中，学生可以体会文明的差异、种族的差异对国家和世界产生的影响，提升自身的时间、空间概念，感受历史学习的乐趣。

第二节　历史教学的课程设置

人类的发展离不开对历史的创造，学习历史，可以领悟民族的根源，借鉴历史的经验，总结历史的智慧，进而去创造新的历史。对当代大学生进行历史教育，主要是树立大学生的历史观、发展观，让大学生掌握历史发展的规律，了解自身的使命。

一、历史教学的主要课程

（一）中国古近代史教育

中国作为四大文明古国之一，悠久的历史铸就了中华民族的血脉。作为中华民族的一员，首先要了解本国历史，理清我国历史的发展脉络，辨析我国历史的发展趋势。我国历史记载中有民族的辉煌，也有民族的屈辱，给后世人民留下深刻的历史反思，同时也指引者中国历史的发展方向。历史积淀着中华民族先贤们无数的经验与智慧，承载着中华民族血液里自强自立、百折不挠的民族精神。当代大学生要以史明心，以史明志，从历史中汲取精神营养，增强对中国优秀传统文化的自信，并将之传承与发扬。

（二）"四史"教育

"四史"教育指的是高校要开展对大学生的党史、新中国史、改革开放史、社会主义发展史教育。"四史"学习，是新时代对全社会提出的要求，更是对作为社会主义接班人的大学生提出的要求。中国共产党自诞生起，就是人民的政党，带领中国人民走出屈辱，走向光明，实现国家发展的一次又一次跨越。当代大学生要深刻领悟"四史"的内涵，了解近代以来中华民族的屈辱，珍惜当下稳定和平的生活，从"四史"中深刻理解中国人民选择中国中产党的历史渊源，牢固树立对中国共产党的自信，对中国人民的自信，对社会主义先进文化的自信，自觉维护与发扬社会主义先进文化，树立为中华民族伟大复兴而奋斗的远大志向。

（三）世界文明史教育

世界历史的进程是由社会生产力的发展而推动的，生产力的发展拓宽了资本市场，增加了社会分工，使得世界各地不同民族之间可以相互交流。作为在世界史上曾经辉煌灿烂的中国，自古就与世界民族不断地进行交流，丝绸之路、郑和下西洋无不体现着中国人民的开放与包容。在全球化的今天，大学生学习世界史更能体会我国古代文明的绚丽多姿，更能体会"人类命运共同体"这一的理论提出的历史意义。中国历史是世界历史的一部分，当代大学生了解世界历史，可以拓展自身视野，窥探人类发展的方向，总结中国历史上落后的原因，明白合作共赢的历史发展趋势，准确对我国发展进行定位。

二、我国古近代史概述

我国的文明史是从未中断过的存在，了解我国历史有助于增强大学生的民族自信、文化自信，本书简要介绍我国历史的发展脉络。

（一）文明起源

在中国的古代语言中，"河"指黄河，"江"是长江。虽然长江比黄河更长，但黄河才是中国的代表。黄河是中华文明的发祥地。中华文明以此为中心不断扩展，并最终影响到整个东方。这里所说的东方，所涵盖的范围并不十分明确，不过其中心大体为中华文明影响力所及的东亚地区，即"亚洲屋脊"——葱岭（帕米尔高原）以东的亚洲，包括中国、西伯利亚、蒙古、朝鲜、日本及东南亚。

黄河流经的峡谷地区是著名的黄土地带，细细的黄土颗粒溶入河水，黄河变成了一条黄色的浊流。当黄河在郑州进入平原地区后，水流变得平缓，但泥沙含量依旧很高，春季水绵大量繁殖，带着绿色水藻的黄色河水愈加壮观。两岸地势开阔而低洼，罕有草木，零零落落分布着村落。所谓"百年待河清"（出自《左传》"俟河之清"），看到这股浊流才更能理解这个说法。

一直侵蚀着河岸的黄河，开始将携带的泥沙留在河底。在冲积作用下，河床逐渐增高，导致水流方向不断变化。历史上黄河河道几经变迁，向北到过天津，向南则到过南京。这个三角形区域便是黄河曾经泛滥的地区，也可能正是夏的始祖大禹治水的九州地区。

（二）先秦历史

1. 夏朝

（1）夏朝建立

据《夏本纪》记载，夏朝延续了四百多年。《竹书纪年》记载是四百九十六年，与《夏本纪》记载的基本相符。夏的始祖禹是黄帝的第四代孙。禹，作为耳熟能详的人物，最为人知晓的就是大禹治水的故事，也是中国古代历史上第一个王朝——夏朝的开创者，在史书古籍上也有许多关于他的记载。《史记·夏本纪》记载："禹之父曰鲧，鲧之父曰帝颛顼，颛顼之父曰昌意，昌意之父曰黄帝。"《大戴礼记·帝系》载："黄帝产昌意，昌意产高阳，是为帝颛顼……颛顼产鲧，鲧产文命，是为禹。"由此可以看出，尧、舜、禹皆是黄帝的后裔。帝尧时，用禹之父鲧治水。由于治水无方，九年无果，鲧被舜所杀。舜即位后，禹被任命为司空，继续父亲的工作。这位"内务大臣兼建设大臣"人望极高，是下届领袖的有力人选。《史记》记载："禹为人敏给克勤；其德不违，其仁可亲，其言可信；声为律，身为度，称以出；亹亹穆穆，为纲为纪。"由此可以看出，他是一个十分勤奋且有分寸的人，因此能够很好地治理水患。在《尚书·大禹谟》中，禹提到："后克艰厥后，臣克艰厥臣，政乃乂，黎民敏德……德惟善政，政在养民……惟修、正德、利用、厚生、惟和。九功惟叙，九叙惟歌"。在《庄子·天下》《韩非子·显学》《论语·泰伯》中都对禹有大量的赞美，因此，也不难发现，在古籍中禹的形象十分高大，是以圣王形象出现的。

据说禹伤痛父亲鲧治水无功被杀，因此"劳身焦思"，在外十三年，经过自己家门也不敢进。禹为了治水，自己节衣缩食，土阶茅屋。禹治水时，赶旱路坐车，走水路坐船，走泥泞路坐橇，走山路用樏（屦底有齿的鞋）。他的左手持测定平直的水准和绳墨，右手则持划定图式的圆规和方矩。禹从都城冀州出发，走遍了冀州、兖州、青州、徐州、扬州、荆州、豫州、梁州和雍州等九州，辟通九州道路，疏通河道，修筑堤障，教群众种植树木粮食。禹治理好了洪水，使全国农业生产走上了正轨。

　　围绕着治水有功的禹有不少传说。在大量的史料文献中，记载了尧舜禹时期曾发生大洪水。《尚书》是我国最早的历史文献，《汉书·艺文志》对《春秋》和《尚书》两本先秦文献进行了高度评价，对于研究先秦历史，《尚书》中的内容有极高的可信度。其中《虞夏书》中的《尧典》《大禹谟》《益稷》记载了尧舜时期大洪水的存在。《尚书·尧典》记载尧作为部落首领时洪水发生的大体情况："汤汤洪水方割，荡荡怀山襄陵，浩浩滔天。"在《孟子·滕文公上》中也能看到相似的记载："当尧之时，天下犹未平，洪水横流，泛滥于天下。"《史记·五帝本纪》中就记载了尧面对洪水威胁时想要快速治理的想法："尧又曰：'嗟，四岳，汤汤洪水滔天，浩浩怀山襄陵，下民其忧，有能使治者？'"在舜之时，《容成氏》记述了这场洪水情形说："舜听政三年，山陵不序，水潦不湝。"《淮南子·本经训》记载："舜之时，共工振滔洪水，以薄空桑，龙门未开，吕梁未发，江、淮通流，四海溟涬，民皆上丘陵，赴树木。"《尚书·大禹谟》记载了舜安排禹进行治水："帝（舜）曰：'来，禹！降水儆予，成允成功，惟汝贤。'"《尚书·益稷》记载了禹面对洪水威胁想要迫切治理的心情："（帝舜时）禹曰：'洪水滔天，浩浩怀山襄陵，下民昏垫。'"

　　由此可以看出，在尧舜两代之时，滔滔洪水大规模、长时间地威胁着整个部落联盟生产和生活区域，迫使人们主动站出来，参与集体性的治水活动。洪水的爆发本身就是一场大灾难，因此，甲骨文中，将"灾"字写作"災"，该字为上下结构，从上半部首可以发现此字为波纹状，由此也能说明，人们认为洪水来临就是灾难来临，也可以证明，史前的大洪水给人们留下了不可磨灭的印象。足以见得洪水成为人们共同的灾难，是人们必须群体面对和集体解决的问题。

　　对于大禹治水的故事，多见于神话传说故事中，但是从考古学、气象学的研究成果来看，在进入文明社会前，黄河流域地区确实发生过一场大洪水。太阳和太阳活动会影响太阳系里的天体运动，地球及其他天体会因为太阳运动而运动变化，因此，这一系列的变化也就使地球有了复杂多样的气候。在天文学中，有一种会对地球产生比较大影响的天体活动叫九星会聚。当九星会聚发生时，冬天时间会延长，或者出现冻害、洪水、干旱等自然灾害。根据学者计算，在距今4200年前后我国共发生了三次九星会聚。在自然因素的影响下，黄河流域地区极易发生大洪水。

禹治理了泛滥的黄河，并开创了夏王朝，其后商承夏，周承商，夏商周三代是中国传说中国家历史的开端。国家是指在一定范围内，拥有着共同的语言、文化、种族、领土、政府或者历史的人群形成的共同体。马克思主义对国家的本质有着深刻的揭露："这个社会陷入了不可解决的自我矛盾，分裂为不可调和的对立面而又无力摆脱这些对立面。而为了使这些对立面，这些经济利益互相冲突的阶级，不致在无谓的斗争中把自己和社会消灭，就需要有一种表面上凌驾于社会之上的力量，这种力量应当缓和冲突，把冲突保持在'秩序'的范围以内；这种从社会中产生但又自居于社会之上并且日益同社会相异化的力量，就是国家。"可见，国家是社会在一定发展阶段的产物，是统治阶级为了加强对被统治阶级的压迫建立起来的新的社会秩序。

国家产生的基础是阶级的对立与剥削，当原始社会生产力不断发展，除了基本的物资需求得以满足后，还能拥有一部分的剩余产品，剩余产品的出现使得部分人进行抢占行为，由此推动了私有制的出现。私人占有行为破坏了原始社会以民主、平等为基础的氏族公社，社会开始分裂，阶级对立开始出现。因此，为了解决阶级对立所带来的矛盾，作为统治阶级的统治者需要想出能够让被统治阶级在被压迫时不会反抗的方式，所以国家应运而生。国家就是对文明社会的概括，是统治阶级压迫被统治阶级的政治机器，可以说国家就是统治阶级在任何场合下都能进行镇压的工具，它是统治阶级为了实现共同利益而实行的政治形式。马克思主义的国家观认为，国家是因为私有制的发展而产生，其突破氏族社会的种种区域、组织等界限，形成了远远高于氏族社会框架之上的新的社会统治模式。

社会公共权力的产生意味着国家的产生，而社会公共权力也就成了国家与氏族的区别，同时不再以血缘部落划分民众，而是以地域进行区分，由此可以看出，在经济上占据统治地位的阶级在维护自身利益的情况下，还将其他阶级置于自身阶级的统治之下，并将被统治者进行区域划分，同时还产生一系列暴力组织进行政权的巩固，这种形式的政治统治和管理组织形式就是国家。

（2）夏朝覆灭

夏朝的天下并不安稳。启之后的太康、中康、帝相三代，均与东夷发生了战争，夏朝一度丧失领土。《左传》之"襄公四年"记载了这样一件事：太康时，有穷氏的后羿从河南东部的鉏（今滑县）进入穷石，欲争天下。中康、帝相为了避难，逃往同姓方国斟灌、斟鄩之地。后羿是神射手，据说能射落苍蝇。赶走夏王之后，后羿从早到晚只知打猎，荒废政务，后被佞臣寒浞杀死。寒浞霸占了后羿的妻妾，率军攻陷了斟灌、斟鄩，夏朝几乎灭亡。此时帝相的妃子缗怀有身孕，在娘家有仍氏（河北任县）避难，生下了少康。在寒浞的追捕下，少康逃往有虞氏（河南虞县），扮作厨子才逃过追捕。少康在当地娶了两名女子，建都于纶（今河南虞城县东南），以图夏朝的中兴。后来，夏的遗臣靡打倒了寒浞，迎回少康，夏朝终于得以重振。数代后，孔甲即位，其为人愚昧，耽于女色，只知饮酒狩猎，后氏的德行逐渐衰败。

桀是孔甲的曾孙。他相貌堂堂，力大无穷，但却不修德行，耽于享乐。桀对百姓横征暴敛，修筑瑶台，并将天下珍宝、美女和乐人都搜集至此。瑶台中酒池肉林，夜夜笙歌。桀宠爱一个名为妹喜的妃子，据说她是个倾国倾城的美人。桀就是一个"头号花花公子"。夏朝逐渐失去人心，天命让商汤取夏而代之。

2. 商朝

（1）商朝建立

对于商朝的起源，有一个关于玄鸟的神话传说。传说中，商朝始祖契的降生是由于简狄吞食了玄鸟的卵，这从一个方面反映了当时商朝人民对于动物的一种崇拜现象，玄鸟可以看作是商人的图腾。对于远古时代的人类来说，需要经常与自然界的动物争斗，但是由于人类身体本身的限制，在没有工具的情况下，人类很难在厮杀中胜利，因此，远古人类会有一种动物崇拜，也可以看作是一种信仰。商人崇拜玄鸟，应该是祈祷天下太平，在考古出土的青铜器上，经常可以看到凤鸟的纹样。商本是夏的属国，但是商人发展农业，促进经济，逐渐变得强大，加之夏朝的衰落，最终取代夏朝。

契与夏的禹一起，为舜所用。《孟子·滕文公上》中称："使契为司徒，教以人伦：父子有亲，君臣有义，夫妇有别，长幼有序，朋友有信。"舜帝封契于商，赐姓子氏。自契之后传承五代，没有重要的史实记载，除了第三代的相土发明了马车。第七代的振（王亥）是畜牧业的开创人。他曾在有易氏（河北易县）仆牛（即驯牛），由于品行不端，伤风败俗，被有易氏的首领绵臣所杀。当然，这种说法是基于有易氏的立场而言，也有一种说法是王亥遇到了北狄的劫掠而被杀。商的后世子孙对于王亥的祭祀十分频繁，曾一次献祭三百头牛。一般子孙祭祀的先祖都是有功之士，若由此判断，王亥也是一位优秀的王。王亥被杀四年后，他的儿子微从河伯氏借兵，讨伐有易氏的绵臣，最终为父报仇。微是复兴商的中兴之主，卜辞中称微为"上甲"。在商王名字前加上天干是惯例，而前七代商王名字前并无天干，因此，此惯例应始于上甲。周祭祭祀的历代先祖中，最初的君主也是上甲微，因此上甲微在某种意义上可谓开启了一个时代。从上甲微到示癸的六代商王，其名称遵循天干的顺序，这明显是人为的。而说报丁之前的君主都是神，显然也是神话传说。总之，这几代商王没有太大的建树，在此期间商氏族休养生息，为取代夏做准备。

  商汤身长九尺，是一位伟丈夫。最初，商汤是夏桀的臣子，被封为商侯，迁居于亳。商汤在田野中寻访到贤臣伊尹，托以国政，自己则勤于修德，行仁二政，敬鬼神，使天下归心。据说，商汤有一次狩猎，见部下们四面张网并祷告说："自天下四方皆入吾网。"商汤听了之后说："嘻，尽之矣！"于是他命令去其三面，只留一面，并祷告说："欲左，左。欲右，右。不用命，乃入吾网。"商汤"网开三面"的消息传到诸侯耳中，诸侯都称赞说："汤德至矣，及禽兽。"商汤不断征伐诸侯，但这并非侵略战争，而是万民所望，正义所归。商汤最初征伐邻国葛，之后商汤连年用兵，先后征伐了有洛、荆、温、韦、顾、昆吾等国，最终将兵锋直指夏桀。上述方国中，韦（河南滑县）、顾（山东范县）、昆吾（河南濮阳东）等国都是夏的同盟氏族。夏桀三十一年，汤王在阵前发布了动员令："你们大家听我说，并不是我敢于犯上作乱。夏王桀有许多罪恶，上天命我去诛伐他，我怕上天惩罚我，不敢不率领大家征伐他。大家辅助我征伐，我将给大家很大的赏赐。如果你们有不听我誓言的，我就要杀戮不赦。"乙卯日，商汤率战车七十乘、死士六千人，大战夏桀于鸣条之野的有娀丘。桀大败，逃往三朡（今山东定陶）。商汤追击而至，在焦门抓住了桀，并将他放逐于南巢的历山。获胜的商汤并未迁移夏社，而是将桀的后嗣封于杞，令其看守宗祠。之后，商汤昭告天下伐桀成功，聚集三千诸侯，使天下臣服。于是商汤即位为天子，这距离他成为诸侯只有十八年。商汤在位十二年，百岁崩。

商在兴盛时，其周边地区还存在着很多其他民族，他们被称为多方（众多方国）。这些民族的名称仅在甲骨文中就出现过数百个，但大部分连名字都无法解读。不过，它们中的一些十分强大，有的甚至并不逊色于商。商与这些民族之间，时而战争，时而交流，共同发展或此消彼长，互相产生了强烈影响。

荆楚是商位于长江流域的南方强敌。武丁时大举讨伐荆楚，此后，荆楚便开始接受商的文化。东夷，或称夷方，指东南方长江下游地区的民族。位于淮水流域的称为淮夷。北方有鬼方，又被称作混夷或獯鬻，为游牧地区的好战民族。西周时的猃狁、春秋时的戎狄、秦汉之后的匈奴，都是他们的后代。北方还有土方或苦方等民族，大概居于山西西北部。西部的民族有羌方，是居住在陕西到甘肃一带的游牧民族。卜辞中屡次出现"获羌"这样的词语，羌方是商朝大量奴隶的来源。商之后取得天下的周在当时还是个小氏族，不过也已占据了渭水流域，在不断发展壮大。

（2）殷商覆灭

商汤死后，由于其长子太丁早逝，王位先后由次子外丙、三子仲壬、长子之子太甲继承。这种兄终弟及、无弟才传于子的制度在当时十分常见，武乙之后才确立了长子继位的制度。因此"兄终弟及"可以被看作商独特的王位传承制度。（商王世系中屡屡可见"兄终弟及"，而周一开始就确立了长子继承制，这可以被认为是两个王朝的一大不同。）太甲即位后不明事理，不遵守为君之道，伊尹将他囚禁在桐宫，自己摄政。三年后，太甲痛改前非，重新向善，伊尹才还政，商的天下趋于稳定。

之后的数代商王又迁都数次，直至盘庚迁都于殷才终于安定了下来。此后直至商朝灭亡，国都再未变更。盘庚之后共有八代十二世商王，其中较贤明的只有武丁、祖甲两世。武丁，甲骨文最开始出现时期的商王，他是一位重视宗庙祭祀的圣明天子。传说有一次武丁祭祀祖先汤，第二天，有雉飞来落在用于祭祀的鼎耳上鸣叫。武丁恐其不祥，贤臣祖己劝他不要担心，导其修德行政，商王朝由此复兴。武丁想让奴隶出身的傅说担任宰相，又怕大臣反对，就想了一个办法。他借口梦见一个贤才叫"说"，叫人根据他的指示，画出傅说的头像，四处去寻找，最终在奴隶中找到了傅说。殷人信鬼神，因此谁也不敢反对武丁对傅说的任命。武丁死后追为高宗。关于祖甲，也有人说他无道荒淫，祖甲之时商朝走向衰败。

商朝的末代君主纣王（帝辛）是一个典型的暴君。他是帝乙的第三子。他的长兄微子启是个贤者，帝乙本想立微子启为太子，但由于微子启的母亲地位卑微，只得作罢。纣王出生时，他的母亲已经是帝乙的正妃了。纣王身体强健，据说能与猛兽格斗，能拽倒九头牛；而且他思维敏捷，才华横溢，颇有口才。纣王即位之初，在微子、微仲、比干、箕子等贤臣的辅佐下，朝政清明。但纣王在即位的第九年，讨伐有苏氏时，迷上了有苏氏首领献上的美女妲己，于是便成了荒淫无道的暴君。为了妲己，纣王下令建造了美玉装饰的琼室、瑶台、玉门。他搜罗天下奇珍异玩，建起酒池肉林，饮酒寻欢，通宵达旦。他还沉迷于"北里之舞""靡靡之乐"，且不敬鬼神。纣王的倒行逆施令人发指，他曾随意砍掉百姓的头颅，划破孕妇的肚子。纣王还发明了炮烙之刑，将涂上油的铜柱架在火上，让犯人在上面跑。犯人一旦滑落，便会落入火中被活活烧死。据说妲己十分喜爱观看炮烙之刑。于是朝中忠臣隐退，奸臣当道。比干不能容忍王之暴政，冒死直谏，纣王大怒说"吾闻圣人心有七窍"，随即命人剖开比干的肚子，取出心肝。箕子见此情形十分害怕，于是佯装疯癫为奴，但纣王还是将其囚禁。

3. 周朝

（1）周祖传说

周朝文化中，先周文化也是一个重要的文化标志，其产生于西周文化之前，可以说是周人的发展史，是由周人与当时其他的部族人民融合而形成的文化。西周文化可以看作是先周文化的承袭，可以从《诗经》和《史记·周本纪》中探寻先周文化的特点。

我国的古代人民居住中原，以农耕为主，农业是中国古代人民生活发展的基础，周祖传说则代表了当时古代人民的一种农耕文化。古代农耕人民以族群聚集，以谷物为食，农业生产齐心协力，社会生活安定祥和，人民安居乐业，道德积极向上，人与自然和谐相处，这些都是周朝创立的基石。先周人在陇东一带居住了相当长的一段时间，这期间积淀了丰富的先周文化，这给文王、武王和周公建立西周提供了良好的文化基础。周祖传说反映了先周人民在陇东一带居住时的文化意识形态，也体现了中国民族自强不息的民族精神。周祖传说可以从很多的历史文献中找到，流传也比较广泛，比如《诗经》《国语》《史记》等，这些文献从一定程度上概括了周祖从出生到定居陇东的过程。作为我国主要文化意识形态缔造者的儒家，在其经典著作"五经"中也有很多关于周祖发展的故事，介绍了周祖艰难的创业历程。《诗经》中《公刘》《七月》《载芟》《良耜》等诗，一直被后人当作"豳之旧诗"，主要反映了先周人的生活情况。其他如《生民》《绵》等皆是叙述周人历史的诗篇。

在历史典籍的记载中，能够找到的周朝最早的先祖就是弃。弃在尧帝统治期间被尧任命为农业官，是帝喾和其元妃姜嫄的孩子。帝喾是黄帝的重孙，姬姓。姜嫄是炎帝后裔，姜姓。周祖弃代表了姬姓族人和姜姓族人的融合。作为周人的先祖，弃的出生被赋予了传奇色彩，在弃的出生的传说中，他的母亲姜嫄，有一天出去游玩，看到一个巨人的脚印，用脚踩了一下，竟有了身孕，后来生下一个男孩。姜嫄认为此子不吉，把他丢到荒郊野外，然而牛羊从他身边经过都会特意避开不踩到他。后来此子又被置于水渠的冰面上，就有大鸟飞来用翅膀温暖他。于是姜嫄认为此子必定有神灵保佑，便把他抱回去抚养，这就是周的始祖——弃。弃出生以后，周人才开始他们创业发展的历程，走上周人克商之路。因此，周朝后人必然会对弃增添一些神秘的色彩，将他当作周人的精神力量。这种精神力量不但是周朝历代发展的动力，也是周人智慧的象征。弃，也称稷，其实稷才是他的正式名称。稷小时喜欢种植麻和菽，还喜欢模仿农民，成人后则成为一名出色的农民。他找到一块肥沃的土地播种、耕作，后来人们纷纷效仿，后被舜封在邰（今陕西武功县），号"后稷"。稷就是黍，它和稻、麦、谷、豆并称五谷，是重要的农作物。五谷中稷容易种植，收获率高，自古以来被广泛种植在中国北方，成为普通民众主食。稷是农作物的代表，因此周的始祖被尊为稷，代表谷物之灵、农业之神。

太史公的《史记·周本纪》中完全吸收了《生民》的叙事，将周祖传说当作一个真实的历史事件来记述。在司马迁的笔下，后稷有了他的父亲帝喾，同时也是感天而生。既取古文家"姜嫄为帝喾元妃"说，又采今文家"姜嫄出野，见巨人迹"说。郑玄同样支持了司马迁的说法，同样把帝喾作为后稷的父亲，把姜嫄作为后稷的母亲，但是，郑玄又赋予了后稷新的神秘色彩，把"履帝武敏歆"中的"帝"解释为"上帝""大神"。这样一来，后稷则成了上天之子。《生民》篇是最早的关于后稷的记载的文章，正是体现了郑玄的上天之子的思想，反映了当时周人对天的敬畏，同时，也代表了周人对于祖先的崇拜。先祖赋神的传说在很多民族中都有体现，这种体现在《诗经》的很多作品中都有体现，这反应的不仅是人们对于祖先的一种质朴的精神情感，同时也代表了古代人民对于人类社会发展的最初认识。从周祖传说中可以看出，周朝人从内心里已经将后稷当作自己的先祖，当时从未有篇章提及后稷的父亲。《生民》《闷宫》甚至全部的《诗经》篇章没有一句提到后稷的父亲，也就是帝喾。这种现象应当是由于在传说中后稷是感天而生，是上天之子。但是后来的文学家们并不认可无父而生的观念，要在血缘关系上为后稷找到一个合理的解释，这样就把帝喾与后稷联系在一起，这种血缘关系与西周人的传说是不一样的。对于后稷的血缘父亲的记载，以《世本》《大戴礼记·帝系》《史记》较早，其中《帝系》比较系统，但是三本内容基本相同。从三本的记载内容来看，禹是颛顼的孙子，后稷和禹同世，舜是颛顼的六世孙；舜比禹和后稷的时代晚了四世，舜为帝时推举大禹来治水、邰为后稷的封赏之地，这种记载显然是不合逻辑的。因为没有考虑年龄的问题，在古代的生存条件下，不会存在舜比禹晚四世还要去治水的情况。就连郑玄自己也信不过后稷的父亲是帝喾，从而写了姜嫄是"高辛氏世妃"这样的注，也就是高辛氏部族子孙的妃子，和古文家"帝喾元妃"这样的传统说法完全不同。

后稷死后，其子不窋继承了他的位子。当时夏废弃了农官，也不再劝民务农，已是政治混乱，日渐衰败。不窋也因此丢掉了官职，开始了游牧生活。不窋的孙子公刘虽然身在游牧地区，但一心想恢复祖父后稷开创的农业生产，追随他的民众也越来越多，逐渐形成了周自己的势力。到公刘的儿子庆节时，他们迁至"豳"，即今天的陕西彬县。《诗经·大雅·公刘》中有关于公刘带领族人迁徙和创业的记载，这一时期周人的发展对周朝的开创有相当重要的意义。诗篇中记载了公刘在豳地进行的多种治理活动，访山川、寻地势、量土地、开源流。这一时期,公刘还进行了农业生产的规划,重新建造族人居住的房屋,制造生产工具……等人民生活得到稳定,周人便开始庆贺迁徙这一事情,同时重新推选族人首领,重新建立族人的武装力量。公刘的迁徙可以看作是周人重新建立基业的重要转折点,周人通过自己的努力开疆拓土、安邦建国。周族经过几代人在陇东一带稳步的发展,不断壮大自己的力量,建立自己的制度,巩固自己的政权,形成了早期的周文化。

庆节后的第八代便是古公亶父。古公亶父上承后稷、公刘之伟业,积德行义,是历史上的著名贤王。古公亶父时,由于受到北方凶悍的游牧民族薰育(也称猃狁,据说是后世匈奴的前身)的入侵,周人离开豳,迁往岐山(今陕西岐山)。古公亶父改变了游牧民族的风俗,建筑城邑房屋,设立官吏,从此周调整体制进入了中华文明诸侯国的行列。关于古公亶父在岐山带领族人创业的记载,可以从《诗经·大雅·绵》中略窥一二。当时,周人已经形成了自己的礼乐占卜制度,每到一处,建立宗庙社稷前必先进行占卜,然后再划分田亩、开渠引水、发展农业,同时会选用不同的人担任不同的官职,建立自己的制度体系。古公亶父带领族人稳定地发展,去除北方游牧民族带来的"戎狄之俗"。虽然诗篇中记载的只是当时生活的一个缩影,但是可以看到周人当时的奋斗精神、不屈精神。古公亶父也被周人追尊为"大王",《诗经·鲁颂·閟宫》"后稷之孙,实维大王。居岐之阳,实始翦商。"盛赞古公亶父的功绩。

古公亶父有"太伯""虞仲""季历"三个儿子,小儿子季历为古公亶父生了一个叫"昌"的孙子。"昌"出生时天有异象,显示此子必不凡。不过这种情况也算正常,因为这个"昌"便是著名的周文王。古公亶父对昌寄予厚望,欲将王位由季历传给昌。季历的两位兄长太伯和虞仲知道后,主动离开父亲去了当时文化尚不发达的长江以南地区。他们剪发、刺青,融入了当地社会。太伯与虞仲主动与中原文明世界隔绝、让位于弟弟季历的事迹一直流传下来。太伯与虞仲一方面对父亲十分孝顺,不愿违背父亲的意愿,另一方面也是考虑到了如果自己留下,季历必定有顾忌而不肯即位,反而生出诸多事端。季历虽然是作为幼子继承王位的,但幼子即位在殷商并不罕见,太伯与虞仲本不必非要离开以让位。然而两位兄长却如此做,让幼子季历得以即位,这是因为长子即位具备先天的法理性,正因为无法遵守,所以才有了这样的让位传说来解释这一事件的合理性。

周文王同样是一位很有创业精神的贤王，他继承了先祖的精神，通达聪慧，敬贤任能。《诗经·大雅·文王》记载"济济多士，文王以宁""士以此多归之"。文王"不敢盘于游田"，这说明文王始终关注周族人的发展，做事兢兢业业。文王之时，商朝的统治已经进入了末期，各诸侯国已经开始对商朝的统治不满，加上纣王的荒淫无道，周人已经有可以取代商人的趋势。经过实力不断地积蓄，文王之后的武王，终于带领人民开始了讨伐商朝的步伐，并最后取得了胜利。讨纣胜利之后，武王将都城迁至丰镐，周人开始了周朝文化的新时期。

历代典籍中，有不少关于周先祖在庆阳或陇东的记载。据唐《括地志》记载："宁、原、庆三州、率北地部、为义渠戎之地，周先祖公刘、不窋居此，古西戎地。""不窋城在庆州弘化县南三里，即不窋在戎狄所居之城也。"杜佑《通典》卷173《州郡三·庆州》中说："安化，汉郁郅县地，今名尉李城，在白马两川交口，亦曰不窋城。"弘化、安化、郁郅、尉李城，均是今庆城在不同历史年代的别称，县治与州治同地。《元和郡县志》《寰宇纪·关西道庆州》《古今图书集成·职方典·庆阳府部汇考》等书，都有同样的记载。明嘉靖《庆阳府志》记载："不窋城，即府治，夏政衰，不窋失官，自窜于斯，所居成聚，故建城而居焉。"该志记载了东山上的不窋墓当时的情况："不窋墓在府城东三里许蠨畔，碑刻剥落，上有片石，大书：周祖不窋氏陵。殿宇基址犹存，嘉靖十九年御史周南、知府何岩立碑表墓。"《大明一统志》载，不窋墓"碑文剥落，上有片石，大书：周祖不窋氏墓。"清代乾隆年间修编的《甘肃通志》有这样的记述：在庆阳县东十里，地多花木，称为花坡，相传为"不窋遗园"。清代赵本植编《庆阳府志》卷三："庆阳乃禹贡雍州之地，周之先后稷子不窋所居，号北豳……"卷三十一又载："不窋，后稷之后，值夏德衰乱，窜居北豳，即今之庆阳也。子鞠陶、孙公刘，俱历世为兹人。"地方志书是记载地方或者某区域内历史文化的书，一般讲是有根据的。不窋奔戎狄之间，来到今天的庆阳没有什么可争议的了。相关的记载还有很多，考古出土文物也在不断地证实文献记载是有根据的，比如1994年在重修周祖陵森林公园的时，曾出土一块残碑，碑阳存"周不窋"三字，清晰可见。碑阴有字，多数已无法辨认，仅有"明嘉靖年间""圣驾南巡过庆都而承修"的字样。

不窋奔戎狄，公刘迁豳，古公亶父迁岐，从姬周族人的创业发展史中，可以知道姬周文化的主体是先在豳地生活，然后迁徙居于周原的"姬周族人"，在渭水、泾水流域，关中平原西部、陇东黄土高原地区都有姬周文化的遗存。先周族人长期生活在陇东庆阳一带，从事以农耕稼穑为主的农牧生产活动，早期周文化的核心也在此期间初步形成，陇东是周族奠定基业，早期周文化兴盛的重要区域。

（2）牧野之战

文王在位五十年，去世后其子继位称为武王。武王在其弟周公旦及召公奭、毕公高，加上太公望吕尚等贤臣的辅佐下，实力日渐强盛，终于开始了讨伐商纣的战争。当时，在纣王的暴政下，殷商氏族发祥地的人方也出现了叛乱。由于人方的重要性，殷商朝廷倾举国之力东征平乱，因此国都空虚。趁此机会，一直受到殷商压迫的各部族国家蠢蠢欲动，于是各部族一起举兵讨伐商纣。周的军队所向披靡，很快渡过了孟津渡口，兵临牧野。牧野距离殷的都城朝歌已是咫尺之间，"周车三百五十乘，陈于牧野，帝辛从。武王使尚父与伯夫致师。王既誓，以虎贲、戎车驰商师，商师大崩。商辛奔内，登于鹿台之上，屏遮而自燔与或。武王乃手太白以麾诸侯，诸侯毕拜。遂揖之。商庶百姓咸俟于郊。群宾佥进曰：'上天降休。'再拜稽首。武王答拜，先入适王所，乃克射之，三发而后，下车，而击之以轻吕，斩之以黄钺。折，县诸太白。乃适二女之所，既缢，王又射之三发，乃右击之以轻吕，斩之以玄钺，县诸小白。乃出场于厥军。"武王伐纣的军队共有战车三百多辆、士兵四万八千人，同盟军则有战车四千，联军总兵力据称超过五十万。而纣王看到如此大军压境，据说也陆续派出了号称七十万的军队。当然，五十万也好，七十万也罢，都难免有夸张之嫌。每辆战车上的乘员有三名，驭手之外，还有持弓箭的射手和持长柄戈出身贵族的战斗人员。武器除了戈还有矛。战斗先以双方从远处互射箭矢开始，接下来就是战车冲锋、白刃战。早已不满纣王暴政的殷商军队毫无斗志。武王试图从中军突破，殷商军队则立即向两边让开，士兵们纷纷倒戈。于是，武王很快便攻破了纣王的大营，纣王大军溃败。纣王逃回他的宫殿

（鹿台），把他的宝玉都穿戴在身上，自焚而死。牧野之战后，武王入朝歌。他先前往鹿台，向纣王尸体射了三箭，并用剑击刺，最后亲手斩其头颅悬旗示众。人已死了，还要受到这样的对待也实在可怜。不仅是纣王，纣王最喜欢的两个宠妾的尸体也遭到同样的对待。

入城后的第二天，武王下令修缮祭祀土地神的土坛，清理纣王的宫殿，举行"受命"仪式。当时负责祭祀仪式的史官尹佚所作祝词如下："殷人亡国之君纣，道德惑乱成汤之英明，侮慢蔑视神祇不祭祀，施狂暴于商朝贵族百姓，恶迹昭著，上天五帝也知晓。上帝革除殷所受之命，命周承受大命。"天命从殷改为周，此所谓殷、周之革命是也。我国传统儒家对于政治的变革和政权的更替有两种不同的看法，这两种看法就是禅让说和革命说。在周朝以前的历史记载中，都是以禅让制进行朝代更替的。儒家以"仁"为思想的核心，虽然比较推崇周朝以前的禅让说，但是也没有完全否定革命说，只是反对于革命中的血腥和暴力，是从人民的角度革命说。《尚书·武成》中对于牧野之战使用"血流漂杵"来形容，可见，传统儒家思想观念对于战争中的杀伐气息是持摈弃态度的。

所谓"上天的思想"，就是支撑古代中国政治、文化的根本思想，但就像《诗经》中所吟唱的"悠悠苍天""浩浩昊天"那样，"上天"首先是指天空，与此同时，上天也有自己的意志，并哺育、教化万物。人也在万物之中，上天为了哺育、教化人类，就要派有德之人，代行天意，即所谓的天子。天子自然要敬天、祭天、遵从天命。上天既要哺育万民，也要惩罚有罪之人。被上天选中的有德望的人必须代天惩罚，放逐罪人。武王伐纣之战便是正义之师对罪人的讨伐、放逐。但实际上当时也有人反对武王伐纣。相传伯夷和叔齐是兄弟，武王正要出阵时，两人拉住武王的马进谏说："父死不葬，爰及干戈，可谓孝乎？以臣弑君，可谓仁乎？"周围的人要杀伯夷、叔齐，被太公望制止了。太公望称两人为进谏国君之"义人"，两人认为以武力夺天下的周不义，因此耻食周粟。他们隐居在首阳山，以山上的野菜为食，不久就饿死了。

所谓以暴制暴，指周武王以武力推翻暴虐的商纣王的统治，但传说中的圣贤帝王并非如此。尧将帝位禅让给舜，舜又在群臣推举禹之后，让他任职数十年，做出成绩后再禅让给禹。因为治理天下的责任十分重大，古时候的帝位禅让才如此慎重，而以暴力抢夺则是闻所未闻。前文提到过代天讨伐失德罪人的思想，但在这里却出现了一种反对意见，并不认可那样的做法。反对者认为，应像尧舜禹一样，在慎重考察后，让位给有德之人，这才是天子应有的作为。这种主张就被称作禅让思想。伯夷、叔齐兄弟正是这一思想的代表。虽然禅让思想与伐无道的思想同样承认天意，但一方认为应采取革命的方式，另一方则主张和平方式。值得我们注意的是，这两种思想从很早开始就形成了对立。

（3）西周时代

受命于天的武王祭祀之后，将殷商的部分领地作为纣王之子武庚的封地，并将殷商的部分遗民迁往此地。当然，武王不会完全放任不管，他派他的弟弟管叔鲜、蔡叔度监视。武王还放出了关押在纣王监狱里的人。打开仓库分发粮食给穷人，并将军队撤回自己的根据地——渭水流域。应该说当时的周还没有将政治中心东移，进而控制全国的自信。回到周地的武王，将都城迁往镐京（今陕西西安西南），并分封古代圣王的子孙、王室重要成员、重要功臣等为诸侯，让他们建立起各个诸侯国。就这样，周平定了天下。武王伐纣，或者说牧野之战大致发生在公元前十一世纪中期，如果将文王断虞、芮之争，天下诸侯推西伯为"受命之君"那一年定为受命元年，牧野之战则在受命十一年。

武王在都城镐京努力使天下平定，四海归心，但毕竟殷商残余势力犹存，据说武王常因担心周是否能保有天命而忧心忡忡，夜不能寐，周公对此十分担忧。可见此时周的统治的确不算稳固。在此非常时期，武王病逝了，于是太子继位称"成王"由于成王年幼，由成王的母亲邑姜摄政，并由周公旦和召公奭辅政。但事实上，朝政几乎都由周公旦掌控。

刚刚建立的周朝让武王劳心尽力，终于支撑不住而病逝，这时管叔、蔡叔、霍叔联合武庚发动叛乱。周公决意一战，他与召公携手，昭告天下，联络调集各地诸侯，并请成王、王姜出马。成王亲率大军出征。也许是天命已定，这一战周公一方大胜。周公先诛武庚，再杀管叔，还流放了蔡叔，但战事并未就此结束。周公、召公又继续挥师东进，灭掉了勾结武庚并联合山东奄国叛乱的禄父，平定了殷商宗庙所在的梁山（今山东寿张）。虽然武王克殷，为周打下了基础，但所控制的也仅限于黄河中游的中央地区，东部沿海地区还不在周的控制范围内，且这些地区与殷商渊源颇深，因此只有彻底征服并稳定这些地区，才能稳固周的天下。正因如此，周公等人才趁势东进，一鼓作气扫清了殷商的外围势力，彻底稳定了周的天下。总而言之，周公的这次远征无疑是一次史无前例的军事行动。

东征胜利后，成王、王姜班师凯旋，回到都城镐京。但镐京地理位置偏西，不利于对中央地区的控制，因此在洛邑兴建第二都城这件事逐渐被提上议程。周公负责指挥，他从黄河以北迁来大批殷商遗民，于是洛邑很快形成了雄伟的都市。镐京作为西都，是周的太庙所在地，也是周的根本所在，这一点不会改变，因此镐京被称为宗周；而洛邑则是新的政治中心，被称为成周。周公在此恭迎成王，召集周的官员以及在东征中归顺的各诸侯，召开大朝会，拜见周天子。朝会上，周公宣布成王亲政，自己则坐在群臣之中，向天下表明自己乃是成王臣子。但也有铜器铭文（令方彝）记载，成王命周公仍留在成周执掌政务，于是周公再次召集百官诸侯，重新公布政令。

周朝之初的"管蔡之乱"虽然很快被平息了，但是也让周公看到了当时政局的不稳。商朝经历几百年的历史积淀，人们思想已经根深蒂固，如何建立新的制度和文化并让人们接受，是新生的周朝亟须解决的问题。商朝倡导的是"君权神授"，而周朝则是"受命于天"。神授的思想带有一种宗教制度，而天授则相对比较偏向顺应自然，带有人伦思想。商朝后期的残暴无德是商朝灭亡的主要原因，因此，周朝初期大力推崇德治，敬天安民。在德治思想的带领下，周朝初期得以稳定的发展，为了更加巩固周朝的统治，礼乐制度应运而生。礼乐制度不仅体现了周朝的治理思想，同时也影响了中国后世几千年的文化形态。礼乐制度在周朝得到了极大的发展，虽然周朝之前就已经有礼和乐，但是在周朝发展到了顶峰，周公是礼乐制度的集大成者。礼乐可以分为两个部分，分别是礼器和乐舞。礼和乐有不同的作用，礼是为了稳定社会的秩序，指导人民的行为规范；乐是为了调和人心，缓解社会矛盾。在礼器方面，周朝与商朝有很大的不同，受神权思想的影响，商朝的祭祀以酒器为主，代表着以酒敬神；周朝祭祀则大多使用食器，有严格的祭祀规定，而且是在严肃恭敬的声乐中进行的。周朝建立了严格的等级制度，涉及生活的方方面面，代表着不同的身份。在礼器使用上，不同身份的人使用不同的规格，上至天子，下至平民都有不同的规格。周朝初期的礼乐制度很好地稳定了社会秩序，同时也体现了周人的文化思想、道德观念，为周朝的长治久安奠定了文化基础，这其中周公功不可没。周朝用文化形态巩固了思想政权，在经济发展上也推出了新的农耕制度改革，推出"井田制"，结合当时生产力水平，这种制度可以很好地促进国家农业的发展；在政治方面，施行分封制度，由天子统率诸侯，由诸侯治理地方；在社会方面，极力推崇宗法制度。周朝建立的各种制度，极大地丰富了周朝文化，巩固了统治政权，为周朝八百年基业奠定了坚实的基础。

在武王伐纣后的三百年间，周的统治者基本上维持了在中国北方的政权并扩展了疆域，但这期间不乏麻烦和灾祸。周昭王不断南征长江流域，但却死在最后一次征程中。昭王的儿子周穆王有着层出不穷的传说，据传他是一位强势的征服者和冒险家。根据一个版本的传说，周穆王曾远征中亚并造访了西王母。公元前9世纪以后，诸侯们便不再重视他们对周王室的义务，开始你争我夺。与此同时，周朝周边的蛮夷也趁火打劫，在边境频繁滋扰。据记载，周厉王一度发动了长达十四年的抗击南方和西南"蛮族"的战争，但均告失败。在统治的大部分时期，周宣王几乎需要不断地抵御北戎的进攻。文王、武王之后，西周历十一任王。第十二任的宣王之子幽王（未算周文王）昏庸，被游牧民族所杀，都城也落入敌手。幽王之子平王东逃，迁都到东都洛阳。周王朝虽然延续了下去，但国力大不如前。但名义上周的统治仍然继续，以平王东迁为标志，之前的时代被称为"西周"，之后则称为"东周"。

（4）东周时代

东周时期的第一个阶段从公元前770年到公元前476年，称作春秋时期。这一名称源于鲁国文献《春秋》，它记载了中国这一时期所发生的大事。这时大小诸侯国都有一个共同优势，即不断地合纵连横。皇室权威的瓦解使得中国处于群龙无首的局面，而各个小国也努力通过合纵连横来维系现状。没有任何国家能够独大，数个强大的诸侯国则足以扰乱现有秩序。如此一来，周王得以继续做名义上的统治者，但诸侯国内的事务则完全由诸侯自己做主。各国之间战事时有发生，但并不十分惨烈。诸侯国之间的角力主要局限于外交斡旋。

除了政治角力，霸权政治开始涌现，成为春秋时期最显著的特征。"霸主"的出现是为了在不挑战周王权威的前提下最大限度地削弱周王室的实权。

楚国在公元前680年前后开始屡屡侵扰中原地区的小国，这些小国转而投向山东的齐国寻求保护，于是就出现了"霸主"。齐国有着稳固强健的经济以及庞大的军队组织，其首领齐桓公由精明的辅臣管仲相佐，于是在那一时期成为中国北方最受尊崇的诸侯国。为了吸引更多周边小国，齐桓公于前681年会盟诸侯，诸侯盟誓、订立共同防御的条约，同时还约定了违反条约的惩戒措施。次年的会盟有更多诸侯参加，并由周王派来的大夫主持。所有中原和东部地区的诸侯都争相加入该联盟，在公元前678年的一次会盟中，诸侯们公开拥立齐桓公称霸，同时尊崇周王的地位并与其和平往来。齐桓公一直维系着这个联盟，在情形紧迫的时候临时召集会议，帮助其他诸侯国免于羌和夷的侵扰，并成功遏制了楚国的扩张。前公元656年，楚国甚至签署了一个停战协议，承诺会定期向周王室进贡，第一次向周朝臣服并被囊括进了周朝的封建秩序。

继齐桓公之后做盟主的是晋文公。晋文公在著名的城濮之战中大败楚军。此役之后，周王赴会庆贺，并册封晋文公为新一任霸主。晋国位于今天的山西省，内部的衰弱常常使它无法领导中原诸国。于是，楚国不断取得对北方平原的控制权，齐国则偶尔称霸。但到了公元前6世纪，位于西境、汉化程度并不比楚国高的秦国开始了一系列入主中原的举措。晋国时而与齐联盟以击退楚国，时而与楚国结成不稳定的联盟以对抗秦国。公元前453年，晋国内部统治力式微导致了一系列内战，最终致使"三家分晋"。晋王作为这三家所保护的主公得以残喘。到公元前403年，周王正式承认了晋国三家的诸侯国地位。此后，能一统中原的势力只剩下北方的秦国、齐国以及南方的楚国。在南方，以现在的武汉地区为中心的楚国强大起来，吞并了位于河南南部的弱小国家，进而又获得中原地区的国家郑、蔡等国臣服，联合这些国家，成为其盟主，开始向北方发展。于是南北对立开始了。春秋时代也可以认为是以齐、晋为盟主的北方中原国家和拥戴楚国的南方国家之间对抗的时代。春秋早期，诸侯之间的战争多是礼仪性的竞技。真正的战事鲜有发生，人员伤亡也极少。战场上被别国计谋所挫的诸侯常遭到对手的羞辱，但他们作为周王封臣的地位并没有因此发生实质性的变化。到了春秋时代的后半期，宗教观念丧失，消灭他国已经没有什么障碍，小的国家接连不断地被吞并，确立了战国七雄。这七个国家已经不是都市国家的联合体，实质上是完整统一的国家，具备领土国家的性质。

在七国统一的进程中，它们不再允许新征服的地区以国家形式继续存在，而是派遣官吏去治理地方，于是中央集权体系由此诞生。这是形式简单的郡县制度，其萌芽可以追溯到春秋中期，形成完备的国家制度则要到战国时代。

"战国"得名于《战国策》一书，一般以公元前403年三家分晋为开端。参与混战的列国变少了，于是彼此间战争的残酷程度也直线上升。主要的参与者被称为七雄，为首的是西边的秦国、东边的齐国和南边的楚国；其次是位于北部的燕国，以及三家分晋后的赵、韩、魏三国。战国时期的政治史复杂而混乱。在一百余年间，胜利的钟摆总是肆意徘徊于齐、秦和楚几个大国之间。到了公元前335年，诸侯开始自立为王，很快，每个诸侯都变成了王。以至于在公元前256年，当最后一任周王被废除、土地被秦国所兼并时，却引不起一点涟漪。到公元前323那年，秦和楚达成停战协议并约定一同快速打击齐国。但短短四年之后，楚又组建了一个抗击秦国的同盟。公元前302年，齐、楚、秦几乎三分天下。但到了公元前297年，秦国俘虏了楚王并向楚国境内大举逼近，这一举动使得中原的其他国家不得不结成一个大联盟以压制秦国。到了公元前285年，所有国家，包括楚和秦又开始联合对抗齐国。齐国十分狼狈，甚至一部分领土被北邻的燕国吞并，与燕国的战争也因此持续了多年。于是秦国成了最强大的国家，在公元前236—公元前221年，秦国发动了一系列战事，并将对手一一击败、吞并。

（三）封建王朝

1. 秦朝

（1）身世之谜

秦始皇的父亲庄襄王幼年时期曾作为人质前往赵国，庄襄王原名为异人。由于其祖父秦昭王仍然健在，所以其父安国君当时还是太子。安国君有二十多个子女，而且异人的母亲并非正室，所以异人就被选为质子。一方面，从秦国送来的月供并不充足，另一方面，由于秦国屡次违约侵犯赵国领土，所以，异人在赵国时常遭到冷遇。然而，一位富商的出现改变了这一切，他对这位身处逆境的王子给予了诸多照顾。此人名为吕不韦，是韩国阳翟人。他在各国的大城市都有生意，倒运大量物资积累了无数财产，邯郸也有他的宅邸。他甚至对秦国的内幕也了如指掌，当他偶然遇到这位秦国王子时，便心中窃喜：

"此奇货可居。"也就是说，他认为要趁现在的机会对此人投资，若是此人将来登上王位，那他就能获得无限的利益。此时的秦昭王年事已高，而太子安国君的正室华阳夫人膝下无子。吕不韦鼓励异人说："窃闻安国君爱幸华阳夫人，华阳夫人无子，能立适嗣者独华阳夫人耳。……不韦虽贫，请以千金为子西游，事安国君及华阳夫人，立子为适嗣。"吕不韦到达秦国后，他通过自己的门路见到了华阳夫人的姐姐，并经其引荐接近华阳夫人。呈上礼物后，他自然少不了费尽口舌夸赞异人的贤明。不久，吕不韦的费心运作开始奏效，安国君和华阳夫人双双同意，决定将在赵国做质子的异人收为嫡子，并且拜托吕不韦好好照顾他。据说，后来异人改名为子楚，就是听取了华阳夫人的意见，因为华阳夫人出身楚国。

从此，子楚的周围便开始环绕着之前无法想象的光明和希望。有了吕不韦在经济上的资助，子楚总算过上了王子应有的生活，在诸侯之间也开始声名鹊起。他时常前往吕不韦家中赴宴，席间对吕不韦的情人——一位绝色舞女一见倾心，并强烈恳求吕不韦将此女赠送给他。听闻此言，吕不韦立刻怒火中烧，但他不愧是商人，他意识到若是现在为此事生气，那么自己之前的辛苦投资就等于白费，于是他决定将那个舞女献给子楚。非但为此，他这么做其实还有更深一层的意图。事实上，那个舞女当时已经怀有吕不韦的孩子，而他隐瞒了这个消息。一年后，一个男孩出生了。因为孩子出生于秦昭王四十八年（公元前259年）正月，故取名为"政"。此孩子不是别人，正是秦始皇。虽然这个故事十分离奇，但是，《史记·吕不韦列传》中几乎毫不怀疑地将此事写得清清楚楚。

（2）秦朝建立

秦王政十七年（公元前230年），秦国消灭了六国中最弱小的韩国，接着矛头一转，直指北部相邻的赵国。秦国事先早已做好了灭赵的各项间谍工作。灭韩的前一年，赵国将守卫北部边境的名将李牧召回，命其抵御秦国入侵，收效显著。然而，边防守卫亦不能薄弱，于是赵国打算再次起用逃亡至魏国的老将廉颇来代替李牧。而此时，赵国的重臣郭开被秦国收买，由于他的极力反对，起用老将廉颇的方案未能实现。尽管赵国已经联合齐国开始"合纵"，但最终也因为秦国在齐国安排的间谍活动而以失败收场。秦王政十八年（公元前

229年），嬴政将大军兵分山西、河北两路，同时派出游击军队准备一举攻向赵国的都城邯郸。秦王政十九年（公元前228年），嬴政亲自前往邯郸举行庆祝胜利的仪式。自灭韩以后的第十个年头，嬴政在二十六年（公元前221年）终于结束了中国长年分裂割据的局面，统一了天下。

秦朝的崛起有许多要素，其中一点是它有利的地理位置。秦国的大本营主要位于今天的陕西省，在公元前316年新扩展的领土则位于今天的四川省。这两个地区几乎是中国本土最坚固的自然要塞，有峡谷和山脉作为隔离东部地区的天然屏障。从陕西往外则有直通华北平原的黄河河谷通道，四川也有类似的通往长江平原地区的通道。但这个地形很难从东向西入侵，秦朝的腹地从来没有成为战场。对比来看，楚国的位置就十分易于攻击，秦国可以从陕西或是四川两路夹击楚国。齐国则暴露于一个三方都没有任何天然屏障的平原上。在这几个主要的大国中，秦明显占据地理优势。

此外，地理位置还给予了秦国经济优势，秦也充分利用了这一点。渭河河谷很早以前就以肥沃的良田而闻名全中国，秦国也是诸国中较早开发水利系统的国家。吞并四川为秦国带来了另一块沃土以及丰富的矿物和森林资源。由于秦国的边境位置和半开化的文化传统，它从未像其余中原诸侯国一般完全浸淫在周朝的礼教之中。因此，在公元前4世纪从农奴制到自由土地保有制的大过渡中，秦国一马当先。最后，尽管秦国残暴，但其国内的稳固和安定依然吸引了大批国破家亡的中原人口，秦国也欢迎各国的移民前去发展农业。如此一来，秦国建立了一个强大牢固的农业基础并囤积了富足的粮食。

在对外吸引治国贤才方面，秦国在那时也是相争列国中最积极的国家。部分原因在于，秦国与其他诸侯国不同，在给人才加官晋爵一事上从不犹豫。其中，从邻国魏国招纳来的公孙鞅（常称作商君）在公元前356—公元前338年担任秦朝的变法者，对秦国后来的强大居功至伟。他制定并严格执行了法家的法令，重视农业，强化国家秩序；他将农奴解放为缴纳赋税的自由保有土地的农民，制定了一个中央集权的官僚行政系统；他将所有家庭都划入互相监督的单元，违法者重罚，举报者则重赏。另外一名游士吕不韦本来是河南的商人，公元前249—公元前237年在秦国为相。公元前237年，来自楚国的李斯成为秦国朝堂上的股肱之臣，并最终成为秦朝的丞相。同时，李斯还是公元前221年后秦推行于天下的法家体系的主要集大成者。

就这样，中国历史上最早的一个大帝国建立了起来。秦始皇统领的"秦"这个国家的名字不断扩展，逐渐覆盖了整片国土。不久后，秦将领土向南北进一步延伸，形成了后来中国本土的基本轮廓。这不仅对中国历史，甚至对世界历史也具有相当重要的意义。

统一全国的大业完成后，秦王嬴政深感有必要想出一个与自己相匹配的永久君主的称号。群臣们为此绞尽脑汁。古代虽有五帝这样伟大的天子，但其疆域狭窄，不可与今日之大秦相提并论，如果"帝"这一称号略显不足的话，那么，五帝前还有天皇、地皇、泰皇的三皇时代，其中泰皇位处最尊，因此群臣便得出了采用泰皇作为尊号的结论。除此之外，群臣还建议：君主的"命令"使用"制命"和"诏令"，君主自称为"朕"，且这些说法只能天子专用，等等。接着"泰皇"这一称号又被废弃，君主改称"皇帝"。"朕"这个字原本是谁都可以使用的第一人称，而从此时起皇帝之外的任何人便都不能再使用了。

另外，秦始皇废除了谥号制。谥号是人去世以后，人们根据他生前的功绩而给予他的称号，周文王、周武王便是谥号。秦始皇认为这种制度是子议父、臣议君，不合礼法，所以理应废除。于是，他决定称自己为"始皇帝"，这样自己死后，后代就成为二世、三世，直至万世，永世流传。

皇帝之下又设有最高行政负责人丞相，最高中央军事指挥官太尉，以及掌管文武百官监察的御史大夫。以此三公为最高职位，秦王朝形成了完善的官僚组织机构，皇帝的命令甚至可以从中央传达到地方的最低一级。这种把国家大权一分为三的做法，是为了避免权势集中在特定的大臣手中，从而达到权力集中于天子的目的。秦始皇励精图治，所有政务都亲力亲为，据说他每天浏览的奏折如果用秤来称，多达一石。

（3）酷法亡秦

秦始皇生性多疑，在经历三次刺杀未遂后，他开始害怕死亡并迷信术士、方士、道士，以乞求长生不老之道，于是朝政大权旁落于大臣李斯和宠宦赵高之手。公元前210年，秦始皇在寻求不老药的巡游中驾崩，下旨将皇位传于被流放的皇长子。但李斯和赵高隐瞒了皇帝驾崩的消息，假传圣旨命令皇长子和大将蒙恬自杀，篡改诏书助秦始皇的二儿子登基。秦二世生来懦弱，于是大权很快便牢牢地掌握在赵高手中。赵高设计将李斯投入监牢，李斯受尽严刑拷打，最终被杀。到了公元前207年，赵高毒杀了秦二世，并立秦二世的太子子婴为帝，后者旋即将赵高斩除。到这时，整个帝国已经摇摇欲坠，到了公元前206年，新王子婴（不敢自称为皇帝）向起义者投降。

颇具讽刺意味的是，秦朝恰恰毁于它的严刑酷法，而这又是法家笃信的政策。不过，推翻秦帝国的星星之火源于楚地草民陈涉。陈涉带领和指挥一队新征召的士兵前往北境服役，途中被暴雨耽误了行程，他意识到他们无法按时到达集结地。根据秦律，类似的微小失误也要施以重罚，且无法减轻罪责。陈涉说服了他的同伴，与其被当作罪犯处置，不如落草为寇，陈涉遂自命为楚王。出乎意料的是，数千名对秦朝不满的人响应了他的号召，一时间，类似的起义运动在帝国四方如雨后春笋般涌现。尽管秦朝将领四处奔走镇压反叛，甚至逮捕并处死了陈涉，但起义运动的发展很快就超出了他们的控制能力。由于知晓镇压反叛未遂的惩罚，这些将领开始转投起义军。于是，一个巨大的起义军联盟形成，并打着楚国贵族后代的名义。公元前207—公元前206年间起义军攻占了秦都。很快，随着秦朝灭亡，起义军也开始彼此争斗。各方势力争夺分裂帝国的控制权，中国又一次陷入了割据混战的局面。

（4）秦末战争

陈胜、吴广举兵起义之后，各地纷纷举起抗秦大旗后，会稽的郡守开始坐立难安。同年九月，郡守招来项梁，对他说："江西皆反，此亦天亡秦之时也。吾闻先即制人，后则为人所制。吾欲发兵，使公及桓楚将。"听闻此言，项梁心里想的却是自己必须要先发制人。正好当时桓楚逃亡在外，项梁打算很好地利用这一点，他对郡守说："桓楚亡，人莫知其处，独籍知之耳。"于是项梁出去，嘱咐项羽持剑在外面等候，然后又进来，对郡守说："请召籍，使受命召桓楚。"郡守说："诺！"项梁就把项羽叫了进来。不一会儿，项梁对项羽使眼色，说："可行矣！"于是项羽立刻拔出剑来斩下了郡守的头颅。项梁手提着郡守的头，夺下了郡守的官印。郡府的侍从、护卫大为惊慌，一片混乱。看到项羽奋勇砍杀了几十个人，整个郡府上下都吓得伏地不敢动。项梁随即做了会稽的郡守，项羽作为其副将，从本郡的属县征集了精兵八千人。项羽率军攻秦一路向西，途中不断有郡吏因久闻项羽大名而带兵投靠，不久军队就扩充到了十万人。除了兵败秦将章邯，项羽所到之处几乎所向披靡，无人能敌。

刘邦接到县里的命令，让他以亭长的身份押送徒役去骊山陵。徒役们有很多在半路就逃走了，照这样下去估计到达骊山的时候人就全部逃光了。所以当他们走到丰地西边的沼泽地带时，刘邦就停下来饮酒，趁着夜色把所有的徒役全都放了。刘邦说："公等皆去，吾亦从此逝矣！"徒役中有十多个血气方刚的壮士愿意跟随他一起走。不久，陈胜、吴广起义的消息传到了沛县，县令惶惶不安，也想响应起义。县令招来手下的萧何和曹参征求意见，最后他们商定先把逃往县外的几百号人召集起来，再通过他们的影响力带动整个沛县的年轻人举旗反秦。刘邦当时已拥有手下近百人，于是他成为县令招兵买马的首选。县令派樊哙去邀请刘邦，樊哙曾以屠狗为业，力大无比。可是，县令很快又后悔了，他担心把刘邦等人招进城以后，这帮人会搞出乱子，等于是引狼入室。于是，县令命令紧闭城门，并准备捉拿萧何和曹参。萧曹二人闻讯后惊慌失措，翻过城墙逃出城外。正好此时刘邦已抵达城外，二人向刘邦寻求保护。刘邦从二人口中了解到目前城内的局势，于是在一条绸缎上给城中父老写了一封书信，将其绑在弓箭上射进城中。信中写道："天下苦秦久矣。今父老虽为沛令守，诸侯并起，今屠沛。沛今共诛令，择子弟可立者立之，以应诸侯，则家室完。不然，父子俱屠，无为也。"乡绅们看过信后，觉得刘邦所言甚是，便带领子弟杀了县令后开城门迎进刘邦，并推举他为沛公，带领大家起事。对此刘邦先是推托，可最终经不住大家的再三推举，便决定顺从民意。在萧何等人奔走征兵的努力下，起义军很快扩充到二三千人。刘邦带领这支队伍攻占了周围的城镇，并在丰邑建立了根据地。

但是第二年，由于部下叛变，丰邑失守。刘邦失去了根据地，只能一边辗转作战，一边筹划夺回丰邑。而此时，项梁自吴中一路向北，在薛地建立了大本营。刘邦命令主力部队包围丰邑，自己则带领百余名骑兵赶往薛，加入项梁的阵营之中。

刘邦来到项梁身边时，吴芮、英布（黥布）、吕臣等武将，以及原楚国大臣宋义等人也都已经率兵加入了项梁。另外，魏、齐、赵、燕等国也相继独立。在张良的谋划下，韩国也很快宣布独立。在这些反秦势力中，项梁的军队力量最为强大，尤其是拥立怀王称楚以后，更是成为抗秦势力的中心。项梁为刘邦增兵五千，派将十人，刘邦猛攻丰邑，终于将其夺回。或许就在此时，刘邦与项羽情投意合，立下誓约，结拜为兄弟。

反秦的起义军很快转化为两位非凡人物之间的斗争。项羽的贵族光环和在战场中的才智吸引了原先反叛的诸侯们，他们联合在一起，计划通过重建楚国的名义来一统中国。而刘邦则通过和平劝降秦朝首都守将而声名大噪，成为联盟中的汉王。与项羽不同，刘邦公平、大方地对待部属和军队，宽宏大量地处置俘虏，真诚地表达对民众渴求幸福安康的生活的关怀，从而赢得了大众的支持。项羽则缺乏与民众的接触，尽管未尝败绩，但是逐渐被对手削弱。最终，项羽在孤立无援中自杀。

2. 汉朝

（1）西汉

刘邦，史称汉高祖，是中国历史上第一个通过自我奋斗而成为皇帝的平民。因为这一点，以及他从始至终都带有的朴实的农民特质，刘邦成为中国历代帝王中极为特殊的一位。他也因为制定了两条贯穿于后世政治思想的行政准则而备受尊崇：第一，应当把自己的胜利归功于将领和随从，承认自己能力有限，在做决定时坚持从善如流；第二，消除秦朝的集权主义残余，强调政府是为人民服务的。或许是因为一直忙于打击早期同盟军中的反叛者，汉高祖并没有大力推行扩张主义策略，也没有着手开始内部改革。他适度减轻了秦朝的苛政，将赋税降低到十五税一，并保留了秦朝建立的政府组织模式。高祖所做的最大的改变之一是将帝国东边的大部分领土以王爵继承的形式分封给了他最得力的支持者们，此举一来是出于高祖对现实的考量，即他不认为自己能够实现秦朝式的中央化，二来是因为他也乐意慷慨地分权给手下。汉高祖的大致方针是稳定秩序，减少政府对人民的干预，让他们得以从秦朝的暴政下休养生息。

汉高祖放任主义的治理方式主导了汉朝前六十年。高祖自己在位时间很短，在前195年去世，但高祖的遗孀，同样出身平民但富有主见的吕后继续掌权了十五年，且政治风格十分保守。高祖的儿子文帝（公元前180—公元前157年在位）和孙子景帝（公元前157—公元前141年在位）因勤俭和仁爱而著称。

从吕后到景帝这五十余年间，所有的高官职位都由高祖的亲信、将领以及他们的后代出任，唯一足以威胁到国家稳定的事情是发生于公元前154年，源于国家内部的七国之乱，但很快便被镇压了。在经历了数百年的动荡后，汉代早期的安定使中国人民有机会而且他们也确实做到了高速发展：人口大幅增长、经济快速发展、文化高度繁荣。景帝在位期间，赋税减半，降到三十税一。即便如此，其在位后期依旧仓廪丰满、国库充盈。

汉朝早期的放任主义滋长了大量不公现象，朝廷官员颇有不满，汉武帝在位期间（公元前141—公元前87），朝臣们认为政府应当更加积极地参与国家管理。到了这时，精神饱满、兴旺繁盛的中国人似乎变得骄傲、自信并跃跃欲试。武帝少年登基，活力四射、聪明机敏、富于想象并勇于实践。他为后来的皇帝们提供了一个颇为激进的统治模式，对比文帝和景帝较为被动的模式，他是阴阳中的阳，而文帝和景帝是阴。武帝的模式之所以能够施行，一是因为关于野心过度膨胀的秦朝的记忆已经淡去，二是无论在经济还是心理上，汉朝都已经做好了随时舒展拳脚的准备。最初，汉武帝着手集权化并将皇权拓展到更多的国内事务上。

高祖时，半封建的王侯分封制与秦朝时的郡县制并存，而事实证明它从一开始就是错误的，吕后的任人唯亲，甚至对宦官的倚赖加重了这一糟糕境况。尽管新的诸侯王都由朝廷任选，也可以被皇帝免职，尽管诸侯王属地的事务由朝廷任命的行政长官治理，但他们总是试图扩大权力，从而威胁了王室的声望。即使他们不问朝政，也往往会手控一方的经济命脉。公元前154年，七国之乱被快速镇压后，问题并未得以根除，武帝为了打击诸侯王积极地制定对策，在他之后诸侯王便不过是国家组织中无足轻重的空头衔而已。武帝对诸侯王下达了专断且严苛的经济命令，例如命令他们贡献一种只见于皇家林苑的造价昂贵的白鹿皮。此外，汉武帝还以一些微不足道的借口将诸侯王削官免职，再把他们的封地变为郡或县。仅在公元前114年一年，就有104位王、侯的财产被充公。武帝即位之初就发布了削弱诸侯王的最有力的法令，命令诸侯在死后将财产平均分配给所有男性继承人。于是，随着一代代过去，诸侯们的封地变得愈加破碎。

商人阶级是武帝着手打击的另一个棘手的群体，他们利用先前封建制度一时崩溃之机以及汉朝早期的放任主义政策,依靠一些大体免税的行业聚敛起了大量财富,包括冶铁、制盐、造酒以及粮食投机和财产抵押,使大量自由保有土地的农民沦为了佃户,甚至奴隶。为了打击这些行径,武帝制定了针对商品库存和交通工具的新税收制度,禁止商人保有耕地;设立"常平仓"制度保证国家对粮食供给的控制;最重要的是,他将盐、铁、酒的生产及销售归为官营。以上这些政策都使得商人的财富大量流入国库。

在外交关系上,武帝也同样表现得很激进。进入战国时期后,特别是在秦朝崩溃后,一些汉人叛军在边境地区建立了许多小国,如在东北地区南部和朝鲜地区、东南沿海地区以及广东地区。早期的汉朝统治者满足于稳固现有的中国北方腹地和长江流域地区的国土,后者在这个时期被彻底纳入汉文化主流。汉朝劝服周边小国的统治者认可汉朝皇帝名义上的封建君主地位,并将之视为一种外交胜利。但从汉朝的角度去看,这些邻居难以驾驭,于是武帝决心严惩它们并捍卫汉朝至高无上的绝对地位。公元前111年至公元前110年,他发动了征服位于福建的闽越国和居于广东的南越国的战争,从而使汉朝势力一路南扩至今天的越南。公元前109年到公元前108年,武帝征服了东北南部和朝鲜地区大部。同时,其他的汉朝军队也对位于边陲的云南和贵州有了松散的控制权。这些被征服的地区都被分为郡,并有汉朝军队长期驻守,其汉化速度明显加快,特别是在朝鲜和越南。此外,汉朝也开始与海外的日本和其他地区的人们接触。

武帝的诸多激进策略,无论是在国内事务还是外交策略上,都是为了强化汉朝,从而与长期威胁汉朝西部、北部边境的游牧民族匈奴一决雌雄。高祖时期,匈奴在首领冒顿单于的带领下,结成了一个联盟。他们的势力不仅扩展到了整个蒙古地区,还吞并了西域绿洲上的一些小国。高祖曾试图将匈奴逐出汉朝北境地区,但在公元前200年被困山西一周。侥幸逃脱后,高祖和他的后继者只能寻求一种和解的外交策略。他们视冒顿及其继任者为对等君主,送汉朝公主或贵族女子去和亲,有时也会赠送作为贡品的粮食。冒顿曾傲慢地向寡居的吕后求婚,希望能够通过联姻来合并两个帝国,后继的匈奴首领也不曾停止袭击汉朝边境。汉朝将领十分受挫,朝臣和商人也恼怒横穿中亚的贸易道路中断。他们依赖这条通道获取大量奢侈品,其中包括汉人在仪式中所需的重要象征之物：玻璃、琥珀以及高品质的玉石。因此，武帝被轻易说服：对匈奴的和解策略是失败的，对匈奴的军事行动早就应当开始了。

为了抗击匈奴，武帝希望与月氏结盟。后者是印欧人种，由于匈奴的扩张而被迫西迁。为此，武帝派遣年轻官员张骞寻找月氏国并与其联盟。张骞在公元前139年离开汉朝首都，途中被匈奴俘获，但他成功与匈奴交好，并娶妻成家。直至十载后，他才趁机逃跑并继续他的使命。最终，他穿过帕米尔高原，在巴基斯坦北部发现了月氏国，但月氏人无意重新卷入东亚事务之中。张骞在回国途中再次被匈奴抓住，但最终还是在公元前126年回到了汉朝首都长安，也就是今天的陕西省西安市。张骞的见闻为中国人提供了关于中亚的一手情报，也附带提及了从中国向西南通往印度的贸易之路，从而激发了武帝征服西南地区的兴趣。

同时，公元前133年，武帝发动了一系列反击匈奴的大型战事，耗时十八年的战争消耗了汉朝大量资源和精力。军事目标是长安以北位于黄河"几"字区的鄂尔多斯地区，这个地区为匈奴提供了一个天然的集结地，使匈奴能够轻易地南下袭击位于陕西和山西的农耕河谷地。公元前127年，汉朝将领控制了鄂尔多斯地区，在随后的数年中，他们东征西讨，将匈奴逐出了今日的蒙古、甘肃和新疆地区。约有七十万移民徙居到从河西走廊到中亚的一片地区，在更内陆的沙漠地区驻扎着一个个军事"殖民地"，它们自给自足，一边屯田一边驻守，在军事都护的支持下令其他统治者敬而远之，由此通往中亚的商路被打通了。公元前104年、公元前100年，李广利将军甚至率军跨越帕米尔高原，直捣大宛，夺得了马中极品"汗血宝马"献给武帝。

通过一系列战事，武帝直接控制下的疆域便涵盖了近代中国本土的全部疆域，以及越南北部、内蒙古、中国东北南部以及朝鲜的大部分地区。由于中亚地区的地理条件并不适合汉人式的定居，武帝便持续推进所谓朝贡制度的外交策略。当地统治者被允许保留原先的权力，并获得汉朝地方总督的保护。作为回报，他们需向汉朝王室上贡本地的特产，以示臣服。他们需定期前往汉朝首都来表示敬意，并将儿子留在汉朝宫廷，通常要接受汉式教育，这主要是为了保证他们能够俯首听命。这一策略成为中国随后处理所有对外关系的模式的基础。

武帝在位期间，中国文化高度繁荣，出现了中国最伟大的历史学家司马迁、汉朝最为人尊崇的诗人司马相如，以及最具影响的汉朝哲学家董仲舒。在董仲舒的建议下，武帝采取了一种被重新诠释的兼收并蓄的儒学观点作为国家正统意识形态，创建了培养儒家官员的初级全国大学"太学"。通过推举和笔试系统性遴选文官的制度也在这时出现。国家并未在一夜之间便变为一个儒家的官僚体系，纵观汉朝时期，由世袭贵族构成的门阀世系几乎完全垄断了政治、社会以及经济层面的影响力。然而，武帝的举措无疑有着重大的长足影响。

无论是从国力、声望，还是从士气来看，武帝的统治都是汉朝的顶点。汉朝军队持续打击匈奴，在公元前73年，五支联军击垮了今蒙古地区死灰复燃的匈奴势力，由此匈奴分为彼此对抗的两支。公元前51年，南匈奴首领来到长安，向汉朝臣服。北匈奴则被迫西迁，但在公元前36年被跨越帕米尔地区，长驱直入到撒马尔罕的汉军击败。据传，汉军在这里击败了包括罗马军团在内的联军。但在大部分方面，武帝的继任者都表现平平。在他们的统治下，武帝建立的对国内经济的管控逐渐失效，大权落入宦官与外戚之手。朝廷任人唯亲之风盛行，庙堂之外，贪婪的地主势力持续蔓延，皇家毫无声望和智勇可言。随着一系列无子嗣的幼年皇帝的早夭，刘姓家族终于失信于朝廷，也失去了天命的宠眷。公元6年，一位襁褓中的婴儿即位，汉朝由摄政大臣主政。9年，权臣王莽在劝进下篡位。

（2）新朝

始建国元年（公元9年），王莽终于登基成为新国皇帝，时年五十四岁。其妻为皇后，四子王临被立为太子。王莽本有四个儿子，老大和老二两个儿子已被他所杀，三儿子品行不端，所以四儿子成了太子。这一年，王莽册封孺子婴为诸侯，这场仪式也很像是一场戏。王莽召来群臣，给大家宣读策书："咨尔婴，昔皇天右乃太祖，历世十二，享国二百一十载，历数在于予躬。《诗》不云乎？'侯服于周，天命靡常。'封尔为定安公，永为新室宾。於戏！敬天之休，往践乃位，毋废予命。"孺子婴此时刚满六岁。宣读完策书，王莽亲自握着孺子婴的手，流着眼泪叹息道："昔周公摄位，终得复子明辟；今予独迫皇天威命，不得如意！"悲伤叹息了一阵后，宦官带着孺子婴下了殿堂，孺子婴面对着王莽自称臣子。据说百官陪在旁边，看到眼前的一幕，无不深受感动。接下来，王莽按照早就做好的计划，仿照《周礼》的制度全面推行官制改革，更改官名。他设立了包括三公九卿、二十七大夫、八十一元士在内的机械化的官僚制度，将郡守改为大尹，县令改为宰。另外，他还改长安为常安，作为新朝的都城。

王莽希望依靠儒教建立理想国家的这个构想，在中原地区，可能在一定程度上还是能让人们抱有幻想的。比如彻底更改官名，而王莽却将其进行得相当彻底。但是，他在中原之外的地区也实行同样的政策却是失败的。王莽改制并非只是针对王侯以下的官吏，也包括对匈奴和西域各国，以及其他民族的待遇和名称的更改。比如，将南方句町王（云南）、西方西域诸国的统治者由王降格为侯，将北方匈奴单于的玉玺改称为印章等。为了向各地发送通告，就地授予新朝的印信，并收缴原来汉朝的印信，王莽甚至还向东西南北中五方分别派遣了五位将军。这样的做法大大刺激了周边民族的感情，为其入侵中原找到了借口。始建国二年（公元10年），王莽单方面将匈奴单于这个名称改为降奴服于，派兵三十万讨伐匈奴，但究竟取得了多少战果却不得而知。在对待高句丽的问题上也是一样，王莽讨伐东方的胡族时，向高句丽请求援兵未果，于是斩其侯驺，并改高句丽为下句丽。这些做法导致王莽与周边各民族的矛盾加剧。

公元19年，王莽政权渐渐走入尾声，匈奴趁内地混乱之机加紧了对边境的侵扰。而这时候，国内的政治统治也已经达到了相当混乱的地步，尤其是地方制度的差异问题尤为突出。在很短的时间内，郡的名称就更换过五次，有的地方最终不得不又改回最初的名字。无论官还是民都很难记住这些不断变换的名称，诏书中不用旧名称人们甚至不知道所指的地方是哪里。由于对行政区划的更改过于频繁，甚至出现了一些郡的管辖区域不知何时竟被全部划入周边其他郡，而导致郡守无所适从，只好去找朝廷的情况。

公元23年，是新朝的最后一年，各地起义军风起云涌，已经到了难以收拾的地步。起义军最终攻入了长安，杀死王莽。

（3）东汉

公元25年，新皇帝刘秀从河北迁入洛阳，并决定在此建都，史称东汉。

光武帝（25—57年在位）和他的直接继任者汉明帝（57—75年在位）、汉章帝（75—88年在位）都是精力充沛、深明大义的君主。在他们的治理下，中国恢复了往昔的安定和繁荣。自然灾害和王莽统治时期的叛乱使得人口减少、农商受挫，但随着和平与汉朝早期的放任主义政策的重新实施，人口数量和经济都回升了。儒家文人备受尊崇，学术、教育和文化一片欣欣向荣。到了1世纪末，中国人的生活又如西汉鼎盛时期一样富足且多彩斑斓了。同样，东汉早期在对外关系中也表现良好。匈奴在王莽时期再度成为中国的威胁，而东汉早期时，匈奴的内部矛盾再次爆发。50年，光武帝允许一支前来臣服的南匈奴在中国传统边界线内——山西和陕西北部定居。据说，到了1世纪末，一部分北匈奴开始向西迁移，最终前往欧洲，成为阿提拉带领下的匈人。在中国历史上最有为的三位将领的带领下，汉朝也重新控制住了其他边境地区。第一位是马援（公元前14年—公元49年），他向南收复了南部沿海和越南北部地区。另外两位是班超（32年—102年）和班勇父子，他们恢复了汉朝在西域的威望。97年，班超率军长驱至里海沿岸，并派遣助手前往地中海地区侦察。在回国复命前，班超的助手远达波斯湾或是黑海沿岸。在接下来的几百年间，载着中国丝绸的驼队从中亚去往罗马，而航海家们频繁贸易于东南亚、印度洋和中国南方港口之间。但1世纪之后，汉朝国内状况每况愈下。同西汉一样，政府放任主义的政策使得农民落入大地主手中，这些人与朝廷或皇家有联系，因而总有办法逃税避税。许多农民再次沦为半封建庄园里实实在在的农奴。大家族豢养成百上千家臣，美其名曰"客"，也组织起由私兵（部曲）构成的整支军队。剩余的自耕农总是受制于地方门阀的威胁。随着赋税的增长和徭役的增加，他们的负担也愈发地沉重。2世纪中叶之后，一系列自然灾害加重了农民的不满情绪。175年，特大洪水和蝗灾来袭。173年、179年，瘟疫肆虐全国。农民开始在从道家思想衍生出的宗教中寻求出路，道教为他们提供了有关社会福利的方案、神秘的信仰疗法以及或许可行的炼金术。到了182年，东部的黄巾军和四川地区的五斗米道均吸引了大量信众，184年，黄巾军的叛乱加速了已然衰微的汉朝的灭亡。负责镇压叛乱的将军们一举成为地方军阀，最终从宦官手中夺取了对天子的控制权。董卓在190年包围了洛阳。他废掉皇帝，将傀儡天子推上王位，谋杀了太后以及一位皇子，并大量屠杀宦官。董卓携傀儡皇帝西迁长安，很快董卓被杀，天子的控制权旁落到将军曹操手中。220年，曹操去世，他的儿子曹丕接受了汉朝最后一位皇帝的禅让并自命为帝，建立了新朝代魏朝。汉朝的统治延续了四百年，被古代中国人视作盛世典范，引得后世的伟大王朝争相效仿，但至此，它也迎来了不甚光彩的终结。

3. 三国

汉末农民起义之后，东汉末年的政局极其混乱。在混乱的格局中，一代枭雄曹操曾一度掌握国家大权，呈"挟天子以令诸侯"之势。在军阀割据的年代出现很多经典的战役，比如官渡之战、赤壁之战、夷陵之战。

官渡之战发生于公元200年，主站双方是曹操与袁绍的军队。根据历史记载，此次战役持续时间近8个月，曹操以其非凡的谋略用2万多的兵力大败袁绍的约10万兵力，堪称中国历史战役中以少胜多的典范。

赤壁之战发生于公元208年，是西蜀与东吴政权联合与魏军的战斗。同样也是历史上著名的以少胜多的战役。关于这场战役，《三国志》中涉及赤壁之战的历史记载语言都比较简练。赤壁之战创造了中国历史上以弱胜强的神奇战例，也是中国历史上第一次在长江流域大规模作战的经典战役。这场战役中，显示了诸葛亮卓越的军事才能。

夷陵之战发生在公元221年，是刘备政权对东吴发起的一场复仇之战，但是却以失败而告终。这场战役打破了魏蜀吴三方平衡的历史形态，蜀汉政权从此走向衰落，为当时最强大的魏国吞并两国埋下伏笔。

三国时期可以从220年曹丕称帝开始算起，之后西蜀的刘备于221年称帝，东吴的孙权与229年称帝，形成三国割据的形势。三国维持的时间不长，这期间各方势力出于不同的目的相互征伐，出现了很多的政治家和军事家，但终究随着时间的流逝被历史淹没。公元263年，曹魏政权征讨西蜀成功，蜀国灭亡。公元266年，司马氏篡夺了曹魏政权，将国号改为"晋"，历史上称为"西晋"。公元280年，西晋征讨东吴赢得胜利，标志着的三国时代的终结。

4. 两晋南北朝

在魏国与蜀国、吴国混战时，曹氏统治者的声望逐渐被司马家族的将领们掩盖。265年，司马氏篡位并改朝换代为晋朝。晋击败吴国之后约一代的时间中，中国又一次统一，但却十分脆弱。晋朝的统治者以一种新封建主义的

· 41 ·

方式将帝国分封给司马家族成员,于是地方王族几乎成了自治的地方统治者。特别是在300年后,由于地方王侯的争权夺利,弑君和禅让频繁出现。汉朝末年,封建主义式的社会经济组织开始发展,到了三国混战和晋朝时期则得以蓬勃发展,于是创造了一个由大地主占主导的社会,每个大地主麾下都有大量农奴、门客和私兵。汉朝末年文人的不幸使上层阶级变得极为愤世嫉俗又潜心于文学艺术。佛教思想、艺术和建筑开始主导中国文化,并受到有着佛教内涵的玄学的挑战。匈奴以及其他北方游牧民族利用中原的分裂和动荡,趁机一次次渗入边境。304年,一位汉化的匈奴首领宣称自己是王位的唯一合法继承人,并在山西建立了汉国(后改称赵国);311年,匈奴从这一基地出发,洗劫了晋朝的首都洛阳,俘虏并最终杀了晋朝皇帝。在一位新皇帝的带领下,晋朝在西面的古都长安重组,但在316年,长安还是被匈奴攻破了。

晋朝在北方溃败的两百余年中,中国分裂成了两个迥然不同的社会——北方和南方。从北方逃难的人在南京建立了东晋,努力收复了一些领土。347年,他们重新攻入四川;383年,他们在著名的淝水之战中,依靠军事动员和计深虑远,击退了北方非汉族军队最猛烈的一次攻势;415—417年,东晋大举进军西北方,重夺途经甘肃并通往中亚的贸易走廊。尽管如此,王室还是不可避免地被党争扰乱和削弱,一系列篡位导致了一连串越来越羸弱的后继朝代——宋(420—479)、南齐(479—502)、梁(502—557)、陈(557—589)。这些所谓的南朝自认为是汉文化的代表,在他们的统治下,中国南方的居民以及他们的习俗被彻底纳入中国主流文化。佛教逐渐成为最主要的思想和宗教力量,封建的社会经济模式根深蒂固,贵族变得格外清高、颓废。

在匈奴大肆破坏了晋朝都城洛阳和长安后,北方出现了一连串眼花缭乱的短命区域性政权,被统称为"十六国"。此时,作为原始突厥人的匈奴开始受到其他族群的攻击,例如原始西藏人(羌人)、原始蒙古人(鲜卑人),以及姓拓跋的另一支原始突厥人。北方还时而涌现出汉人争夺者,特别是来自甘肃的晋朝边境总督的后代。4世纪后半叶,北方暂时由氐人首领苻坚(357—385年在位)统一。他制定了一个野心勃勃的南征计划,却在383年的淝水之战中溃败,之后他的前秦迅速土崩瓦解。拓跋鲜卑建立了一个更稳固的北方统一政权,名为北魏(386—534),成为统称"北朝"的一系列朝代中的第一个。

除北魏外，北朝还包括东魏（534—550）、西魏（535—556）、北齐（550—577）和北周（557—581）。再往北的蒙古地区本是由匈奴、鲜卑等占据，但到了5世纪早期，新的游牧帝国蠕蠕（即柔然）代替了这里的拓跋鲜卑。它是原始蒙古和原始突厥人的混合体。551年，蠕蠕帝国被推翻，向西迁徙，最终成为东欧史上的阿瓦尔人。突厥人则继续统治蒙古地区。

5. 隋朝

再次统一全国的大业终于由杨坚完成。杨坚的先祖长期为拓跋鲜卑统治者服务。他娶了一位意志坚定的异族贵族女性，成为北周朝廷中位高权重的丞相，并把女儿嫁给了北周皇帝。当尚在襁褓中的外孙即位后，杨坚被说服取代外孙称帝，由此在581年开启了隋朝。这时，南方地区一片混乱。555年，一位北方政权的皇子攻入长江中游流域，并在现在的汉口地区建立了傀儡政权后梁。到了580年，位于南京的陈国饱受朝廷内部的党争摧残。新立的隋朝皇帝，也就是隋文帝（581—604年在位）是精明实际的行政人员和技巧高超的宣传家，他利用佛教、道教和儒家的声明和惯例赢得了各方的支持。587年，隋朝军队毫不费力地征服了后梁，588—589年又征服了陈国。

自此以后的数十年间，全国都没有爆发大规模战争，因此北方和南方都一片繁荣祥和。隋文帝节俭、温和的政策使得繁荣得以延续，其中央化的政府拥有东汉以后鲜见的权力。584年，重新疏通的运河将隋文帝的都城长安与黄河相连，以帮助他稳固在北方的统治。在随后对南方的征服中，他借鉴了北方的经验。为了改善再度统一的帝国的出行和交通问题，隋文帝着手在东部平原地区的天然水系间修建连接黄河和长江的运河，这一工程也就是今天西方人口中的"大运河"的一段。611年，大运河在隋文帝的继任者在位期间竣工，并进而北延至北京、南扩至杭州。大运河不仅是南北政治统一的象征，也使南方经济增长的财富能够方便地满足北方的军事或政府需求，并为迥异的南北文化的持续交融提供了一个沟通渠道。

文帝统治期间的稳定、繁荣以及高昂的士气却在其子隋炀帝（605—618年在位）一朝间灰飞烟灭，致使朝代早夭，隋炀帝也被视作严酷暴君。隋炀帝的母亲正是文帝的异族妻子，他也有秦始皇一般的狂妄自大，许多史家视其为彻头彻尾的妄人。据传，他通过下毒弑父登基为帝，此后在洛阳修建了一座奢华的行宫并将都城迁至那里。在大运河工程仍未竣工之际，他加重了徭役，修建长城、大型粮仓以及从北方平原通往北方边境地区的道路。他举兵再度讨伐越南北部，并把占人驱逐到了更南方的地区。他还开启了前往台湾的探索式征程，成功打击了西域的突厥人，威慑住了蒙古地区的一些突厥游牧民族，使他们臣服于隋朝。他于612、613和614年分别发动了征服朝鲜地区高句丽的大规模战事，但均未成功。

隋炀帝疯狂的工程建设和军事活动扰乱了国内的经济，也引发了大规模的反抗。615年，他的军队被北境的突厥人羞辱。617年，炀帝亲自领兵对突厥军队进行打击报复，但险些被俘。与此同时，各地百姓揭竿而起。为了应对崛起的突厥势力，隋炀帝将打击突厥的工作交付给边境大将唐国公李渊（566—635）。此后，隋炀帝逃到南方并沉迷于花天酒地之中。618年，隋炀帝被一位朝臣刺杀。此时，李渊已经宣布不再忠于炀帝，并在长安拥立了一个隋朝后裔为傀儡皇帝。炀帝死后不久，李渊接受了隋朝傀儡皇帝的禅让，建立唐朝。

6. 唐朝

在唐朝统治下，中国社会之繁荣、文化之兴盛、贵族之成熟、军力之强大以及在外交之中的至高无上均是汉代之后的朝代从未企及的，这一时期无疑是个伟大的时代。唐朝都城长安成为世界上规模最大、最繁华的世界性都市，是商人、使臣和文化探寻者的梦乡。这些人从日本、朝鲜、中亚、越南和其他地区远道而来，从地中海地区来的阿拉伯人、波斯人、犹太人和基督徒也在长安受到了欢迎。后世的中国人视唐朝为比肩汉朝的伟大王朝，唐朝的成就也是后世朝代声称要效仿的典范。

早期唐朝的强大和繁荣大部分要归功于北朝和隋朝时期所建立的日臻成熟的制度。值得注意的是，除了中央集权式的稳定行政结构外，唐制中还特别引入了一套文官制度，它是强大的地主门阀的世袭制的补充，改进了汉朝制定的官员任选、评价的条例。经济上的不平等被最小化，"均田制"的土地租赁系统实现了财政稳定，国家拥有所有土地，并按照人丁将土地终身租赁给人民，再按人头分配赋税和兵役徭役。军事实力大部分得益于全国性的军事制度——府兵制，这个体系提供了大量颇有名望的志愿军人。这批兵农合一的人靠耕种国家分配的农田生活，轮番参军打仗，有些驻守都城，有些则戍守边境。

755年，节度使安禄山举兵叛乱。其致命后果之一是唐朝在中亚势力的崩溃，中亚地区于是从佛教文化逐渐变为穆斯林文化，而直到六百年后，中国才重新取得对中亚的控制。763年才平息的安史之乱成为中国政治史上的重要转折点，它以不可遏止的势头不断侵蚀着唐朝政权的稳定性。安禄山的部队先后洗劫了洛阳和长安，而玄宗和他的宫廷随从则向南逃入四川，情景之凄凉可见著名的诗歌和名垂千古的画作。途中，玄宗的宫廷侍卫将国家的灾难全部归罪于杨贵妃，他们缢死了杨贵妃并将她的尸体投入沟槽。玄宗在羞愧和哀伤中退位。安禄山旋即称帝，并立新朝大燕，但很快就变得盲目、急躁，在757年被其子谋害。但此后，安禄山的儿子也被他的下属史思明杀害。在史思明的带领下，叛变的燕国维系了一段时间，但史思明最终也被儿子谋杀，唐朝遗民趁机恢复了一部分秩序。但与此同时，全国各地的机会主义者都举兵造反，唐的节度使和将军通过镇压反叛而手握重兵，成了半自治的军阀。

在回纥人的军事协助下，类似于安史之乱之前的政治秩序终于得以恢复。这些回纥人是突厥人的一支，他们在744年推翻了蒙古地区的东突厥汗国后，甚至占领了中亚的一些阿拉伯藩属国。唐朝政权虽得以恢复，但彻底丧失了之前的对外影响力。随着国内事务上的权威被在安史之乱中崛起的地方军阀夺取，朝廷内部也被官员间的党争所困。朝廷渐渐被宦官掌控，程度之深甚至超过了东汉末年。唐宪宗（800—820年在位）和唐敬宗（825—826年在位）都被宦官杀害，唐穆宗（821—824年在位）后，几乎所有的皇帝都由宦官所立，不过是宦官侍从的傀儡而已。

875—884年，再次出现的叛乱终将盛唐的余威一扫而空。其导火索只是因干旱而造成的河南人民起义，但这很快横扫了中国东部、中部的大部分地区。在官场失意的盐商黄巢的带领下，起义向南扩展到杭州和广东地区。879年，叛军占领广东。此后，黄巢举兵北上，在881年围攻长安城。如安史之乱期间一样，唐皇室向南奔逃，而黄巢也称帝并建朝大齐。突厥势力从北方集结，帮助唐朝遗民镇压了叛军，黄巢在884年自杀，但此后的唐朝已经名存实亡。将军和节度使愈发横行霸道，其中两名强将在争夺对宦官专权的朝廷的控制。一是李克用，他是一名突厥将领，在镇压黄巢起义中颇有功劳；二是黄巢的部将朱温,他精明了得,在恰当的时机投降,靠镇压曾经的同伴而闻名。到了900年,朱温已然成为中国北方最大的军阀,唐朝靠他残存着最后一丝的声望。901年,朱温入长安挟持天子并屠杀了腐败不堪的宦官。仅仅一年后,他便将被软禁的天子投入洛阳大牢并杀掉了他,另立一位年幼的继位者。最终,907年,朱温接受了傀儡皇帝的退位并登基为帝。他建立一个新的朝代,一直统治到912年,也就是他去世的那年。

7. 五代十国

黄巢叛乱后开始的政治纷争日趋白热化,朱温创立了后梁,并在根据地开封建都。紧接着,朱温的敌对军阀也与其分裂,在中部和南方纷纷建立了自己的国家,都依循唐制。这所谓的"十国"都是因对北方篡位者的痛恨而建立的,大多心向安定、留恋晚唐的文化繁荣。因此,没有一国有足够强大的军事实力去统一南方,更不要说去统一全国了。他们踌躇不前,似乎十分享受所占据的一隅的繁荣,坐等着实力更强大的北方军阀来决定中国的命运。

但对于北方来说,统一事业远没有那么简单。随着军事力量从一个家族转移到另一个家族,北方先后有五个朝代崛起并灭亡——后梁(907—923)、后唐(923—936)、后晋(936—947)、后汉(947—950)以及后周(951—960)。这些北方政权没有时间,也不愿意去发展文化,一心只想维持他们多变的军事权威。只有对政府进行彻底重组,持续多年的权力分散化的局面才能被扭转,一个曾经给予早唐天子无上权力的强大中央政府才可能出现。然而,即使在最佳的条件下,重组政府也非易事,五代的统治者并未掌握有利的时局。在他们的北边,一个新的游牧势力正在崛起——原始契丹人。905年,他们在中国北境集结了一个部落联盟。契丹可汗耶律阿保机在916年称帝,朝代名也很快改作辽。936年,契丹协助一位节度使在洛阳建立后晋。作为回报,后晋将全部北京地区割让给辽国,并每年定时给辽国上供岁钱和丝绸。但后晋的第二位统治者拒绝承认辽国的宗主国地位,挑起了旷日时久的战争,最终以后晋的失败告终。契丹人占领了开封,在946—947年统治着北方地区,但最终因为实力不足而不得不放弃对北方的长期占领。

8. 宋朝

赵匡胤原本是后周时期的一名将领,由于其军功卓越,公元959年,被任命为检校太尉，这使他成为当时的军事领袖人物。在当时的历史时期，发动兵变是比较常见的事情，赵匡胤成为军事核心时，正值后周皇帝年幼。利用当时的历史条件，赵匡胤组织自己的亲信发动了一次军事政变，最终取代年幼的皇帝，开始了黄袍加身之路。赵匡胤即位后，发动了一系列的军事战争，基本平定了当时混乱的中国，促进了国家的统一。

宋朝初期，社会发展稳定，政策宽松，经济迅速得到恢复，甚至有超过唐朝之势，这一时期的农业和手工业也取得了长足的进步，这为宋朝的统治打下了良好的基础。宋朝时期，社会生产力得到明显的提升，基础农耕设施得到了明显的改善，促进了农耕技术的发展，同时作物产能也得到了提高。在以农业为主的社会，农业的发展带动了很多方面的进步，其中冶炼、瓷器、丝绸等手工业的发展最为明显。手工业的发展带来了商品经济的繁荣，从而带动了社会整体经济的蓬勃发展，宋朝时期是我国古代经济发展的一个高峰。宋朝统治者大力推崇民间的贸易活动，给予宽松的政策引导，推动了整个社会物质文化水平的提高。这一时期，人民生活相对稳定，生活质量相对较高，城镇化进程相对加快，城镇人口数量显著增加，各种交易场所逐渐兴起，展现出市场经济的高度繁荣，同时也代表了国家势力的强盛。同时，宋朝时期的对外贸易发展得非常迅速，海上丝绸之路发展到了鼎盛时期，商品流通的范围和规模不断扩大，货币流通速度加快，促使了纸质货币"交子"的出现。纸质货币大大增强了货币的流通性，极大地促进了商品经济的发展，将经济发展推向了一个新的台阶。海上贸易的发展带动的沿海经济的发展，宋朝逐渐地将经济重心往南推移。我国地域辽阔，资源分布不平衡，经济发展存在不平衡的情况，直至今天，这种情况依然存在。

历史的交替总离不开战乱的影响，宋朝的战乱导致大规模的民众开始往南迁移，同时也为南方地区的经济繁荣带来了契机。宋朝时期，战争主要发生于北方，江南地区很少遭受战乱的侵扰，经济得以长足的发展，人民社会生活比较稳定。优越的地理位置和气候条件造就了江南地区繁荣的商品经济。有数据统计，在11世纪后半叶，江南地区的人口已经占宋朝人口总量的三分之二，是实实在在的经济文化中心。自古以来，我国经济的发展都是以黄河流域为中心，宋朝宽松的经济政策改变了经济发展的历史格局，对后世的历史发展也产生了长远的影响。宋朝建立了较之以前相对平等的商品经济制度，丰富和发展了有利于读书人的科举制度，营造了更加公平的社会竞争环境，促使人们更加注重自身能力的提高，是历史发展的重大进步。宋朝社会的繁荣发展，也为后来的元朝提供了很好的基础条件，甚至影响着整个元朝时期经济的发展。宋朝是我国历史长河中的一股洪流，推动着整个社会的蓬勃发展，带动了整个民族的进步。

宋朝的繁荣发展主要在于统治者的革新，引领了整个社会的变革。翻开历史的画卷，可以看到这一时期的中国是熠熠生辉的，始终充满活力与生机，这是一种时代的进步，推动了民族进步的步伐。日本学者内藤湖南及其弟子宫崎市定等人对宋朝进行了相关的研究，他们提出了"唐宋变革论"，认为"唐代是中国中世的结束，宋代是中国近世的开始"。这一观念形象地表达了宋朝的历史作用。

宋朝初期，国家统一，经济繁荣，曾经一度击溃北方民族，但是，宋朝依然经常受到北方民族的侵扰。宋朝发展经历了初期的稳定和中期的盛世，随着时间的推移，宋朝统治者逐渐昏庸，加之朝廷内部的党争，最终给了北方的金人可乘之机。公元1125年，金人攻破开封，宋朝投降。1127年，宋徽宗儿子赵构为帝，在南京登基，史称宋高宗，这一年开始为南宋，之前称北宋。

到了南宋时期，统治者偏安一隅，虽然经济依然发达，但是综合国力已经大不如前。而在此时的北方，以成吉思汗为首的蒙古政权正在急速扩张，不断消灭周围各种势力，扩大自己的势力范围。凶悍的蒙古民族在当时就已经将自己势力范围扩展到了欧洲和近东，而且对于海上的岛国——日本同样也发起了两次战争。最终在1276年，杭州不战而降。宋朝的抗元势力一直在南海沿岸负险固守，直到1279年全部舰队即将覆灭之时，最后一个皇帝也在广东沿岸投海。

9. 元朝

13世纪初，在部落首领之子铁木真（1162—1227）的带领下，蒙古诸部很快就结成了一个大的联盟。1206年，铁木真本人被尊为"成吉思汗"。在去世之时，他已经征服了蒙古和中国东北地区，收服了朝鲜，使金人退守到了开封城中，摧枯拉朽般扫荡了从山东到山西、黄河以北的所有地区。他摧毁了中国西北方的西夏王国,将势力范围延伸至整个新疆和相当于今天的中亚五国地区,还在俄罗斯南部的基辅大公国掠夺战利品,因此在东至日本海,西至里海和顿河之间他已称王称霸。

忽必烈(1260—1294年在位)作为成吉思汗的孙子,是第一位统治全中国的蒙古人,他是蒙古第五位大汗。1259年,蒙哥汗病亡,忽必烈停止了在中国西南方对南宋的攻击,返回位于今蒙古国地区的蒙古都城哈拉和林登基为帝,并开始了长达四年的战争,打击与其对抗的弟弟。1264年,他将都城迁至北京,到了1271年,尽管南宋仍未被征服,他还是立朝为元。在中国历史中,人们通常称忽必烈的庙号,也就是元世祖。

在早期大汗的统治下,人们在历史上第一次能够从欧洲和地中海地区一路畅通无阻地行至中国。他们的的确确直接统治着包括整个中国本土以及蒙古、中国东北大部的帝国。邻国如高句丽、吐蕃、缅甸、暹罗、越南北部的安南、越南南部的占城都是元朝的藩属国。13世纪80年代,元朝重新将缅甸和安南收为藩属国,尽管其军事打击不总是百战百胜。蒙古在中国的统治可谓是一次彻底的军事占领,南方汉人备受压迫和剥削,其上不仅是蒙古人,还有备受欢迎的为汗国服务的外国冒险家,包括女真人、契丹人、维吾尔人以及中亚的波斯人、阿拉伯人、俄罗斯人,甚至还包括少许西欧人。其中便有威尼斯商人马可·波罗,1275—1292年,他作为忽必烈的副官在中国走南闯北。在随后的笔记中,他对中国超乎寻常的精准描述使早期现代欧洲人发笑,他们都认为马可·波罗是一个狂妄不羁的骗子。欧洲人不相信从山坡一侧挖出的"黑色石头"可以作为燃料燃烧,也不相信金钱可以是纸质的,更不要说马可·波罗对当时元朝庞大的岁入,对中国城市数量、规模,对城市中心和繁忙拥挤的港口中兴旺的商业生活的描述。尽管蒙古人恣意征收土地用来驻军,甚至强迫富庶的东南稻田退耕为草场,但他们还是想要扩大税收,因而也鼓励农耕和商业活动。但国家的繁荣仅浮于表面,经济饱受腐败的侵蚀,加上政府的无能,特别是货币操控导致了恶性通货膨胀。地主所有制变得前所未有地猖狂,更多的汉人沦为彻底的奴隶,其人数之多是中国史上前所未有的。

由于没有受到蒙古人的刻意压制或鼓励,受12世纪晚期萌发的由朱熹集其大成的宋明理学的启发,汉人的思想蓬勃发展。传统教育得以保留,特别是在由宋朝文人建立的私塾中。一些著名的画家发扬了宋代士大夫引领的写意画风,白话小说也不断朝着长篇小说体裁发展,戏曲成了新的大众娱乐方式,其中的部分戏曲作品成为20世纪以前中国最伟大的戏剧经典。

最终,政府连年的孱弱无能、宫廷的阴谋不断、官僚的派系斗争、军队的腐败、对农业所倚仗的水利工程的不重视以及接年的自然灾害共同导致了元朝政府在1340年爆发的政变。同时,绝望的中国农民揭竿而起,到了14世纪50年代,蒙古人无力控制各路起义军占据的长江流域,而起义军彼此间也在不断争夺领导权。14世纪60年代,在北方,蒙古的不同派系陷入争斗;在南方,汉人平民朱元璋也逐渐统一了长江流域。1368年,朱元璋在南京建立了一个新的朝代,国号大明。随着他的军队向北进攻,元朝最后一任皇帝和随从仓皇逃回了蒙古的大草原。

10. 明朝

朱元璋的庙号是明太祖(年号洪武,1368—1398年在位),他是安徽省一对流民所生的孩子。在进入一家小佛寺做行童后不久,因为时局艰难,朱元璋被派去四处化缘。在中国东部游荡数年之后,朱元璋发现游方和尚的身份并不受欢迎,于是成了元末农民起义中的一个小首领。在此,朱元璋成长为一名十分成功的将领,并在1356年占领了南京。到了1367年末,他在南京建立了一个初级政府,最终成为独立的地方军阀,并带领下属横扫了长江流域地区的全部敌人。1368年,在朱元璋猛烈的攻势下,中国北方本就组织混乱的蒙古人被迫逃离。同时,朱元璋还将新建的明朝的势力范围扩展到了南海沿岸地区。至1370年,明朝军队已经完全控制了内蒙古地区,并持续向东北地区的松花江流域挺进,以打击蒙古人。明朝军队一直向北追击到今蒙古国地区,越过哈拉和林,甚至到了贝尔加湖畔。在西北方向,明朝军队深入今新疆的哈密地区,即通往中亚的咽喉要道。与此同时,明朝军队还征服了四川、贵州和云南。这样一来,明太祖一朝三十年间,政府所辖的疆域已然覆盖了整个近代中国,包括从哈密到内蒙古再到东北地区的北部边境地区。此外,朝鲜、中亚附近的绿洲国家以及东南亚的诸多国家都承认了与明朝之间的藩属关系。

明朝第三任皇帝,明太祖的儿子明成祖(年号永乐,1403—1424年在位)也表现出了同样的斗志昂扬和独断专行。通过三年的内战"靖难之役",

明太祖将柔弱的继任皇帝，也就是他的侄子推翻，从而登基为帝。明成祖重建北京，清理了泥沙淤积的大运河，于是粮食和纺织品就能从富庶的东南地区直接供应北京城并直达北方边境地区。1421年，明成祖改定北京为都。他设立了内阁，使其与内廷相通，很快就总揽机要，经常斡旋于皇帝和常规官场之间。明成祖使明朝北部驻军保持高度警戒，防止蒙古人卷土重来，他本人更是曾五次带军攻入蒙古。

晚明的皇帝任性依旧，并越发地深居简出。明世宗（嘉靖，1522年—1566年在位）和明神宗（万历，1573年—1620年在位）二人数十年不与大臣直接接触。腐败的内阁首辅严嵩（1480年—1567年），严嵩的继任者、厉行律己的张居正（1525年—1582年），与大权在握的宫廷宦官之间掀起了官场上无休止的党争，导致政府在面对社会问题时无所作为，皇帝也越来越刻薄残暴。在熹宗（天启，1621年—1627年）一朝，行政效力达到了最低。熹宗是一名少年皇帝，做事犹豫不决，以至于把几乎所有权力都让给了魏忠贤（1568年—1627年）。魏忠贤无疑是中国史上最臭名昭著的宫廷宦官，他残害了与东林党这一保守改革派相关的数百名官员，并在政府中安插了大量阿谀奉承之人。

1644年，国内的起义军首领李自成（1606年—1645年）占领北京，明朝最后一任皇帝在景山上吊自尽。明朝边境将领吴三桂与满族人合作，一起打败了李自成的叛军，而满族人也借机登上了皇位。

11. 清朝

满人在1644年建立了中国历史上最后一个王朝，国号大清。满人是1127—1234年间一直统治中国北方的金朝女真人的亲族。1636年，满人改国号"后金"为"清"，并改"女真"为"满洲"。在明朝的大部分时间内，这些北方部族作为明朝的藩属部落在东北地区东部的山林中狩猎为生。由于时常受到满人的骚扰，明朝当局不得不在辽河流域的汉人聚集地外建立起防御性的栅栏。但满人最终成为汉文明的热情仰慕者和学徒，在控制了中国后自视为明朝传统的继承者，而非明朝的敌人。事实上，满人对汉人的统治是最和缓的，尤其是与之前的少数民族统治者对汉人的压迫相比。明清过渡远没有13世纪蒙古对汉人的征服凶残，实际上，明清更迭是中国历史上破坏性不大的几次主要王朝间的过渡之一，即便如此，江山虽易攻但不易守，清朝用了将近半个世纪才稳固了在全国的统治。有两个要素使得明清过渡较为和缓，一是满人尊崇并贯彻了明朝的意识形态、治理模式和社会组织；二是中国史上颇为讽刺的一幕：明朝遗民被搞得筋疲力尽，他们不但要应对满人和满蒙联盟，同时还要应付为满人服务的汉人同胞。

满人前一百五十年的统治期内，政府健全且领导得力，于是中国的生活在方方面面都处于蓬勃发展中。到了18世纪，中国进入了帝国传统中的最后一次盛世，很可能也是当时世界上最令人叹服的国家。在很长一段时间内，中国国富民安且持续对邻国人民耀武扬威，中国的人口和财富都不断增长，并且日臻多样化。清廷的执政和社会组织理念为伏尔泰等西方知识分子高度赞扬，以至于孔子都成了欧洲启蒙时代的守护神。对于来自中国的物品和中国风的广泛喜爱体现在了欧洲艺术、文学、建筑、园林和装饰领域。这种繁盛大多要归功于精明强干的早期满人皇帝，特别是两任清朝帝王——康熙（清圣祖，1662年—1722年在位）和乾隆（清高宗，1736年—1796年在位）。在17世纪，俄罗斯人初步完成了穿越西伯利亚、向东直达太平洋的扩张。在康熙帝一朝，俄罗斯人在黑龙江沿岸建立了岗哨。黑龙江沿岸为大清的疆域，故康熙帝在1685—1686年派清军收复要塞雅克萨，俄罗斯人撤退。1689年，大清与俄罗斯签订了中国与欧洲国家的第一个条约——《尼布楚条约》。条约规定俄罗斯放弃黑龙江河谷地区，清朝允许边境贸易。自此以后，中俄之间保持了长时间的和平。

康熙皇帝之后，其四十五岁的第四子继位，即雍正皇帝（清世宗，1723—1735年在位）。雍正皇帝能够继位实属不易，因此他格外谨慎，比其父更加严厉。雍正还进一步提高了清朝统治的专制程度。不过，雍正是一位精明强干的皇帝，他加强了官僚纪律，积极地压制了已滋生的腐败。1796年，雍正的后继者乾隆皇帝退位，这样他就不会逾越祖父在位六十年的纪录了。但在退位后，乾隆还是以太上皇的身份持续把控着朝政，直到1799年以八十九岁高龄去世为止。

和康熙帝一样，乾隆大概是那个时代最强干的统治者了。对内，他大致上沿袭祖辈的步伐，特别是在资助编纂大型类书上做出了极大贡献。在乾隆一朝，各类文学和艺术蓬勃发展，而中国的盛世似乎也无边无沿。随着人口增长和农业发展，乡村地区新的市集城镇如雨后春笋般涌现。区域性和全国性的市场越发细分，产生了在城市基础上衍化出的新职业和新观念。富裕的家庭开始迁出乡村迁往城市，并专注于商业活动。农民的构成也越来越复杂，包括带有半自耕农、半佃户、半小地主性质的各种农民，他们对都市和城镇中浮动的市场需求越来越敏感。此时的中国洋溢着自信和自满。

乾隆皇帝对其异禀的军事才能和伟大的军事成就颇感自豪。在处理麻烦不断的边境邻人时，乾隆实施了扩张性的方针。漠西蒙古（主要由杜尔伯特、土尔扈特、和硕特和准噶尔四部构成）仍是最难对付的邻人。他们不断滋扰清朝边疆，直到18世纪50年代，乾隆皇帝发动了一系列军事打击，彻底摧毁了中亚地区的蒙古势力，漠西蒙古的滋扰才告结束。到了1759年，整个古称西域的天山南北地区都归为大清治下，而这时也才有了它当今的名称新疆（即故土新归之意）。1751年，西藏再度爆发叛乱，清朝通过远征加强了控制。在后来的1792年，西藏的清军南下尼泊尔，打击长期侵蚀并袭击西藏地区的廓尔喀部落，于是尼泊尔也被迫承认了清朝的宗主国地位。此外，清军还大力打击中国西南地区的原住民部落，直到1776年这些部落才完全被清军征服。1765—1769年以及1788年，缅甸和安南分别遭受了清军的打击，不过它们以藩属国的身份保持了主权独立性。

19世纪，西方向中国兜售鸦片。到了19世纪30年代，鸦片不断涌入而白银不断涌出。清政府意识到白银流失和鸦片滥食的危害，试图对局势进行控制，由此也导致主导鸦片贸易的领头国家英国对中国的宣战。1840年鸦片战争打响，战争以中国的失败而告终，标志着中国开始沦为半殖民地半封建社会。

（四）近代历史

我国的近代史可以看作是中国民族的倒退史和屈辱史，一般认为是从1840年的鸦片战争到1949年新中国成立这一阶段。在中华民族的存亡之际，涌现了大批的仁人志士，他们满怀报国之志，致力于挽救中华民族。同时，也是中国人民追求国家独立和民族复兴的历史。历史上将这一阶段以1919年的五四运动为界分为两个时期：旧民主主义革命时期和新民主主义革命时期。

1. 旧民主主义革命

（1）鸦片战争

我国自古以来就是一个以农业为主的独立国家，这种情况在鸦片战争爆发的那一刻完全转变了。鸦片战争以前，中华民族独立自强、自给自足，开创了繁荣的经济景象，虽然对外贸易也是当时经济发展的一种手段，但是在中英贸易中，中国一直处于贸易顺差的地位。这种贸易顺差逐渐导致英国商人的不满，不满情绪诱发了邪恶的思想，他们开始向中国走私鸦片，中国人民的灾难也从此开始。鸦片给中国社会造成了非常恶劣的影响，当时禁烟已经成为全社会的共识，一批爱国人士纷纷参与禁烟运动，林则徐就是其中的代表，他坚定的禁烟行动代表了中国人民奋发向上的意志。1840年，英国终于凭借自己的坚船利炮开始了侵略中国的计划。虽然中国人民进行了英勇顽强的抵抗，但是由于政府的无能最终导致战争的失利。1842年，无能的清政府在英国侵略者的强迫下签订了《南京条约》。自此，中国的国家主权的领土开始受到国外的侵略，逐渐走向了半殖民地半封建社会。这一时期，具有爱国精神的知识分子开始觉醒，他们把目光投向国门之外，开始了"师夷长技"的探索。

1856—1860年间，英、法为了扩大侵略权益，对中国挑起了第二次鸦片战争。美、俄趁火打劫，进一步割裂了国家的主权。

（2）太平天国运动

第一次鸦片战争之后，中国人民生活负担加重，国内矛盾激化，对清政府的不满情绪高涨，各地农民起义不断。1851年，洪秀全带领农民进行了金田起义，一度建立起太平天国政权；1853年，在天京（现南京）定都并颁布了《天朝田亩制度》；1856年，太平天国在军事上达到了顶峰，沉重地打击了清王朝的封建主义统治。之后，太平天国领导集团内部出现矛盾，给太平天国运动造成了很大的影响。太平天国后期，洪仁玕等一些领导人实行了一些政治改革，提出了具有发展资本主义主张的政治纲领，并有意识地向西方学习，探索中国独立、富强的途径。1864年，太平天国运动在中外势力的联合绞杀下失败。太平天国运动是中国农民战争的高峰，对中国近代社会的发展进程产生过重大的影响。

洪秀全建立太平天国的最初的目的是驱逐帝国主义的侵略，而且仿照"周礼夏官"之制建立自己的政治制度，同时也参照了历史上其他的农民起义政权的做法。洪秀全的政治思想源自古代，但是又融合了当时的历史环境，结合了一些有限的西方文化知识，试图通过斗争改变当时的中国面貌，提高农民阶级的地位。太平天国运动反映了当时中国农民阶级对清政府的强烈不满，体现了当时政治制度的不合理，同时也表现出当时农民阶级渴望改变的强烈愿望。洪秀全结合了西方的宗教思想，以"上帝"之名求"天国"之象。他成立的拜上帝会，是一种明显的宗教组织，同时也是一种政治组织。他成功地将宗教与政治结合起来，并将其用于斗争以表达自己的政治诉求，这是历史上其他农民起义所没有的，是一场绝无仅有农民的起义活动。太平天国运动之所以能够拥有强大的号召力，就在于他将实现广大农民阶级的政治诉求作为起义的目标，试图建立一个理想化的"天国"，这对农民阶级具有很强的吸引力。因此，这场运动可以在短暂的半年之内点燃大半个中国。但是，以当时的历史条件和阶级思想的限制，这种理想化的平均主义不可能实现，虽然太平天国也创立了自己的国家机构和官职，但是始终难以摆脱封建思想的影响，无法逃脱封建专制的枷锁。没有更先进的思想做引领，太平天国无法根本改变当时中国的政治制度，无法为中国的向前发展提供新的方案。太平天国的宗教思想是其聚集力量的一种形式，能够助其迅速地整合斗争所需要的力量。当时的中国变化的实质是资本主义对封建主义的侵略，封建主义的落后性必然会导致对侵略反抗的失败，这种封建主义是洪秀全和他的太平天国无法突破的。正是这种落后的封建主义思想的束缚，导致太平天国运动在历史上也只是昙花一现，无法摆脱其最后失败的命运。

（3）民族危机

到了19世纪60年代，由于受西方资本主义的侵略影响，清政府内部也出现了一些洋务派。他们在中国大地上掀起了一场"师夷长技以自强"的洋务运动。由于受封建主义思想的影响，洋务派依然没有改变中国受压迫的命运，但是从一定程度上刺激了当时中国资本主义的发展，促进了中国近代化的历程。

19世纪六七十年代，中国第一批资产阶级诞生了，他们带来了中国最早的资本主义生产方式。中国早期的资本主义并不是像西方资本主义变革的那样彻底，它是对中国封建主义的革命，同时也不得不向西方资本主义和中国封建主义妥协，其革命不具有彻底性。在资产阶级出现之前，19世纪40年代，中国的新生力量——无产阶级就已经出现，无产阶级才是中国最彻底的革命者。

19世纪末，西方国家的帝国主义侵略性质彻底展现，更加疯狂地对中国施行侵略政策。1883年和1894年，法国和日本分别向中国发动了帝国主义侵略战争，《中法新约》和中日《马关条约》的签订，加剧了本就摇摇欲坠的清政府的灭亡。这些不平等条约极其无耻地损害中国的领土完整，加重人民的负担，阻碍中国的近代化发展，使中国的半殖民地化更加的深入。中日《马关条约》签订以后，中国社会已经沦为任人宰割的境地，帝国主义侵略者甚至在中国大地上展开了资本输出的竞争，中国这块古老的文明大地面临被瓜分的危险，中华民族生死存亡的危机正式到来。

（4）戊戌变法和义和团运动

中日甲午战争带来了中日不平等《马关条约》，中华大地上的人民已经意识到民族危机的严重性，此时中国的民族资本主义已经初具形态，已经可以作为一种新的政治力量在历史舞台上展现自己的能力，其中比较有代表性的就是以康有为、梁启超等早期革命人士为代表的戊戌变法运动。虽然以慈禧太后为代表的顽固派的阻挠导致了维新运动的失败，只有短暂的103天，但是它对资产阶级思想的传播起到了推进的作用。在中国社会革命这条道路上，资产阶级改良派无法改变当时中国的命运。

清末时期另一场重要的农民运动是义和团运动，这是一场拯救民族存亡的爱国主义运动。义和团运动给强弩之末的清政府一记重拳，同时也打击了帝国主义，组织了帝国主义瓜分中国的计划。1900年，八国联军侵华，犯下了中华民族无法原谅的历史恶行。1901年，清政府被迫同八国及比利时、荷兰、西班牙等11国签订了丧权辱国的《辛丑条约》，标志着中国半殖民地半封建社会的形成。

（5）辛亥革命和清朝的灭亡

伟大的革命先行者孙中山先生出生于广东省香山县，是我国民族革命的先驱，"香山"后来也因纪念孙中山而改名"中山"。香山地区是很多反对清政府统治的太平天国将士的家乡，孙中山自小就有改变中国之志，因此有人将他称为"洪秀全第二"。孙中山早年跟随父母在美国的檀香山接受教育，较早地接受西方资本主义思想，了解资本主义制度。在中国社会已经是半封建半殖民地的情况下，他立志要为中国的改变而努力。

1894年，孙中山在美国的檀香山联合爱国人士一起组建了爱国团体"兴中会"，这是中国历史上第一个资产阶级革命团体。中国社会出现了一大批的民主思想革命家，不断涌现出民主革命团体，代表了当时资产阶级的革命思想。1905年，中国资产阶级民族革命发展到一个新的阶段，其中比较有代表性的就是中国同盟会的成立。民主革命思想在革命派与传统思想的保皇派的论战中，逐步在社会中广泛传播，推动了中国民主文明的发展。

中国同盟会成立以后，奋勇前进的革命党人发起了以萍浏醴、黄花岗起义为代表的一系列斗争运动。1911年10月的武昌起义将革命于东推向了新的高潮，各地的爱国人士纷纷响应。短短一个月之内，中国多地掀起了反清运动，先后宣布脱离清政府的统治。当时的封建主义官僚袁世凯，还在冀鲁豫地区导演了一场"请愿共和不独立"的闹剧。袁世凯的闹剧只不过是达成他政治目的的工具，一方面可以暂时稳定冀鲁豫地区的革命形势，另一方面可以增加他与南方进行谈判的筹码，同时还可以给清政府施加压力，达到他掌握政权的目的。此时的清政府已经没有了统治能力，民主思想已经得到全国人民的支持，没有人可以改变中国要进行民主共和革命的趋势。孙中山先生的民主思想引起了中国人民的情感共鸣，民主共和的思想发展之快，势如破竹，反映了中国人民亟须改变中国的命运，摆脱受压迫的形势。1912年元旦，孙中山先生在南京宣布成立中华民国，就任临时大总统，颁布了《中华民国临时约法》，这是辛亥革命的一次伟大胜利。辛亥革命推翻了中国两千多年的封建制度，进一步解放了人们的思想，是我国历史上资产阶级革命的一次伟大实践，建立了中国历史上第一个资产阶级政权，体现了当时中国人民对于自由和民主的渴望。同时，辛亥革命也沉痛地打击了帝国主义列强在中国的殖民统治，体现了中华民族顽强奋斗的民族精神，引导了人们思想观念的转变，为资本主义在中国的发展开辟了道路。但是，资产阶级也有其软弱的一面，他们无法带领中国广大人民群众同帝国主义彻底决裂，无法在中国大地上进行最彻底的社会革命，也没有彻底摧毁腐败无能的封建势力。因此，从社会性质上来说，资产阶级发动的辛亥革命并没有改变中国半殖民地半封建社会的性质，并没有彻底完成反帝反封建的历史任务。

（6）中华民国初期

1912年3月，刚刚成立不久的中国民国被封建官僚势力袁世凯控制。袁世凯宣布就任中华民国临时大总统，同时，中华民国政府由南京迁至北京。袁世凯窃取了辛亥革命的胜利果实，建立了北洋军阀政权。袁世凯同样像清政府一样，对内镇压，对外出卖，严重打击国内革命势力，镇压国民党的革命力量。此时，孙中山再次扛起革命的大旗，号召革命人士进行"二次革命"，以武力讨伐袁世凯的卖国行为。但是，由于力量不足，"二次革命"没有成功。在此时，袁世凯还上演了一场复辟帝制的闹剧，满足自己对皇位的欲望。1915年底，国内爆发了护国运动，做了83天皇帝的袁世凯被迫取消帝制，之后不久便去世了。

袁世凯死后，中国出现了军阀割据的局面。1917年7月，军阀张勋以调停"府院之争"为名，进北京拥戴溥仪复辟，但复辟丑剧只持续了短短的12天。段祺瑞再次执政后，拒绝恢复《临时约法》和召集国会。为维护共和制度，孙中山倡导了护法运动，但不久也失败了。

第一次世界大战期间，帝国主义忙于战争，暂时放松了对中国的经济侵略，中国的民族工业得到了短暂的发展。

2. 新民主主义革命

（1）五四运动和中国共产党的创立

20世纪初的中国，资本主义在中国得到很大的发展，民主政治的呼声越来越高涨，封建军阀的统治同样加剧了中国社会矛盾的激烈程度，中国亟须一场文化变革行动。新文化运动就是在这样的背景下开始的，1915年，陈独秀在上海创办《新青年》杂志，标志着新文化运动正式拉开序幕。新文化运动之初，提出了"民族"和"科学"两个与时俱进的口号，在中国历史上一场轰轰烈烈的思想解放运动就此展开。俄国的十月革命为中国带来了社会主义思想，李大钊等早一批无产阶级额革命家首先扛起了社会主义革命的大旗，他们积极宣传社会主义思想，表达无产阶级的愿望，将新文化运动推向一个新的高潮。陈独秀等一批先进的知识分子，积极推动新文化运动的发展，主张通过文学革命来创造出现代化的社会文化。

巴黎和会拒绝了中国代表的正义要求，把战败国德国在中国山东的权益转让给日本，这一行径暴露了帝国主义的丑陋嘴脸，点燃了中国人民的满腔怒火。1919年5月4日，五四运动终于在北京爆发。运动逐步发展为以工人阶级为代表的爱国运动，这场运动迅速波及全国。这场运动爆发在巴黎和会之际，具有重要的爱国意义，是中国新民主主义革命的开端。

五四运动再一次掀起了思想解放的高潮，马克思主义逐渐在中国得到迅速传播，成为一种新的思想潮流，先进的知识分子开始探讨马克思主义与中国工人阶级的结合。1920年，全国各地成立起了共产主义小组。1921年，中共一大顺利召开，中国共产党自此正式诞生了。1922年，中国共产党第二次全国代表大会顺利召开，指明了中国革命的新方向。

1922年1月至1923年2月，中国共产党领导了多次工人罢工运动，将中国工人运动第一次推向高潮。

（2）第一次国共合作和北伐战争

1923年，北洋军阀制造了工人运动的"二七惨案"。自此，共产党人开始意识到革命力量的薄弱，开始着手团结一切可以团结的力量，只有所有力量团结起来才能取得反帝反封建革命的胜利。因此，共产党决定同国民党进行合作，建立全国统一的革命战线。1924年1月，国民党第一次全国代表大会在广州召开，这次会议标志着国共合作的正式开始，同时也标志着革命统一战线的建立。之后，在共产党和苏联同志的帮助下，国民党在广州黄埔建立陆军军官学校，奠定了国民革命军的基础。

革命统一战线建立之后，全国的反帝反封建运动迅速在全国开展，各地工人阶级纷纷踊跃参加，再次掀起了工人爱国运动的高潮。同时，在广东、湖南等地区，农民运动也成为爱国运动的重要力量。为了支持农民运动的发展，广东革命政府还建立讲习所，专门培养农民运动的中坚力量。1925年2月，广东革命政府组织武装力量，对军阀陈炯明进行第一次东征，并取得胜利。7月，国民政府在广州成立，并将所属军队编为国民革命军。10月，国民革命军对陈炯明残部进行第二次东征。经过两次东征，广东革命根据地得到了巩固和统一，为国民革命军进行北伐奠定了基础。

1926年7月初，为了统一中国的目标，国民政府开始北上，对封建军阀和帝国主义进行讨伐。革命军以顽强之势，取得了北伐的很大的胜利，半年内就打到了长江流域。北伐战争期间，工农运动也给了北伐战争很大的支持，同样，北伐战争也再一次推动了工农运动高潮的到来。1926年10月至1927年3月间，上海工人发动了三次武装起义，并取得了胜利。

孙中山先生于1925年3月在北京逝世，国民党的右派分子则开始篡取革命领导权。1927年4月和5月，蒋介石和汪精卫分别在上海和武汉发动了反革命政变，大肆攻击共产党人，第一次国共合作最终破裂。这期间，中国共产党内人员也出现了右倾投降主义错误。最终，国民革命以失败而告终。

（3）国共十年对峙

蒋介石在上海发动反革命政变之后，在南京成立国民政府。1928年，国民政府再次进行"北伐"，最终成功攻占北京。当时的奉系军阀张作霖被迫退到关外，在皇姑屯被日本关东军阴谋炸死。1928年底，张学良宣布"东北易帜"，加入国民政府，自此，国民政府已经在形式上统一了全国。虽然国民政府统一了中国，但是国民党却成了新军阀的代表，连年混战造成了人民群众极大的损失，国民政府成了"四大家族"敛财的机器，人民大众生活依然民不聊生。

反革命政变并没有让坚强的共产党人退缩，1927年，中国共产党召开"八七"会议，会议上总结了革命失败的经验，纠正了右倾主义错误。随后，中国共产党发动了南昌起义、秋收起义和广州起义，创建工农红军，在农村地区开辟革命根据地，在起义胜利地区进行土地革命，建立自己的中华苏维埃政权。从1930年12月开始，至1933年4月，蒋介石对革命根据地先后发动了四次"围剿"。工农红军英勇奋战，打退了敌人的进攻，取得了四次反"围剿"的胜利。

1933年秋，在第五次反围剿斗争中，由于受到党内"左倾"错误的影响，反围剿斗争失利，工农红军被迫开始长达两年的长征。在长征路上，共产党人也举行了多次会议，其中遵义会议是工农红军的一个转折点，在红军生死存亡之际挽救了党和中国革命。

1936年12月12日，西安事变爆发。中国共产党认真分析国内国际复杂的形势，确定了和平解决西安事变的方针。西安事变的和平解决，开启了国共两党第二次合作的可能，标志着抗日民族统一战线的初步形成。

（4）抗日战争

1931年，日本侵略者在中国沈阳制造了震惊中外的"九一八事变"，挑起侵华战争。但是国民政府却在我国再次遭受侵略的时候采取"不抵抗"的政策，这与中国人民的爱国思想背道而驰。猖狂的日本军在国民政府的政策下疯狂侵略，半年内就占领了整个东北地区。此后，日本侵略者不断在中国华北、华东等地制造事端，扩张势力。在中华民族生死存亡关头，全国各界群众掀起声势浩大的抗日救亡怒潮，中国进入艰难的局部抗战时期。

1935年，日本制造"华北事变"，在我国华北地区挑起一些列事端，挑起冲突，威逼平津。1935年12月，中共中央在瓦窑堡召开政治局扩大会议，制定了抗日民族统一战线的策略方针。

1937年7月7日，日军中国驻屯军一部制造"卢沟桥事变"，标志着抗日战争的全面爆发。8月13日，日军在上海制造"虹桥机场事变"，蓄意扩大侵华战争规模，国民政府被迫对日作战，"八一三"淞沪会战爆发。9月下旬，当时的国民党中央通讯社公布《中国共产党为公布国共合作宣言》，抗日民族统一战线正式形成，中国全民族的抗战开始。

抗战初期，与中国共产党全面抗战的政策不同，国民党施行片面抗战，逐渐丢失了很多势力范围。中国共产党执行持久抗战的方针，八路军、新四军深入敌后，建立抗日根据地，开辟敌后战场，广泛开展游击战争，与正面战场互相配合，抗击日军侵略，为中国人民取得抗日战争的胜利，为世界人民取得反法西斯战争的最终胜利，做出了巨大的贡献。

1938年10月，抗日战争进入相持阶段，国民党内部出现了反叛倾向，而且还与共产党制造摩擦。1941年12月，太平洋战争爆发后，中国的抗日战争成为世界反法西斯战争的重要组成部分，中国战场成为世界反法西斯战争的东方主战场。抗日战争是近代历史上中国人民又一次艰难时期，这期间，中国共产党始终以民族存亡为己任，坚持团结一切可以团结的力量，一致对外，最终度过了最困难的时期。中国的抗战也得到了世界上热爱和平与正义人士的援助，中国人民对此也永怀感恩。

1944年，解放区军民开始局部反攻。1945年4月，中国共产党七大召开。8月8日，苏联对日宣战。8月9日，毛泽东发出"对日寇的最后一战"的号召，抗日战争进入大反攻。8月15日，日本政府宣布无条件投降。9月2日，日本代表在美军"密苏里号"战列舰上签订无条件投降书。9月9日，中国战区受降仪式在南京举行。经过十四年艰苦奋战，中国人民和世界人民一道，取得了反法西斯战争的伟大胜利，取得了抗日战争的伟大胜利。

（5）解放战争

抗日战争的胜利以后，中国人民得到的短暂的和平。1945年8月底，毛泽东同志亲自赶往重庆与国民党进行会谈。最终，10月10日，国共双方代表签订了《政府与中共代表会谈纪要》，即《双十协定》。即使在谈判期间，国民党军队依然向中共解放区进行进攻。1946年1月，国共两党在重庆签订停战协定，同时组织各党派召开政治协商会议。

1946年夏，国民党军队不顾停战协定，在美帝国主义的支持下，贸然向中共解放区发动进攻，标志着全面内战的爆发。

1946年夏至1947年6月，这一时期是中国人民解放军粉碎国民党剿灭共产党之梦的时期。1947年6月底，中国人民解放军逐渐占据战争的优势。从1948年9月到1949年1月，经过辽沈、淮海、平津三大战役，国民党的主力基本被消灭，奠定了全国解放的基础。1949年4月，人民解放军渡江作战，23日解放南京，推翻了国民党的统治。

1949年1月底，在共产党人的积极努力下，北平得以和平解放。9月，第一届中国人民政治协商会议在北平召开，会议通过了《中国人民政治协商会议共同纲领》，选举中华人民共和国中央人民政府委员会，选举毛泽东为中央人民政府主席，通过了有关国旗、国歌、纪年的决定。会议还决定将以北平为首都，改名北京。

第三节　历史教学目标与结构

一、历史教学的目标

（一）培养学生坚定的理想信念

国家前途和命运与青年一代的发展息息相关，中国梦的实现需要一代代青年继续接力。中国梦的实现是必然的，这是历史发展的趋势。大学生是青年一代的生力军，历史教学就是要坚定大学生对中国梦的信念，坚定对马克思主义的信念。青年是祖国的未来，祖国的发展最终要交到青年一代的手中。青年的精神面貌体现了国家的发展状态，也体现了一个国家的核心竞争力情况。历史教学中具有丰富的历史资料，其中有正面的教材也有反面的教材，教师就是要综合运用这些资料为培养大学生的理想信念服务。中国近代以来的百年屈辱史和奋斗史告诉我们，青年要有爱国主义精神，要有投身报国之志，要有民族危机意识。近代以来，青年在我国的革命史上是一支重要的革命力量，他们用先进的思想武装自己，积极投身革命事业，最终取得了我国革命的伟大胜利。

新时代大学生，要继承近代以来青年身上所展现的奋斗精神、民族意识，坚定不移地在党的领导下成长，努力提高自己的思想意识，树立为共产主义奋斗的目标，努力使自己成长为合格的社会主义建设者和接班人。历史教学应当站在更高的角度培养学生，在潜移默化中渗透家国情怀，引领大学生思想的发展。

（二）培养学生勇于担负时代责任

青年是时代的创造者，时代赋予了青年不同的历史责任，在我国民族复兴的历史征程上，青年应当勇于肩负起自己的历史使命，树立为国为民的意识。青年在大学阶段是树立正确思想观念的关键时期，历史教学要培养学生正确的责任意识，培养学生勇于担当的观念。时代最终是大学生一代的，大学生要正确认识党和国家奋斗的目标，将人生理想与祖国发展相结合。一方面，时代责任是历史赋予大学生的使命；另一方面，大学生肩负起时代责任才能更好地实现自己的人生价值。

大学生要树立远大的理想抱负，以民族复兴为己任，在人民奋斗的历史中发挥自己的才能。历史是现实的镜子，沉痛的历史经验告诉我们，只有不断奋斗才能享受安定的社会。大学生只有肩负历史才能创造历史，只有敢于肩负才能负重前行。

（三）培养学生正确的历史观

我国的历史教学，是在唯物史观的指导下，进行的中国历史和世界历史的研究与教育。对于历史的教学，不能只停留在讲授历史知识的层面上。让学生了解、识记历史知识固然重要，但是更应该让学生在学习史实的过程中总结历史上的经验和教训，从中总结出历史规律，并在今后的工作和生活中顺应历史发展趋势，避免出现类似的或者同样的错误，最终促进中华民族的优秀物质文明和精神文明的代代传承。

中华民族的悠久历史造就了博大精深的中华文化，这是一个由中华民族共有的传统文化、国家各民族的传统文化以及现代文化相融合而形成的多元文化体系。中华文化是中华民族保持凝聚力和向心力的精神源泉，当代大学生能够通过历史教育熟悉并认同中华民族的多元文化体系，进而探寻国家和民族共同的价值追求。在多元文化和信息化高速发展的双重影响下，西方敌对势力企图通过历史虚无主义等错误思潮的传播来加强对大学生群体的意识形态渗透，淡化大学生的历史观，进而向他们灌输资本主义价值观。历史具有保留"集体记忆"的功能，对于增强民族凝聚力和归属感具有重要作用。历史教育有助于大学生群体在了解中华民族历史的基础上形成对中华民族共同体的热爱情感，并确立为实现国家和民族利益而奋斗的价值追求。

二、历史教学的结构

（一）课堂导入

一堂成功的课堂，不仅在于教师对课程教学内容的精准把握上，还在于教师的课堂设计是否合理、先进，富有吸引力。而课堂的导入环节，无疑是上课的首要环节，担负着调动学生学习积极性、引导学生思维向纵深发展的重要任务。在课堂的导入环节，教师可以通过多样化的形式把学生的思维引入课堂，如通过讲故事、猜谜语、提问题的形式等，引导学生自发地进入学习状态，构建活跃的课堂气氛，创设出鲜明生动的教学背景，激发出学生强烈的求知欲望，使他们的身心沉浸在课堂中，为成功开展教学奠定基础。

（二）课堂教学

教师只有激发出学生强烈的学习自主性，才能够促使学生积极地投身于学习当中，自主探寻事物的发展规律，理清知识之间的脉络和联系，深刻体会历史学科的内涵。例如，在学习"中日甲午战争"这部分内容时，教师给学生罗列出了与甲午中日战争相关联的几个战役，虽然这其中的黄海战役、威海卫战役都比较琐碎，但是教师依据中日甲午战争这条主线串联起来后，便在学生头脑中有效构建了清晰的知识网络结构；之后，再让学生自我填充丰富的历史史实，从而促进他们对历史知识的把握。然后，教师通过设置系统性的探究课题，引导学生深入研讨爆发甲午战争的原因是什么？战争对社会的影响是什么？诸如此类话题，鼓励学生自主研讨，合作探究。在梳理知识的基础上，教师沟通前后知识点的联系，提升学生学习的积极性和自主性，发挥出每一个学习者以及每个学习小组的优势和特长，让学生在探究历史课题的过程中增强家国情怀，意识到落后就要挨打的事实，并且树立为国争光、报效祖国的伟大志向。

（三）教学反思

教学反思就是通过对自己的教学活动进行思考和回顾，发现教学过程中的优缺点，并将其作为经验记录下来，从而为以后的教学提供案例和借鉴。而这其中的对教学活动的反思则应该包括教学技能、教学理念、教学内容、教学方法等各个方面，对这些进行及时的监控与思考，找出需要改进和继承的内容，作为提升教师教学水平的基本方法。教学反思是教师教学过程中最基本，也是最不可少的环节，更是促进实习教师专业成长与发展最快也最可靠的办法。

第四节　历史教学模式与方法

一、历史教学模式

（一）任务驱动模式

任务驱动主要是在教学过程中教师要提出不同的任务，不断调动学生学习的积极性，发挥学生的主观能动性，培养学生独立思考、协同合作的能力，最终达到教学目的。

任务驱动模式中，任务是教学中的核心内容，始终贯穿于课堂教学的整个过程，是展开课堂教学的焦点。通过一系列的任务，学生可以将知识进行融会贯通。这就要求教师在提出任务时需要仔细地斟酌任务内容，做到任务与任务、任务与知识之间的无缝衔接。历史是复杂的,同时又是富有吸引力的。历史是随着时间而发展的,是一副多彩多姿的画卷,纵向上的王侯将相进行厮杀,横向上社会文化、政治制度变化多样。教师可以将任务进行拆分,大任务包含小任务,小任务包含历史知识,各个任务之前互相联系又为大任务服务。在教学中,教师应当始终保持清晰的思路,不断引导学生进行自主学习。

在任务驱动模式下,历史知识不是被动地灌输到学生的脑海中,而是在学生主动探索、寻找的过程中,学生自己引进的,这就从思想上改变了学生对历史教学的看法。在任务驱动中,学生可以查阅不同的资料,学生获取知识的来源不再局限于课本。这样不仅丰富了学生获取知识的渠道,而且增加了学生之间互相讨论的机会。在任务完成的评价上,教师还可以给学生分成不同的讨论组,讨论组之间互相评价任务的完成质量,最后由教师做最终的评价。这样充分展现了以人为本的教学理念,促进了师生角色的转变。

(二)问题导学模式

问题导学教学模式主要是在教学过程中,教师要合理地提出关于教学知识的问题,引导学生主动思考知识背后的原因。同样,问题导学模式主要也是为了调动学生学习的积极性,使学生更加主动的参与教学,同时也有利于课堂气氛的调和,在问与答的过程当中,提高学生的学习效率,增强学生学习的兴趣。

问题导学模式中,问题是教学中的核心内容,始终贯穿于整个课堂教学。这就要求教师要考虑问题的全面性,要从多角度引出问题,培养学生敢于思考、敢于创新的能力,从而促进学生综合思想水平的提高。在教学中,问题的提出可以是双向的,教师要鼓励学生多提出问题,相互探讨,互相学习。学生的问题在一定程度上反映了学生的思想认识,通过问题导学模式,教师可以很好地了解学生的思想状态,进而采用正确的引导方法,有针对地改变教学策略,同时还可以个别学生个别对待,提高教学质量。对于教师来说,提出的问题应当具有阶梯型,既要逐步总结教学知识,又要逐渐增加难度,这样可以让学者不断提高思维能力,突破学习的障碍。

关于问题的解答,教师可以组织学生小组讨论,也可以师生共讨。这样可以在课堂上形成融洽的教学氛围,还可以增进师生感情,使教师从教师

"教"的角色转变为和学生一起"学"的角色，拉近师生之间的距离。

二、历史教学方法

（一）传统教学

传统教学也称面对面教学，也被人们戏称为填鸭式教学。它是指通过教师的细致详细的讲解，使学生在老师的引导下掌握大量知识的一种教学方法。传统教学在长期的教学工作中一直是处于一个主导地位。传统教学的发展历史可以追溯到几千年前，教育诞生以来就开始以面对面的教学形式存在，古代的官学、私塾教授学生也是采取这种教学方法。传统教学方法之所以存在这么悠长的历史，在未来发展中仍是不可取代地位，在于它有着其他教学方法所不能取代的优越性。在课堂上，老师能够更大程度上把握学生的情绪变化和表情变化，及时因势利导的改变自己的教学活动。学生在老师的带领下能够掌握大量的知识。但这种方法也存在着很大的缺陷，主要是学生主体地位得不到体现。

（二）信息化教学

信息化教学即教学信息化，是指在教学中引用现代互联网信息技术，使教学的各个环节依靠大数据的形式，更便捷有效地掌握学生的个人信息。它不同于传统教学方法，其强调以学生为中心。

（三）混合教学

线上线下混合式教学模式就是将线上教学优势与线下教学优势结合起来，形成线上与线下的优势互补，从而将教学效果最优化。在教学过程过不仅能发挥教师的主导性与学生的主体性，更能够激发学生对学习的积极性、主动性和创造性。线上线下混合式教学模式通过设计相应的操作程序、明确的教学目标与课程标准、制定相应的评价体系，实现对线上教学、线下教学优势和功能的全面激活与发挥的新型教学模式。线上线下混合式教学模式具有运用灵活、精准性强的特征，对学生学习行为的连贯性、自主性与持久性，具有重要的促进与保障作用。

第二章　中国历史与文化

本章为中国历史与文化，介绍历史的变迁与文化的发展，共三节。第一节为先秦时期历史与文化，第二节为封建王朝历史与文化，第三节为近代中国历史与文化。

第一节　先秦时期历史与文化

一、早期文化

（一）神话传说

任何国家的历史都有很相似的一点，就是关于其历史起源的说法往往弥漫着神话传说的色彩。中国也不例外，从原始社会到商的建立有无数的传说。中国境内最初有许多氏族部落，部落之间或联合或敌对，经过不断的战争，最终被一个强大的部落统一。古代传说中，具有代表性的领袖人物则是"三皇五帝"。"三皇五帝"也有多种说法，本书选择具有代表性的人物简单介绍。

太昊又称伏羲，传说中蛇身人首，创设了八卦。伏羲的妻子是女娲。春秋时期，他们的后裔在山东建立了任、宿、须句、颛臾几个国家。炎帝，号神农氏，姜姓部落首领。姜姓部落可能是西戎羌族的分支。传说中炎帝教百姓种五谷、识医药、习音乐。黄帝为五帝之首，姓公孙，号轩辕。神农部落衰败后，世上大乱，黄帝在涿鹿打败蚩尤，统一了华夏。黄帝被尊称为中华民族的"人文初祖"，一切文明礼仪制度皆始于黄帝。黄帝有二十五子，后分别成为不同部落首领，传说后世的尧、舜、禹就是黄帝后代，而夏、商、周三代均为黄帝子孙所建。颛顼为黄帝之孙、昌意之子。他聪敏有谋，熟悉祭祀，努力教化百姓。帝喾为黄帝曾孙、玄嚣之孙。他居于西亳（一说在今河南偃师），颇具仁德，抚爱教化万民。帝喾有妻四人。其妻姜嫄生下了周的先祖——弃，妻简狄生下了殷的先祖——契，妻庆都生下了尧。据商朝卜辞所载，喾被奉为高祖享受祭祀。尧、舜、禹三人是圣君的代表，此三人均为部落联盟推举的首领。尧、舜二人将位子让给了有德之人，这就是传说中的禅让。尧、舜、禹是氏族制部落联盟解体前最后的首领，之后从夏开始，中国建立了世袭制的王朝国家。

（二）五服制度

天下水土大治之后，舜制定了五服之制（根据臣服程度不同而制定的一种由近到远的理想政区制度），分封诸侯。五服制度具体如下：

（1）国都以外五百里的区域，叫作甸服：最靠近国都的一百里地区缴纳总（带藁秸的谷物），其外一百里的区域缴纳铚（禾穗），再往外一百里的区域缴纳秸（去掉藁芒的禾穗），再往外一百里的区域缴纳粟（带壳的谷子），最远的一百里缴纳米（无壳的精米）。

（2）甸服以外五百里的区域叫侯服：最靠近甸服的一百里是卿大夫的采邑，其次的百里是任国——男爵的采邑，其余三百里是诸侯的领地。

（3）侯服以外五百里的区域是绥服：靠近侯服的三百里，施行文教，其余二百里则作为防卫之地，振兴武力。

（4）绥服以外五百里是要服：靠近绥服的三百里是夷人住的地方，其余二百里是流放罪人的地方。

（5）要服以外五百里是荒服：靠近要服的三百里是蛮荒地带，其余二百里是游牧民族等其他民族的世界，也是流放罪人的地方。

（三）大禹传说

传说大禹三十岁成婚，妻女娇。婚后不久大禹就外出治水，女娇追随大禹，也在附近的安邑安了家。为打通轩辕山（偃师东南），把奔流肆虐的洪水引向大海，大禹化作一头巨大的黑熊，专注地开凿轩辕山。此时来给大禹送饭的妻子见大禹幻化为狰狞的大熊而面惊失色，并慌乱逃跑，大禹见状奋起直追，然娇妻由于受到惊吓并未回头，追逐之间娇妻最终因力竭而亡，最终化为一块大石。看到女娇变成了石头，夏禹生气她竟始终不曾回头看自己一眼，于是对石头喊道："还我儿子。"石像的肚腹应声打开，一个男婴就此降临人世。由于是启石而生，他的名字便叫"启"。汉代时为避讳，一度曾改为"开"。

另外，还有禹铸九鼎的传说：即位后的禹用九州进贡的铜铸造了九鼎（有说只有一鼎），用来煮贡品，祭祀上天和鬼神。九鼎作为传国宝物，夏亡后由商，商亡后由周继承了下来，后沉于泗水。传说中秦始皇也求之不得。

禹在位十年（《竹书纪年》记载是四十五年），于东行中，亡于浙江会稽。

（四）世袭制度

禹崩后，按禅让制的惯例，应由益即位，但益随即让位给禹的儿子启。自此，中国开启了帝王世袭制。最高统治权力由"公天下"转移成"家天下"，由部落首领共同推举演变成某一个家族世代垄断相袭。它的出现是中国古代早期国家出现的重要标志。《史记·夏本纪》记载："帝舜荐禹于天，为嗣……禹于是即天子位，南面朝天下，国号曰夏后，姓姒氏。""夏"即为国号，《尚书·吕刑》记载："乃命三后，恤功于民……三后成功，惟殷于民。"结合伯夷、禹和稷的身份，此处的"后"即为部落首领的称谓，而到禹成为天子，"后"也成为国家元首的称号。禹通过治水建立起了国家，从而成为名正言顺的国家最高领导者。作为通过禅让制获取部落联盟首领职位的禹，在建立起国家后，对于王位的传承则不再是通过禅让，而是将王位变为自己家族的私产。

启即位后，将部落首领召集于钧台（河南禹县北门外），举行盛大宴会，说明由自己继承帝位。夷族中有反对者。于是，启从阳翟迁都到了安邑（今山西安邑）。当时陕西的有扈氏也不服，发生了叛乱。启讨伐有扈氏，在甘地发生了战斗，启获胜。"甘誓"（《尚书》中的一篇）便是当时启训诫六军的动员令："啊！六军的将士们，我要向你们宣告：有扈氏违背天意，轻视金木水火土这五行，罔顾天地人的正道，上天因此要断绝他们的国运，现在我只有奉上天之命对他们进行惩罚。战车左边的兵士如果不履行自己的职责，你们就是不奉行我的命令；战车右边的兵士如果不履行自己的职责，你们也是不奉行我的命令；中间驾车的兵士如果不擅长驾车的技术，你们也是不奉行我的命令。服从命令的人，我就在先祖的神位前行赏；不服从命令的人，我就在社神的神位前惩罚，我将把你们及你们的妻、子杀掉。"当时的战争使用战车，商、周遗址中都发现了车马坑。一辆战车乘三人，御者一人位于中央；左侧士兵持弓，为一车之首；右侧士兵持矛护卫。在甘地的战役中启大胜，之后天下诸侯皆朝夏后。

与部落联盟时期各部落首领轮流成为执掌部落联盟中的最高权力不同，部落联盟时期的联合体不论是禅让还是相互争夺，权力都无法长时间地存留在某一个人或家族手中，而在禹治水过程中，通过权力的集中，逐渐改变了各部落之间的力量对比，从此以后，再也没有其他部族的力量能够与禹所在的夏部族抗衡。对于通过禅让制获得首领位置的禹，并不能改变禅让这一制度，直接将王位传给启是没有办法的，因此，禹在死前名义上将王位禅让给益，但是益并没有真正地管理过国家事务，辅佐禹的时间十分短，因此得不到诸侯的信任，没办法获得王位，反之，启跟随其父禹已久，经过长时间的治水活动以及国家的建立工作，各首领认可了启，"故诸侯去益而朝启"。无论是《尧典》《孟子》记载的益让位于启，还是《竹书纪年》等书记载的启通过武力夺取的王位，禹都在国家建立过程中，极力希望其子能继承位置，由此将其带在身边以告诉各部落首领，从而使得启能名正言顺地获得王位，各诸侯皆能在启获得王位后对其臣服。因此，当"天下为公"的禅让制度被废除，转而演变成"天下为家"的传子世袭制，体现了禹建立的夏朝是具有划时代的政治意义。启继承了王位，开启了家天下的制度，传子不传贤破坏了部落联盟时期的军事民主制，是奴隶社会私有制和特权阶级垄断权力的象征，遂禅让制废除，世袭制确立。从此，出现了家天下的政治格局，儒家盛赞的禅让制寿终正寝。至此，"王"这个象征最高权力代表的称号专属于某个人物，不再是公共权力产品，不再代表全体部落成员的利益。

二、殷商时期

（一）占卜吉凶

传说伏羲创设八卦，周文王将其重排做六十四卦，并作卦辞，接下来孔子又为其添加许多解说，著成《易经》，流传至今。《易经》也称《周易》，因为最初是周文王将其系统化的。"易"是用五十根卜签占卜。但其实在中国古代，还有比这更古老的占卜方法，那就是使用牛羊的肩胛骨、龟甲等进行占卜。在肩胛骨或龟甲的背面，用烧热的细棍灼烧，其正面就会受热裂开，形成不同的裂纹，人们以此来判断吉凶。这种方法，从新石器时代的龙山文化开始便在中国普及，不过在龙山文化时期、殷商初期人们使用的是牛、羊、鹿、猪等的肩胛骨，从殷商中期开始，则多用龟甲。这种使用龟甲和肩胛骨占卜的方法一直沿用到西周及春秋战国时代。汉代史学家司马迁的《史记》中有一篇《龟策列传》，由此可知汉代也有使用这种方法占卜的占卜师。

商后期，龟甲、兽骨占卜的内容开始被记录下来，这就是甲骨文。甲骨文由于写在龟甲或兽骨上而得名，又因为它记录的是占卜的事情，也被称为"卜辞"甲骨文是目前为止发现的汉字的最初、最原始形态，因此一般被认为是象形文字。实际上，有相当一部分甲骨文已经抽象化，甚至无法推知最初的字形了。所以，我们不能仅凭甲骨文是目前发现的最初的汉字，便想当然地认定它是象形文字，这是很危险的想法。也许在我们今天发现的甲骨文之前，这种文字也经历过一个漫长的演变过程，只是我们对这个过程还一无所知。另外，在坚硬的兽骨、龟甲上用刻刀写字，自然是刻画直线更容易。从这一点也可以判断，甲骨文是由绘画、象形文字逐渐演化出的更加抽象的文字。这一点与苏美尔人及亚述人的楔形文字演变过程相同。甲骨文按其内容可以分为祭祀、军事、狩猎、出入、旬夕、疾病生死、风雨和收成的丰歉等几类，而建邑应列入第一类的祭祀中。

第一类祭祀，主要是针对祭祀祖先或山川河流等自然之神这类事情来占卜吉凶。这类占卜在甲骨文的记载中最多，几乎占到60%以上。第二类军事，即讨伐外敌，例如前文提过的对远征鬼方、夷方、羌方等事情进行占卜。另外，第五类旬夕中对"旬"占卜结果为凶的时候，会将随后发生的外敌入侵之类的凶事作为占卜应验的现象记录下来，外敌入侵这类记录也包含在第二类军事里。所谓旬夕，夕是指占卜每夜吉凶的记录；旬在商代，用来指示日期，将甲乙等十天干与子丑等十二地支组合，可得甲子、乙……癸亥的六十个组合，分别表示甲子日、乙丑日，直至癸亥日的六十日，从甲到癸的十天就是一旬。旬夕就是在癸日占卜下一个从甲到癸的十日的吉凶。如果占卜的结果是凶兆，则会在占卜的内容后记录下其后十天中发生的不祥事件。例如，苦方入侵掳走了商的百姓，某人从战车上跌落等。因此，旬这部分的记录可以与第二类军事及第六类疾病生死组合。第四类的出入，指占卜王出入都城的吉凶。如果是凶兆，则王的行程会延期。第六类是占卜是否会出现疾病、妊娠、死亡，或者通过占卜，知道疾病是由于哪位祖先的怨气引起的。如果是后者，根据占卜结果，就能通过祭祀安慰祖先的魂灵，消除其怨气。第七类的风雨，是占卜有无风雨，或祈雨，或通过占卜找出是哪位神灵作祟使得大雨不止或长久无雨。雨水对农耕社会来说十分重要。第八类是指甲骨文中常会出现的以"今岁受年"这类询问，占卜其年丰凶，或者是一些祈愿五谷丰登、卜问百姓耕作吉凶的内容。

综上来看，虽然甲骨文的记录可这样粗略分类，但它们之间互有关联。例如，甲骨文中有关祈年祭以及对自然界神灵祭祀的内容，它们既是研究当时的神灵所必需的资料，也同军事与祭祀相关。实际上，甲骨文中的大多数内容都与祭祀有关，说起来甲骨文就是祭祀活动的记录，或者从广义上说，甲骨文是宗教观念的研究资料。当时，军事、经济等社会各方面都是与宗教联系起来考虑的。商代占卜师中权力最高的就是商王，而且，商王朝中存在着众多占卜师，他们有很多来自地方上的小国或氏族，这一点有甲骨文的记录可以证明。他们在商王的指令下，从事占卜活动。甲骨文中的记录涉及各个方面，就是由于当时社会的所有活动几乎都要由占卜决定。当然，不仅商王朝如此，一般氏族也如此，商王朝的很多卜师就是由这些氏族派来的。占卜使用的龟甲来自各个臣属国的供奉，有些甚至是从相当遥远的地方运来的。根据动物学家的鉴定，龟甲中发现了一种只生活在马来半岛的龟类。可以想象，这些龟甲都是靠人从远方运来的。甲骨文中有记录，最多的时候，曾有上千片龟甲被运到商朝。牛的肩胛骨大多来自祭祀时的牺牲。不论是牛骨还是龟甲，在使用前都要经过清洗、打磨，再在其背面或钻或凿。这些工作都带有宗教色彩，从事这些工作的人大多是被称为"妇井"的妇女。这些妇女并非出身王室，而是出身于其他氏族。因此可以看出，仅仅是占卜这一项活动，便已经将商王朝与众多的氏族联系在一起。这些氏族参加祭祀和占卜这类的活动，就是在服从、效劳于商王室。

（二）文化符号

根据考古发现，以考古遗址为代表可以将商朝分为早、中、晚三期，早期的遗址代表为郑州商城，中期的代表为小双桥遗址，晚期代表为河南安阳的殷墟都城遗址。商朝早期的都城是亳，应该位于今天的河南商丘一带，其后历经几次迁都，最后一次迁都于殷，位于今天的河南安阳一带，所以后人将商朝称为殷商，将商朝最后一个都城殷的遗址称为殷墟。商朝历经500余年，是中国历史上一个相当长的历史时期，形成了相当灿烂的文化，青铜器、玉器、陶器、甲骨文、乐器是商朝文化的主要代表。这一时期，商朝的几次迁都，都与当地特有的文化相融，形成了一种独特的文化符号，当然，青铜器、玉器、陶器、甲骨文、乐器并不能完全代表商朝文化，但是可以从某些方面展示商朝人当时的生活方式与习俗，也可以从侧边展示商朝当时的政治、经济水平。

（1）青铜器。商朝可以看作是我国青铜器时代的鼎盛时期，尤其是到商朝晚期，从殷墟出土的文物中可以看出，当时的青铜器品种已经非常丰富，几乎包括人们生活的方方面面。商朝的青铜器有礼器、乐器、兵器，还有生产生活使用的工具、生活用品，还有作为装饰用的装饰品和工艺品等。商朝属于奴隶制时期，再其发展的后期，等级差距逐渐加大，不同阶级的陪葬品在种类和数量上出现明显的不同。青铜器代表着当时商王朝中的等级思想，同时，也代表了当时人们原始的宗教思想。商朝的青铜器一般是以几何形状或者象生形状为主，在其腹部或者足部一般会有不同的纹饰。青铜器上的纹饰向后传达了当时发达的青铜文明，同时也体现的当时的社会形态。

（2）玉器。除了青铜器，商朝的玉器制作也是比较发达的，这从某些方面可以反映出当时的经济发展水平，同时也可以反映出当时的社会发展比较稳定。殷墟同样出土了很多精美的玉器，这些玉器大多以动物形象为主，虽然造型比较简单，但是也显示了商朝发达的手工业。

（3）陶器。虽然在商朝青铜器是权利的象征，且有明显的等级制度，然而在此时期陶器已经普遍运用到人们日常生活之中，并成为商人日常生活中的必备器皿。在商代主要有两种陶器，一是刻纹白陶，二是青釉器皿，从某种意义上来讲，可以将这两种陶器称之为商周制陶业的伟大成就。白陶盛行于商代，在西周之后白陶呈现出式微的状态，并逐渐被青釉器皿所取代，从青釉器皿的制作工艺上来讲，它已经完全具备了陶瓷器的基础性条件。另外，随着时代的发展，白陶文化也发生了相应变化，人们在白陶上刻绘一些文字图案，例如安阳殷墟出土的白陶瓷器上面绘制了许多青铜器上面的图画，如兽纹、云雷纹等等。这些绘画在一定程度上提升了白陶瓷器的美观，同时也赋予了白陶瓷器一定的文化符号。

（4）甲骨文。甲骨文主要指刻在龟甲、兽骨上的文字，从甲骨文出现的时间上来看，甲骨文主要记载着盘庚至商纣王期间的各种事件。甲骨文上所记载的内容涉及范围甚广，其不仅包含了政治、军事、经济领域，同时也囊括了这一时期的社会民俗、天文地理等信息内容。在这一时期，人们之所以将文字记录在龟甲之上，与此时期的民俗风气有很大关系，他们认为灵龟可以通灵，通过灵龟可以建立与神灵沟通桥梁，由此可以看出，此时期人们将文字刻在龟甲上是一种与神灵沟通的方式，通过沟通希望得到祖先的庇佑。从文字角度而言，甲骨文是目前人类出现最早的文字，它产生于商朝之前，并在商朝得到了全面发展。另外，甲骨文具有了一定的书法基本要素，如用笔、结字、章法。

（5）乐器。鬼神之说在商代甚为流行，正是在这种环境下商朝逐渐形成了一套完整的祭祀仪式，无论是大事还是小事，均要进行占卜。在商代祭祀中有严格的规定，即每次祭祀都要有音乐与歌舞，这在某种程度上使乐器的地位在商代得到提升，通常情况下，乐器往往出现在商代宫廷以及王公贵族之中，在此时较为有名的乐器有许多，如鼓、磬等。例如虎纹石磬，这也是目前发现的体量最大的商代石磬，其造型优美，虎纹线条流畅。除此之外，在湖北崇阳县出土的青铜鼓是目前发现最早的铜鼓，该铜鼓表面刻有饕餮纹。

（三）神灵统治

第一类是祖先神。（最初对祖先神的祭祀是出于对死者亡灵的敬畏，在家族制度建立后，祖先神则作为保佑子孙后代的神灵受到崇拜。商代正处于两者的过渡期。）如果某位商王生病了，则通过占卜找到是哪位祖先神对他不满，通过祭祀请求祖先神的谅解。因此，祖先神是有血缘联系的神灵。当然，不仅于此，祖先神也会保佑子孙后代，给他们带来幸运。

第二类是自然神，包括山川、河流，甚至某些兽人以及上甲之前的先王。这些都是能够影响自然界、保佑风调雨顺的神灵。这些神灵最初是一些其他方国或氏族所崇拜的，是其各自土地上的最高神。在这些方国或氏族被商征服后，它们便也逐渐成为商人所崇拜的神灵。在中国，"社稷"（社是土地神，稷是谷物之神，宗庙是祭祀天子祖先的地方。"宗庙社稷"即指代国家）是一个常常提到的词。"社稷"是土地与谷物之神，同商代的自然神灵拥有同样的性格。这些神灵在商的都城安阳得到祭祀，而其原本享受祭祀所在之地便被视为圣地，王有时会派使者去圣地祭祀。圣地上还生活着守护这个神灵的氏族，他们平时要向商王纳贡，战时则参军，臣服于商王。这些神灵原本是被商朝征服的氏族的神灵，有时某些神灵被列入商王祖先的系列中，作为高祖即远古时期的祖先享有祭祀。商代是个农业社会，祭祀各地神灵是祈求丰收所必需的步骤，但是人们逐渐忘却了这些神灵本来的属性，为了让这些神灵理所应当地得到祭祀，便将它们作为商王的祖先加以祭祀。纵观历代商王世系，从上甲开始都是以天干为名，但上甲之前的商王，则拥有着完全不同的称呼。其实他们应该是各种神灵，也就是原本异教的神。这个时代的国家一般被当作都市国家联盟来考虑，但如果从祭祀方面看，也可以被当成一个神灵聚集的国度。

第三类是天神。商代人们信奉的最高神是天帝或者说天神。天帝能左右风雨、战争，决定收成的丰歉，所有的灾难都是天帝降下的。因此如果有外族入侵，那便是天帝降祸于人间。天帝之下的是各种自然神灵，他们本来是各地各氏族崇拜的神灵，在本族拥有与天帝相当的力量，但在他们的氏族被商王朝征服后，便失去了支配战争或降下灾祸的力量，而只拥有带来风雨、决定收成的力量。可以说，除了纯粹的祖先神，在天帝与自然神灵之间存在着征服与被征服的关系。商王祭祀被自己征服的氏族的神灵，并非仅仅为了当地的丰收。当然，当地农作物的丰产意味着商王可以得到更多的纳贡，但除了这些，商王的目的还在于，通过祭祀同样的神灵，与被征服氏族产生宗教上的一体感。

三、西周时期

（一）太公吕望

文王德高望重，身边聚集了太颠、闳天、散宜生、辛甲大夫等名臣，太公望也是其中之一。太公望，德才兼备，但不为世人所知，以致贫困潦倒，年事已高却还要钓鱼为生。一日，正在渭水之滨垂钓的吕尚，遇见了前来狩猎的周文王，终得重用，成为文王的军师。有人认为这只是个虚构出来的传说，为了让故事听起来更生动有趣。毕竟在那个时代，很难想象一个籍籍无名之人忽然受到命运眷顾，从而平步青云。据说文王狩猎之前用龟甲占卜，得到的结果是："所获非龙非螭，非虎非罴，所获霸王之辅。"他见到吕尚这样德才兼备的人才，大喜过望，认为吕尚就是卜辞预言的贤人。后来太公望果然不负文王所托，辅佐武王灭商，助周取得了天下。太公望因辅佐之功，受封建立齐国。齐国位于今山东境内，后因渔、盐之利变得极为富强。

司马迁在《史记》中记载，吕尚的祖先是辅佐夏禹开创夏王朝的功臣之一，被封于吕地，因此吕氏一族才以"吕"为姓氏。这是用地名来做自身姓氏，当然也有与此相反，用当地统治者的姓氏作为地名的。《史记》载，吕氏从血统上属姜族。姜族一直与周王室通婚，也是一门望族。前文提到过，据周的开国传说，周先祖后稷之母为姜源，而文王之子武王的妃子邑姜亦为姜姓女子。可见，正是因为吕尚出身于这样的望族，才能成为文王的军师。

（二）封建制度

殷商时代，殷商原有部族居住的区域称为内服，外侧地区则主要由其他部族居住，称为外服。各部族国家中较有实力的国家首领可以获封"侯""伯"，比如"周侯""犬侯"，被称为"男"的实力较弱的部族国家，则在侯、伯的统帅下，间接臣服于商。这是殷商的制度。根说，周时王城周围方圆千里的区域为王畿，由王直接管辖；其外侧则是每五百里一划，分别设置为侯、甸、男、采、卫、蛮、夷、镇、藩。还有可能是这样，王畿之外是诸侯和大臣的封地，再外侧便是臣服民族的国家，公、侯封地是方圆百里，伯是七十里，子、男是五十里，以下称"附庸"，隶属于上述诸侯。

以说法中，连面积都规划得如此清楚，可能稍显不真实，不过根据出土铜器上的铭文也能够确定，周也有内服与外服之分。周的中央官员及周原本部族的首领属于内服，周打倒殷的统治之后建立起侯、田、男三个级别的封国并对其分而治之，这部分人则属于外服。殷商重点控制内服，对外服的控制相对松散，只要承认殷商的主权，对其应尽的义务不怠慢，殷商基本采取一种放任的态度。但周则不同，周将有实力的亲族分封于各战略要地，就是要加强对全国的控制。这也是两个朝代之间非常重要的差异。值得注意的是，据春秋时代卫国人祝佗所言，伯禽受封鲁地时，周王将殷民六族（条氏、徐氏、萧氏、索氏、长勺氏、尾勺氏）赐给他；康叔受封卫地时，也从周王处得到了殷民七族（陶氏、施氏、繁氏、绮氏、樊氏、饥氏、终葵氏）。据此看来，封建制下若有新的邦国建立时，殷商遗民往往就被分为若干个由氏族首领率领的氏族集团，并被派往各个不同的诸侯国，从事工程建设。

当然一些诸侯国在建立之际也并非毫无阻力。比如封在营丘的吕尚，就与当地原来的莱侯国发生了激烈的纷争，《史记》对此还解释道："会纣之乱而周初定，未能集远方，是以与太公争国。"打倒旧势力，夺取其根据地建立起自己的国家，这是一种征服建国的方式，但有时候也存在一种开拓建国的方式，即在一些地方除草拓荒，再营建国都。时代稍晚一些，在西周后期厉王时代建国的郑就属于这种情况。当然，这样的例子肯定不止这一个。

周朝从来都不是统一的国家。周王室通过分封制将东部平原地区的领土分与亲族、亲信。这些被分封的诸侯组建成边军队、建立要塞，周围都是东方的土著。在一些情况下，当地的首领臣服于周朝，于是被视为周朝新的拥护者。商代遗民被恩准获得一小块领土。因此，平原地区出现了一批四散的城邦（国），它们的军事和政治势力逐步扩展到了城邦（国）周边地区。可以说，周人及其同盟者对东方平原地区实施的是军事占领。早期的周朝统治者善于快速打击甚至罢黜地方领袖，同时详加甄选地方领袖的继任者。周统治者按不同等级、头衔来分封区域性的城邦首领，就像分封王室成员一样。分封的等级分为"公、侯、伯、子、男"五级。尽管"公"的头衔往往限于王室后代，但地方首领也时常，甚至通常被赐予"公"的称号。这些首领被统称为"诸侯"，实际上，早期小国的首领往往位列"侯"一级。

周公、召公联手平息了管叔、蔡叔以及武庚发动的叛乱，但平叛之后还有很多事情要做。殷商贵族遗民大多聚居在以武庚所在的朝歌为中心的地区，因此最重要的是如何控制好这个地区。于是，成王将弟弟康侯鄘（一说为成王叔父——卫康叔）封于此地，建立了卫国。但这样一来商的一族便无人祭祀，周对此也有所顾忌，于是又将殷的王子微子启封在商丘（今河南东部），使其继承商族一脉。微子启建立的国家为宋国。处理完原殷商核心地区之后，战争蔓延到了山东方面。在沿海部族被平定之后，成王将梁山附近的徐方封给了召公奭。奭在此多事之秋，将长子匽侯旨留在此地，控制东方各部族。"匽"成为后来的燕国。还有一种说法，传说中召公奭是被成王的父亲武王封于北燕之地，才建立了燕国。另外，周公旦也是被武王封于曲阜，才建立了鲁国，周公同样是派自己的儿子伯禽前往治理。鲁国国都曲阜，便是被周公所灭的奄国中心地区，而奄、匽、燕同音。此外，河北易州（易州为古地名，今属易县）出土了与匽侯旨有关的青铜器，因此可以认为召公奭的封地北燕有可能就在河北。可以推断，成王时，匽侯旨曾被封于奄国旧地，且对此地治理有功，但因为一些事情，匽侯旨又被封往河北易州之地，后来形成了燕国。而原先的封地奄国则被封给了周公的儿子伯禽，形成了鲁国。此外，武王的忠臣太公望吕尚被封于营丘（今山东临淄），建齐国。成王的弟弟唐叔虞被封于汾水与黄河之间的地域，建晋国。至此，卫、鲁、齐、燕、晋等国建立。从地图上看，各国均位于可压制殷商贵族遗民以及被征服的各部族的战略要地，可见封邦建国的目的在于防止叛乱并安抚当地民众。

另外，据说陈国是古代圣君舜的子孙之国，杞国则是禹的子孙之国，它们都是由武王分封建立的，殷商后裔宋国也是一样的情况。据说如果不祭祀古代圣贤帝王，就会遭到报应，并且按照当时的传统，人们相信祖先只能接受自己子孙后代的祭祀。正是这样的原因，周王才分封这些圣贤的后人，让他们建立起了国家。对此的另一个解释是，舜和禹是古代的圣明君主，让他们永享后世子孙的祭祀是当政者有德的表现。

除上述各国，周还仿照殷商，将臣服于自己的部族国家的首领原封不动封为"侯"，让他们也成为周王朝概念上的封建诸国。

（三）血缘关系

由于周朝的制度在一些方面与中世纪欧洲的封建制度颇为相似，于是西方人和当代中国人常将周朝归为一个封建时期，其中的诸侯便是封建领主。如果封地和分封制度被视作封建政治组织的核心元素，那么周朝无疑是一个封建国家。但周朝的封建制度与后来中世纪欧洲的封建制度又有迥然不同之处。除了周王与诸侯之间的原始契约性关系外，最显著的区别在于周的统治阶层是由血缘维系的。在此之前，家族间的关系并未通过婚姻来安排确定。于是，诸侯都认同作为大家族族长的周王的地位，并且认为他们自己身上也流淌着周人先祖的血液。

周的封建制，是将同族中有实力的人物分封在各个要地以安定天下，可以说是在通过血缘的纽带维护政治稳定，同时强化作为本家的王室的权力。因此，周的封建制度与当时的氏族组织有密切的关系。如果说欧洲封建制依靠的是忠诚，那么周的封建制凭借的就是血缘的纽带。但如果我们回顾欧洲的历史，就会发现忠诚并不那么可靠，而血缘的纽带要比忠诚更有效。这种基于血缘的情感并非个人主观体会到的亲密感，而是通过对祖先的祭祀，建立起来的团体性、宗教性的情感，或者说是一种文化意识，这些是支撑周封建制的重要因素。

时光流逝，数十年、数百年过去，早期的亲缘关系自然疏远。诸侯逐渐更加认同他们的区域性地位而不再尊崇周王。即使是在平原地区的宋国（商遗民）和鲁国（周公后代），这种情况也不足为奇。对于边境地区较大的诸侯国，这种情况就再正常不过了，比如位于今天陕西省的秦国、北京地区的燕国以及山东半岛的齐国。到公元前8世纪，已出现了近两百个诸侯国。此外，还有一些未被同化为汉人且不在封建体系内的国家，它们与周朝和各诸侯国时有军事或外交往来。西方高原地区有许多这样的部族，被统称为"戎"。聚集于北方的人群被称作"狄"，占据大部分东部沿海地区的人群被叫作"夷"，同一时期，南方的非汉族人群则被统称为"蛮"。南方政权楚国与周朝分庭抗礼，盘踞于整个长江中游河谷地区。尽管早在公元前8世纪楚国就接受了周王的分封，但楚国的首领仍自称为王。此外，在政治上稍逊于楚的吴国也盘踞于长江三角洲地区，越国则在更南方的今天浙江省境内。

（四）宗法制度

在周朝时，依靠血缘的纽带建立起来的家庭之间的关系十分紧密，当时的人们要团结互助，凭借家族的力量才能在世间生存。在这个血缘亲族团体中，将各个家庭结合在一起的就是"宗法制度"。

周朝奉行的宗法制度中，宗又分为大宗和小宗，即大本家、小本家。大宗由嫡长子，即正妻生的长子继承，世代奉守十分重要的始祖祭祀。其他的儿子即使分家，也不能在自家祭祀先祖。因此在祭祀时，他们会齐聚本家，以嫡长子为主祭，这已经成了一种惯例。在中国古代，儿子成年后就要与父亲分开住（在父亲宅地增建住屋，形成诸如东宫、南宫、北宫这样的格局），兄弟之间也要分开住，但财产共有，作为一个家族的家长拥有着非常大的权力，因此由嫡长子继承的祭祀权有什么意义便不言自明了。

嫡长子以外的儿子建立的新家也是重复着相同的做法，继承新家的人是新家里的嫡长子，只不过因为他们是分家，并没有在自家祭祀先祖的资格，所以在这个新家里，每一代的嫡长子便将开创这个分家的"他"作为祖先祭祀下去。当然这个新家也可能再分出新家，再分出来的新家同样不能在自家祭祀"他"，而是要齐集到嫡长子的家中，辅助嫡长子举行共同祭祀。所以，由"他"开创的新家，就比前面的大本家（宗家）低了一等，但仍然是宗家，称为小宗。继承了祭祀权的大宗永远只有一个，百世不变，小宗则每一代均会有分支，代代相传后，分支会越来越庞大。在这样的情况下，就有了五世则迁的规定，即小宗在第五代就不再参与本家之事。

在诸侯家族中，诸侯的嫡长子继承"侯"位，其他儿子则不得不分家自立。实际上在诸侯家族里，这才叫作大宗，从这个大宗再分出去的家族才是小宗。一代一代传下去，小宗则会越来越多，到了到第五世，则按照五世则迁的原则进行规整。率领着小宗的若干个大宗，会扶持帮助比其高一等的大本家，即诸侯家。而诸侯家再上一代的总本家，就是周王室。

无论天子还是诸侯，都有自己的臣下，而臣下又分为卿、大夫、士三个等级。大夫可看作大臣一级，士则可看作下层官员，卿和大夫都有采邑，士则有俸禄。但是能做到大夫一级的，多来自王室宗族中有势力的大宗之家，也就是说，宗法又进一步与身份、地位联系了起来。天子、诸侯为"君"，与臣下

· 81 ·

身份有别，因此宗法制度规定的是大夫和士的阶级。在周代的氏族社会中，组成血缘集团核心的上层中央内，必定存在着这样完备的组织结构。在一个宗族中，大宗的家中有祭祀祖先的宗庙，小宗的家中有祭祀祢（这一支的第一代祖先）的祠堂，原则上是共同祭祀，即一个宗族就是一个祭祀共同体。一个宗族每年都会举行聚会，通过聚会凝聚人心，明确长幼。从被称为"族食"或"祖燕"的这种聚会中，可以看出一个宗族的共同特性。另外，在中国屡被提及的一项传统——服丧制度，也是宗法制度的重要规定之一。

宗法制度成立的基本条件是长子继承制。但周初期时，季历越过太伯、虞仲两兄弟继位，便是幼子继承。后来到成王年幼继位时，邑姜摄政，周公辅政，武王的兄弟管叔、蔡叔发动叛乱，其中的原因恐怕也有对兄终弟及制度的怀念。周公肯定清楚地认识到了这一点，因此在成周的洛邑建成后，众臣朝见成王时，自己居于臣下之席，向成王行礼，正式向天下表明长子继承制的实行。殷商末期，已有了长子继承的趋势，但纵观殷商一代，仍是以兄终弟及为主。及至周代，才通过宗法制度确立了长子继承制。从这一点看，说周公奠定了周文化的基础毫不为过。

（五）同姓不娶

周代的王室为姬姓。当时已经有了以"姓"相区分的"姓族"，这就相当于早先所说的起源更早、范围很大的那类氏族。"同姓不娶"即同姓之人不可通婚。为了防止弄错，女性称"姓"而不称"氏"。男性是氏族社会的主体，男性称"氏"，是为了表明自己属于哪个血缘团体，通过称氏来明确彼此的位置关系。对于男性来说，氏族是自己最有力的支撑。天子、诸侯都是男性，但他们是君，与卿、大夫、士等身份有别，自然不用称"氏"，而称"姓"。姓氏制度中最值得注意的是"同姓不娶"这一制度产生的效果。周将同姓的王族分封为诸侯，即姬姓诸侯，但其他姜姓诸侯等异姓诸侯也在逐渐增多。因此，如何将这些异姓诸侯融入周天下这个组织中去就变得十分重要。这种时候，由于同姓不娶，姬姓诸侯只能与异姓诸侯通婚，其效果毋庸赘言。总之，天下已经形成了以周天子为中心的一张大网。

（六）宗庙社稷

关于周代最重视的"礼"，有三部典籍一直被儒家学者奉为经典，即

《周礼》《礼记》《仪礼》。其实这三部书应该是战国至秦汉时期所作。三部书中也记录了宗法制度，根据书中记载，君王要在祭坛上恭敬地祭祀上天，称为"郊祀"。上天不仅创造了宇宙万物，还是主宰自然变化和人间吉凶的神，天子承上天之意治民，因此必须对天常怀敬畏之心，为表虔诚的谢意而祭祀上天。这是天子的重要职责，也是天子才有的特权。周代将国都五十里之内称为近郊，五十里外百里之内称为远郊，因此郊祀就是指在都城郊外设祭坛祭祀。另外在祭天之时，周的始祖后稷配祀。"万物本于天，人本乎祖……故以（后稷）配上帝"，这也许是对周人的上天思想最简单明了的阐释。

祭祀祖先是在宗庙。在周代的氏族社会中，祭祖是头等大事，这一点在"宗法制度"一节中已经明确。根据与礼相关的典籍，天子享七庙，诸侯五庙，大夫三庙，士一庙。总之，周代对宗庙十分重视，特别是宗周都城，作为宗庙所在地格外受到重视。

天子所在的都城，其中心是面南的宫殿，另外还有宗庙及冢土，冢土即"社"。《礼记》记载："建国之神位，右社稷，左宗庙。"从"社"字的结构看，社与神、祀、祈、祖等同样都是"示"字旁，可以说是一个与神、祭祀相关的字。另外，"示"旁边是"土"字，可以看出，"社"的意思是祭祀土地神。大地为母神，因此人类自古以来就有祭祀大地之神的原始信仰，而就如同"大地之母"这种说法所体现的，大地孕育了生命。《礼记》中将社与稷组合在一起，出现了"社稷"一词。稷是周的祖先神，也是谷物之灵。祖先神自然是生命之神，而周以农业立国，自然要感谢土地的恩赐。于是社稷共同成为祭祀的对象。社其实是一个土坛，武王起兵伐纣时也举行了社祭，并与联军共同起誓。可见在这种要干一番大事，鼓舞人心的时候，都要先举行社祭。武王占领朝歌，举行入城仪式宣誓自己承天命之前，也先修筑了朝歌的社，并将其打扫干净。这样拥有重大意义的圣坛，即为社。据《礼记》载，王为自己设立的社称王社，为群姓祈福而设立的为大社；诸侯为百姓设立的为国社；大夫、士庶集群设立的为置社。立社并非天子的特权。除上述几种，还有里社和州社。但不论是群姓还是百姓，抑或是集群，都已经有了"社会"中"社"的意思。而各种社里最底层的"里社"，就是普通民众的社。有关社的记载还有"树之田主，各以其野之所宜木"，就是将当地有代表性的树木种在社里，以做标识。《论语》记载,社中所植之树,夏为松,商为柏,周为栗。

(七)组织结构

相传为周公所作的《周礼》中,周的朝廷置有天、地、春、夏、秋、冬六官。天官冢宰,总理庶政;地官大司徒,主管民治、教育、农商;春官大宗伯,主管祭祀礼乐;夏官大司马,主管军事;秋官大司寇,主管司法;冬官大司空,主管百工土木。从主管内容看,其天、地、春、夏、秋、冬之名显然是刻意而为。但此六官制成为后世官制的基础,例如唐代的吏、户、礼、兵、刑、工六部制。六官中的冢君、司徒、司马、司空可见于《尚书·牧誓》,在《诗经》中也出现过。从陕西眉县出土的铜器铭文中也出现了"司土、司马、司工"的字样,至少这三项是真实存在的。此外,周的中央官制还可以参考"令方彝"的铭文。令方彝是周公在成周召开大朝会时所制的铜器。据"令方彝"铭文记载,当时除了诸侯,参与朝会的还有三事令及卿亭寮、诸尹、里君、百工。

根据金文,卿士的"卿"字的象形文字表示一个带盖的容器被置于中间,两个诚惶诚恐正襟危坐的人在两边服侍。卿"通"飨",王在举行庄严肃穆的祭祀时,飨食是祭祀的重要组成部分。飨食并非单指祭祀时的宴会,它同时还是神事的一部分。也就是说,参加祭祀的人通过分食洁净的、在神前供奉过的牺牲,让身体也具有了神圣性。那么负责这项工作的卿士,应该同时也是负有重要职责的祭司。这正是作为最高官僚的卿士的传统。再看看"令方彝"铭文中提到的诸尹。诸尹是中央各部的长官,后文会说到的里君则是地方的长官。说到尹,武王入城承天命之时,宣读天命之策的正是尹佚。尹是史官,并且涉及策书。

《周礼》及后世的文献将周朝美化为中央集权封建制度的理想典范。根据这些记载,地方上的诸侯国按照国土大小和距首都的远近来评级,诸侯拥有行政官员,但其规模和职能受制于周王。周王负责任命从中央行政官员到六卿的所有官员,其中包括掌管大政方针的天官、掌管教育的地官、掌管礼仪的春官、掌管日常行政的夏官、掌管惩戒的秋官和掌管后勤事务以及包括建造大型工程的冬官。六卿各配备上百人的下属团队,这些人按等级来谨慎划分,职能也各自不同。据载,周王掌管六军,而诸侯国根据其规模只能配备一支到三支相应的军队。同样，周王有六卿，而诸侯只有一到三名卿相。就实际状况而言，尽管早期周朝政府有着中央集权化的观念，但在操作层面却不尽如人意。最初所有诸侯都由周王任命，并且这种关系至少在名义上延续到了朝代末期。诸侯被指派到名为"国"的封地上，这个名字意为由围墙包围、保护的区域。它既指诸侯镇守、设防的城郭，又覆盖了城郭周围的土地。贵族头衔并无清晰的区分，以致贵族间的等级划分混乱。然而，位于周朝腹地的"中国"（"在中间的国家"，后来指代整个中央王朝）是文化最发达和显赫的地方。

周朝早期，周王对诸侯的控制主要表现在以下几个方面：诸侯前往宫廷觐见以示忠心，很可能是按照规定的时段；奉上象征性的贡物和有实际意义的钱财；在需要的时候出兵勤王。他们的继承人也需要得到周王的首肯。周王的使者会前往诸侯的封地视察，有时还会长期定居下来。若不按时上贡，诸侯会遭到王室的谴责，还会受到王室使者的敦促。诸侯只有有限的兵权，最主要的职责似乎是维持地方秩序。同商朝一样，周王也被认为有维护全境安全的责任，他掌控的常备军遍布全国边境，而戍边军备所需无疑又来自就近的地方诸侯所征收的钱款。据传，那时一共有十四支中央军队，其中六支驻扎在西境的周人故土上，另外八支散落在东侧的平原地区。国王常常会下令，命中央军队在距都城上百里远的边境与"夷狄"作战。周朝不容置喙的原则是："普天之下，莫非王土；率土之滨，莫非王臣。"

（八）周之礼乐

《礼记》中说："礼，时为大。"这是说礼要顺应时代、时势，但《周礼》中整理收录的还是较为古老的礼。《周礼》中提到礼分吉、凶、宾、军、嘉五种。"吉礼"指祭祀祖庙、天地、山川、日月、风雨、先贤、先师的祭祀之礼；"凶礼"指有人去世，或发生天灾地变等灾祸时所奉之礼；"宾礼"指出入朝堂、觐见天子，或国家交往中接待宾客之礼；"军礼"指兵制、军役直至操演武技之礼；"嘉礼"指婚冠之礼，还包括乡饮酒礼、燕礼、乡射礼等宗族、朋友之间聚在一起联络感情时所行之礼。上述五种礼仪如果用简短的词语来概括，归根到底是一种"生活规范"，但其中的吉礼、凶礼，甚至嘉礼本来是与宗教密切相关的。至于宾礼与军礼，迎接他国使臣要在宗庙中进行，两军交战这样的大事，出征前统帅也要先拜宗庙社稷，因此二者也都与宗教有关。

周代是"礼不下庶人"的,也就是说礼仅止于士以上的阶级。最初并无此区别,但到了周代,周是一个宗族性的封建社会,于是原本支撑着氏族社会的礼仪,就被统治阶级独占,并为他们服务。

中国有天生万物的思想,万物的运行都要遵循其原理,遵守一定的秩序。自然界的春夏秋冬的轮回、阴晴雨雪的变化就是秩序,而人类社会与此对应的就是礼。也就是说,在人与人之间,上天希望的有序和谐的生活规范就是礼,明礼、行礼自然是统治者的责任,因此礼使统治阶级的特权变得合理化。在贵族社会中地位最高的天子,是上天为了实现自己的意图而选择的人,因此天子当然要率先行礼,并要求其他人行礼,从而实现有序和谐的生活,这是天子的天职。而这种和谐有序的生活,就是氏族社会的生活,所以作为这种氏族社会秩序规范的"礼",也在维护着这个以天子为顶端、以血缘为原理的金字塔型社会,从中看到的是强烈的政治性。

商代信神,因此用龟甲兽骨占卜,且商人认为占卜结果是神的意志体现,因此必须绝对遵从。周初,虽然仍然有甲骨占卜之事,但周人则认为是否能够延续天命主要在于能否行德治。这是商与周的最大区别。《尚书》中的《召诰》一文文风颇古,有铜器铭文之风,铜器"大盂鼎"的铭文则以文王受天命、武王继承并建立周为开端,文中言道:"我听说殷朝丧失了上天所赐天子的大命,是因为殷朝从远方诸侯到朝廷内的大小官员,都经常酗酒,所以失去了人民。"下文又说道:"我要效法文王的政令和德行,你要恭敬地协调纲纪,勤勉的早晚入谏,进行祭祀,奔走于王事,敬畏上天的威严。"在当时那种宗教性传统仍然具有权威性的时代,周人对于"德"这一人类价值的体现有了新的认识,这就是周与商的迥异之处。而这一点不仅让周的建立更受瞩目,还使周公的功绩彪炳史册。德治与礼制的结合,就是周文化的精髓所在。孔子对商、周两代文化的评价可谓是一语中的:"殷人尊神,率民以事神,……周人尊礼尚施,事鬼敬神而远之。"

"礼""乐"常常并称,因此不能不提到"乐"。《诗经》中"颂"为宗庙祭祀之乐,共有四十篇。不过这些乐也已经超越了宗教意义,成为仪式的一种重要组成部分,与礼具备同样的功能和意义,因此才合称"礼乐"。但礼与乐也有差异,礼者为异,用来建立秩序;乐者为同,使得人和。同则相亲，异则相敬。乐胜则流，礼胜则离。"这说的是礼与乐应互补，礼与乐相辅相成。在西周时期，最具代表性的乐器其实是被称为"钟"的一种打击乐器。钟，青铜制，发出金属声，与附有手柄、使用时需用手握的钲相比，钟需要被吊在架子上击打。

四、春秋时期

（一）文化衰退

西周文化据传是由周文王奠定的基础，再经其子周公旦之手成形。周公不仅是孔子无比崇拜的人物，其子孙还建立了孔子的祖国鲁国，所以孔子把周公创建的周文化作为理想，对其怀有超乎寻常的憧憬。春秋战国时代是周王朝建成的理想文化和制度日趋解体、令人悲伤的时代。总之，春秋战国时代一直以来被儒家当作是一个文化衰退期。

西周王朝的政治特点是祭政一体（政事在神灵和祖先的意志下执行，政事和祭祀被认为不可分割。古代很多国家都曾是这样的）。当时，各地分散着小的邦国，周室一族和功臣被分封到这些邦国，所以周和这些邦国的关系就好比本家和分户的关系。分户有义务参加本家主持的祖先祭礼。周王室作为本家在举办宗庙祭祀时，会召集分户的诸侯们，并给每人分派适当的任务，与他们保持密切联系，进而确认诸侯对宗室的忠诚。这种以祖先祭祀为媒介，统合政治的方式就是祭政一体。到了春秋时代，随着周王室和诸侯的血缘关系变得淡薄，诸侯逐渐丧失了对宗庙祭祀的信仰，这也成了一种无可奈何的趋势。但是，正如"国之大事，在祀与戎"，说到国家大事，还是祭祀和战事，这种西周时代的风习还根深蒂固地残存着。比如，即使东周王朝已失去了实质性的中央集权统治能力，列国依然承认周王室是本家，也就是宗主的地位，东周王朝仍在理论上保持着支配全部土地的传统权威。

虽然春秋列国相互之间展开着白热化的权益斗争，但是对抗的诸国还会围绕宗庙祭祀汇聚一堂，也就是举行会盟。在集会时，有一项习俗是诸国大臣们各自主张本国所拥有的传统权利。在进行这种主张时，会遵循一些古代的惯例作为依据，在周王朝祭祀中，各国的职务和排序以及各国建国等典故来由都可以成为很有分量的论据。通晓这种宗教仪式、礼仪制度的人们被奉为思想界的权威，被誉为头等外交官。祭祀大典顺利结束后会举行盛大的酒宴。那些谙熟典故来历、古典造诣精深、素养丰厚的人作为杰出的外交官，在酒宴上也备受赞赏。他们从背诵的《诗经》中选取与当时场景相符的诗句在席上吟诵，以此象征性地说明自己的立场。春秋时代的文化可以说是飨宴文化。

进入战国时代，情况大变。在这个时代里，以周王室为尊的观念完全淡化了，宗庙祭祀等传统信仰彻底丧失。诸侯虽然与春秋时代一样举行列国会盟，但是在席上只剩下露骨地主张各自的权益了。因为列国会盟已经失去了宗教性意义，所以如何以本国的经济、军事实力为后盾，申述己方的利害得失就成为被重视的头等大事。诸侯在相互起誓的时候有歃血为盟的习惯，这时，先歃血者居上位，于是连在盟誓的先后顺序问题上也开始逐渐产生争端。这些都是完全为实力所左右的，所以可以说一个以实力进行较量的时代来临了。祭祀附带的宴会到战国时代也消失了，会盟成为辩论交锋的场所。从春秋时代的宴会外交到战国时代的实力外交，情况发生了巨大的改变。如此一来，历史、礼仪等传统素养不再受重视，反而是那些熟谙各国利害关系、经济、军事等眼前局势的游说家、雄辩家开始被需要，被重视。

春秋和战国这两个时代在方方面面都有很大差异。无可置疑的是，这是西周祭政一体的传统文化逐步走向衰落、最终彻底瓦解的时代。

（二）诸子百家

战国时代是最能进行自由思辨的时代，是思想家辈出、主张各自思想的百家争鸣的时代。为了压制他国，各国不管国籍和出身，争先恐后地聘请杰出的政治、经济、军事、外交人才，在他们的指导下实施大胆的制度改革，强化政策和战略体制。敌对强国间的人才争夺战极其激烈，一旦在人才争夺战中失败，任何一个强国都有可能很快陷于劣势。学者和思想家们大胆提出各种独创的改革方案，在一个国家不被采纳就跑到另一个国家，游说家们自由地周游。战国时代没有统一的思想，充满自由的风气。在这种开放的潮流背景之下，不断出现创新而风格迥异的学说。春秋战国时期，社会动荡变革，面对社会上的各种问题，有识之士著书立说、讲学论战，发表各自的见解，形成了各种思想流派，出现了思想领域里"百家争鸣"的局面。这些人也被称为"诸子百家",称其"百家"是表示思想流派的丰富。对中国后世最有影响的哲学思想流派,基本都产生于此时。最有影响力的有儒家、道家、墨家、法家、名家、阴阳家、兵家、纵横家等等,其中又数儒家、道家、墨家和法家对后世的影响最大。

1. 儒家

"儒"最早是指在贵族中掌管道德教化、音乐礼仪的官员,如巫、史、祝、卜等,那时候还不是一个学派的名称。

孔子(公元前551—公元前479)是儒家学派的创始人。《论语》一书记载了孔子及其弟子的言行。孔子授徒讲学,由于其弟子众多,孔子思想的影响力也逐渐扩大。战国时期,经过孟子、荀子等人的继承和发展,儒家成为当时影响力很大的思想流派。法家重要代表人物韩非子(约公元前280—公元前233)就说,春秋战国时期儒、墨两家是显学。孔子是春秋末年鲁国(都城在今山东曲阜)人,面对礼乐秩序的崩坏,他认为人们内在的德行能够造就社会的德治。所以他周游列国,一方面提出政治建设方案,另一方面指出,要想政治清明,比制度设计更根本的是教化。首先要得到教化的是君主。在孔子看来,君主的模范是尧、舜,还有周文王、周武王,后世的君主都要向他们看齐。除了教化君主,孔子还着眼于教化君子。孔子去世后,他的弟子及再传弟子将孔子及其弟子的言行记录成书,即《论语》。《论语》共二十篇,第一篇就讲"学""好学"和个人修养等,第二篇才讲"为政"。孔子希望人们能成为有学问、有道德的君子。孔子说"君子食无求饱,居无求安,敏于事而慎于言,就有道而正焉,可谓好学也已""见贤思齐焉,见不贤而内自省也"。因此孔子非常重视教育,并创办了较大规模的私学。

孔子认为君子应该学会六种技艺:礼(仪式规章)、乐(举行礼仪时的音乐)、射(射箭)、御(驾车)、书(书写)、数(计算)。他认为要想成为有"德"的君子,就要立"志",通过六艺的学习,成长为守"礼"的"仁"人。这四个概念可以说是孔子学说的基本内核。在孔子看来,仁爱成就人际关系的伦理纽带,能够巩固社会秩序。"志士仁人"这是内在的自我要求,"德"和"礼"是外在的要求。孔子希望的政治也是"由内而外"的德政和礼治。

孔子非常重视"仁"。孔子认为仁是"爱人",每个人应当由爱自己的父母亲人,推己及人地爱别人。也就是要实行"忠恕"之道,"己所不欲,勿施于人","己欲立而立人,己欲达而达人"。自己不愿意去做的事情,也不要勉强别人去做;自己想要的好的事情,也要考虑到别人也有这个愿望,在实现自己愿望的同时,也要尽力帮助别人。孔子非常看重教育,他的很多教育理念到现在还非常有价值。如孔子主张"有教无类""因材施教""学而不厌,诲人不倦",提出学习与思考结合,培养学生举一反三的能力,认为"知之者不如好之者,好之者不如乐之者""知之为知之,不知为不知,是知也"。不同的学生提出表面上类似的问题,他也能够辨认其背后不同的问题意识,从而给予个性化的答复。孔子还提出了"中庸"的思想。孔子说"过犹不及"。即处理事情的时候要把握好度,不要过分,也不要不及,要因时、因事制宜,过分和不及都是不好的。孔子认为:"君子和而不同,小人同而不和。""和"是在保留个体差异基础上的和谐共处,"同"则是简单的雷同。

战国时期,儒家产生了两位儒学大师——孟子和荀子,都对后世有重要影响。

孟子(约公元前372—公元前289),名轲,邹国(在今山东邹城)人。在孟子的时代,墨家与杨朱的思想非常流行。墨子主张"兼爱",孟子担心这样下去就没有亲疏分别了,儒家强调的人伦秩序也会瓦解。与墨子截然相反,杨朱主张人人"为我",孟子看到这是自私自利,而儒家的主张是要利天下,杨朱的格局就显得太小了。孟子主张性善论。孟子认为人性本善,人天生具有"恻隐""羞恶""辞让""是非"之心,这也正是仁、义、礼、智四种美德的萌芽。孟子发扬了孔子关于"仁"的思想,认为仁是人与禽兽在本性上的差异。孟子认为人应当将仁爱推己及人、推而广之,"老吾老,以及人之老;幼吾幼,以及人之幼"。政治思想上,孟子追求"仁政"。孟子认为,作为君主,应当宽厚待民、关心民生,通过"制民之产"、勿夺农时、减轻赋税等政策,使百姓安居乐业,并且发展对百姓的教育和道德教化。孟子还提出"民为贵,社稷次之,君为轻"。人民的地位最为重要,其次是朝政,最后才是君主。孟子很注重人的作用,所以他说"天时不如地利,地利不如人和"。在做事时,要考虑人的因素,而不要过分依赖于外界。当然这里并不是说人一定会战胜天时和地利所代表的自然法则,而是说人应该把成败系于自身,最大限度地发挥自身的能量。孟子重视人的内在精神的修养,提出要"养浩然之气"。"其为气也,配义与道""集义所生",这是一种由内在的道德修养而体现出来的精神力量。孟子强调内在秩序的重义和外在秩序的仁政,这种儒学可以视作心性儒学。相比于内在的"心性"而言,荀子更注重"外王",这种儒学被视作政治儒学。

荀子(约公元前313—公元前238),名况,战国末期赵国人。荀子对于人性的看法与孟子相反,认为人的本性是恶的。"人之性恶,其善者伪也","伪"在这里是"人为"的意思。人性是恶的,所以要靠后天的力量来使人成为善的,即要靠礼乐教化,"师法之化,礼义之道"。荀子认为,圣人做的就是"化性起伪",通过制作礼义,矫正人性,从而营造政治秩序。他有两个著名的徒弟,韩非子和李斯,他们都把荀子强调的"礼"转换成"法"。从中我们也可以看到,诸子百家之间不是完全没有交集的平行线,儒家学派发展到荀子就已经与法家有交汇了。荀子还指出自然界的运行有其特定规律,无论是圣君尧还是暴君桀,谁的主观意志都无法改变自然的运行规律,因此社会治乱的根本还是在于人。荀子认为人可以发挥自己的能动性,认识、利用自然,"大天而思之,孰与物畜而制之!从天而颂之,孰与制天命而用之!"荀子将他的哲学详细系统地载录于著作《荀子》之中。全书共有三十二篇结构严谨的论文,每篇基本上聚焦于一个话题:自我修养、帝王之术、王霸之争、治理之道、推贤让能、军事事务、礼乐教化等。全书不仅揭示了荀子的博学,还体现了他对于实践的广泛兴趣。最引人注目的是,它展现了一个有序、敏锐的头脑。可以说,作为一位古代中国哲学家,荀子拥有最佳的知识素养,以至在中国早期的数百年间,荀子的思想持续扮演重要的角色。

在对儒学的解读上,荀子与孟子在一个重要观点上有着重大分歧,即对人性的评判。孟子十分强调所有人内心都潜藏着善,而荀子则认为人性中本来鲜有善念。事实上,荀子所观察到的人性是由"恶"或是未开化的欲望所主导的,儒家语义下的"善"需要后天习得。荀子认为孟子口中的"赤子之心"不过是一种欺骗性的情感表达,但他不否认人是可教的。因此,荀子在本质上是一名平等主义者,在此意义上与孟子一样。由于人们本性都未被驯化,所以所有人都有修行的潜力，所有人也都可能成为圣人。但荀子开出的修身药方是极为独裁式的，与孟子的方法大相径庭。在他的观念中，若要为善，一个人需将自己浸淫在古时圣人的规矩和先例之中，最重要的是，他还需要全然听命于一名合格的老师。或许没有任何一位思想家像荀子这般强调老师的社会地位吧。在这样的集权主义思路下，荀子认为"礼"是古时明君为了公共社会利益而加之于人民的外在标准，这样既可以抑制人们本性之中的自私和自满，也可以避免争端和混乱。荀子理念中的社会组织和社会关系大致是彻底理性、功利的概念。

2. 道家

老子和庄子是春秋战国时期道家思想的代表人物，代表他们思想的作品分别是《老子》（《道德经》）和《庄子》。

老子是春秋时期人，道家学派的开创者。相传孔子曾经向他请教过周礼。老子思想中，最为重要的一个范畴是"道"。"道"既是万物的本源，"道生一，一生二，二生三，三生万物"。同时也是事物发展的规律，"人法地，地法天，天法道，道法自然"，道顺应着自然界的规律，天地万物都是自然而然地运行发展着。针对当时社会的纷乱复杂，老子主张退回到人类的原初状态，那是他所理解的接近"自然"的状态。道家学派可能不同意今天人们的技术改善生活的观念，从道家思想的角度来看，人力的智能开发诚然会帮助人们过上物质更丰富的生活，但人们也有可能利用这些技能作恶，更有甚者，可能借用美善的名义作恶。在这个意义上，老子反对提倡"仁、义、礼、智、信"。老子不是认为它们不好，而是在老子看来，可能会有恶人利用这些正面价值来作恶，因此他不希望提倡它们。老子反对人们培育心智，害怕人们用心智做好事，但其实更多的是想预防用心智做坏事。为了从根本上杜绝人们作恶，老子主张人们干脆放弃社会分工，过一种小国寡民的生活，不相往来。不参与社会分工，也就没有大规模的生产，这就回到了村民的田园生活，大家"无为而治"。这么看，老子的主张并不全然是一种乌托邦式的设想，也表现出他的思考和历史观。《老子》一书中有很多辩证法的智慧。比如《老子》中说"有无相生，难易相成，长短相较，高下相倾，音声相和，前后相随""祸兮，福之所倚；福兮，祸之所伏"。指出世间万物都在不断的运动变化中，矛盾的双方有可能向相反的方向转化，我们也要以发展变化的眼光看待事物。老子所说的"大直若屈，大巧若拙，大辩若讷""大音希声，大象无形"等，对于中国人为人处世的方式和审美观念都有着深远的影响。

庄子（约公元前369—公元前286）善于运用寓言的方式来讲道理。《庄子》一书中有很多精妙的寓言和神奇瑰丽的想象。在庄子看来，万事万物从根本上来说都是齐一的，事物对立的两个方面相互依赖并不断转化，并没有实质的区别，彼此、物我、有无、生死、是非、贵贱，这些看法都是相对的、表面的，因此，人应当破除执着，达到"道通为一"的状态。庄子寻求的最理想的境界是"无己、无功、无名"，超越了功名事业、个人名誉的没有束缚的心境。在战国那个战乱频发、社会动荡、各家各派争相发表见解的年代，庄子不认同那些执着于分辨是非对错、好胜心强的做法。但庄子的思想也夸大了事物的相对性，没有看到是非对错的存在和事物转化的条件，容易导致不可知论。庄子认为人们做事应当顺应自然。在《庄子·养生主》里，庄子讲了"庖丁解牛"这个故事。正因为庖丁找到了牛的身体结构规律，解牛时依据这个规律，过程就变得很顺利，达到事半功倍的效果。庄子还提出了"心斋""坐忘"等内心修养的途径，即以虚静空明的心境去感应万物，让精神能真正地感知自然，"同于大通"，达到安适、自由无碍的境界。庄子的思想对后世知识分子的精神世界和文学创作中的审美意识都有着重要影响。

3. 墨家

墨家学派的创始人是墨子。墨子（约公元前468—公元前376），名翟，是战国初期宋国或鲁国人。墨子跟儒家一样，也崇尚尧、舜，不过他对勤勉治水的大禹更青睐有加。墨子要追求的是"天下之大利"，这一点与儒家接近，但是他采取的办法是打破人与人之间的"别"提倡"兼爱"，希望避免因为亲疏关系造成的分别。因为一旦有分别，就可能出现利益冲突，最终导致战争。除了用"兼爱"来打破人伦差异之外，墨子还主张节制，节省开支，不要耽于声乐之美，也不要厚葬逝者。因为不节制会造成人力、物力、财力的巨大浪费，而且会形成等级划分，造成上下高低之别，节制也可以减少上下纷争。这样看来，墨家虽然反对儒家的礼乐，却是想用相反的方式实现同一个目的——建立稳固的社会秩序。墨子主张节制并反战，这都不容易做到，他和弟子以身作则，而墨家也以严格的内部纪律著称。在诸家之中，墨家组织最为严密，有明确的首领，形成了很有组织纪律性的团体。正因如此，墨家虽然反对战争，但颇具战斗力，曾有为守城而战死数百人之事。秦朝统一天下以后，墨家学说就销声匿迹了。直到清朝，才慢慢有人开始整理《墨子》一书。到了晚清，一些知识分子重新发掘阐释墨家思想，墨子的一些思想才又重新被人们注意。

墨子与儒家的主要分歧在于其军事上的空想改革主义。孔子或许不能明确指出所谓的至善，但墨子却可以。对他来说，任何有利于民众生存，或是对人口和财富增长有贡献，或是使世界和平的事物都是善，除此之外，并不需要更多证明，任何起相反效果的事物都必然是恶。伴随着这种实用主义标准出现的是墨子关于社会组织的鲜明集权主义理念。很显然，墨子认为社会不可能让百姓自己去评判善恶，共同利益的认定需要他所言的"尚同"。民众要绝对服从统治者，而统治者要绝对忠诚于上天以及神灵。墨子理念中的"上天"最近似于上古中国思想中拟人的至高无上的神。他这样警示人们：若你们不断争斗、破坏，上天必然有充分理由来判定你们不再适合在宇宙生存，并将你们从宇宙中清除。墨子笃信民众好争斗，因为他们自私，而儒家则通过强调家庭关系和诸如孝顺的美德来弱化这一点。墨子指出，人们只有通过"兼爱"才能化解争端。也就是说，只要人们视他人父为己父，视他家、他国为己家、己国，争端就能迎刃而解了。墨子指出上天最厌恶战争，相信自己可以使统治者，甚至是胜利一方认识到所有战争的参与者都是痛苦的。墨子非攻策略中的一部分是训练弟子掌握被动防御的策略和技巧，将他们转变为一支高度技术化的纪律严明的维和部队，为任何一个遭遇侵略的国家服务。

墨子的社会目标与儒家的并无二致，他们的出发点都是好的。孟子曾说："墨子兼爱，摩顶放踵利天下，为之。"但墨子无法容忍并质疑人们自身的道德判断，其哲学实用主义将他与中国思想发展的主流划分开来，在整个帝国时期，他的著作也几乎无人问津。

4. 法家

从表面上看，道家与法家是两个极端，道家要回到人类最初的起点，而法家则念念不忘改造当下，要让每一代人的当下都达到历史发展的新高度。战国时代的法家主要有两个发源地，一个是西边的三晋（晋国分裂为韩赵魏三国，故称三晋），一个是东边的齐国。齐国法家相对注重民生，三晋法家则又细分为"法""术""势"三派。

商鞅（约公元前390—公元前338）更看重的是人臣应当严守峻"法"，他推动的变法使秦国富强，代表作是《商君书》。申不害（约公元前385—公元前337）强调君主的统治"术"。慎到（约公元前395—公元前315）则突出统治者"势"的作用，主张顺势而为。韩非子集三派之大成，我们可以在《韩非子》中看到他成体系的法家之论。他和李斯都是荀子的学生，但韩非子进入秦国后，被李斯陷害而死。李斯后来成了秦朝的丞相。秦国自商鞅变法以来以法家思想为统治思想，注重农事和军事，国力不断增强，但不施行仁义。秦始皇嬴政统一天下建立秦朝之后，继续按法家思想治国，迅速灭亡了。法家的政治主张根植于其对人性的判断，他们认为人们都好利忘义，因此必须得用法、术、势等手段引导或控制人们的欲望。法家往往主张君主无为，但不是让君主不参与政事，而是不让君主从事具体事务从而表露心迹或暴露弱点，同时还可避免因为具体结果不好而遭遇指责，使君主不会因为日常政治生活的行为而受贬损。可见，韩非子不仅集成了法家各派别的思想，还吸收了一部分道家"无为而治"的思想。道家与法家虽然都提到"无为而治"，但内涵却很不相同，这跟他们的人性观、历史观不同有很大关系。道家是希望人们回到悠远的初民状态，顺应自然，相安无事；法家则主张随着时代的变化而变法，他们不愿意师法先王，只愿意追随后王，告别过去，不断迎接新的时代和君主。

5. 名家

名家着重讨论"名"与"实"的关系问题，在当时也被称为"辩者"。主要代表人物是惠施（约公元前370—约公元前310）和公孙龙（约公元前320—公元前250）。惠施自己的作品《惠子》已经失传，不过《庄子》《荀子》等书记载了他的一些言行。比如《庄子·天下》就记载了他的十个命题。惠施提出了"合同异"的命题，认为事物之间一般的同异，是"小同异"，而"万物毕同毕异，此之谓大同异"，即从万物一体的角度看，万物是相同的，但从每个个体看，它们又是各不相同的，因此，我们可以说万物都相同，也可以说万物都不同，同和异也是相对的。

公孙龙的著作是《公孙龙子》，现在只存部分篇章。他最有名的两个论题是"离坚白"论和"白马非马"论。他发现，人们通过触摸，只能感受到石头的"坚"，却无法得知它是"白"的；而人们看到石头，会发现石头是"白"的，却不知道它是"坚"的。既然不能同时得知二者，那么"坚"和"白"就是分离的，可以脱离具体事物而单独存在。公孙龙的"白马非马"论认为，"白"说的是颜色，"马"说的是物种，而且"白马"和"马"是两个不同的概念，简单说来是存在特殊和一般的区别，因此不应混淆。

6. 阴阳家

战国时期阴阳家的代表人物是邹衍（约公元前305—公元前240），齐国人。他的著作已经失传，但我们通过司马迁《史记》和其他一些著作可以看到他的一些思想。在空间上，邹衍提出了"大九州"的世界想象，那是一个非常宏大的空间。邹衍认为禹统治的九州是小九州合成的一个大州，名之曰"赤县神州"，而"中国（赤县神州）"其实只是真正"天下"的八十一分之一。在时间上，邹衍提出了"五德终始说"。他认为土、木、金、火、水这五种物质元素相生相克，这种自然法则又可作用到政治领域，每个王朝都有自己对应的元素，王朝更替也意味着元素的变化。按照这个理论周朝对应的元素是火，秦始皇受这个理论影响，将秦朝定为水德，而到了汉朝时，汉武帝又把汉朝定为土德王朝。邹衍的这套理论，对两汉时的谶纬学说产生了重要影响。

（三）商鞅变法

商鞅变法的根本方针是富国强兵。与此同时，他也在积极推进国内中央集权和君主权的确立。在弱肉强食的战国时代，任何一国的国君都考虑过这个问题，但任何一国都存在着春秋以来的贵族，这些人试图继续享有既得权力，所以各国在这件事情上都进展不顺。秦的文化程度落后于中原各国，国家体制也没有别的国家那么稳固，王族和贵族的传统势力比较薄弱。这一点是实行中央集权和君主专制的有利条件。同为周边国家，比如楚国，中央集权虽有进展，但贵族的传统势力很强大，阻碍了君主权的强化。总而言之，秦的落后，反倒是变革之幸。

首先针对百姓的有以下五条：

一、什伍之法，建立街坊邻里小组。五家为"伍"，十家为"什"。其目的在于让法令渗透并实施到基层。和江户时代的邻保制度相同，连坐制是其主旨。街坊四邻如果不向政府告发奸人（违法者）就会被处以腰斩（从腰处斩断身体的刑法。因为古代人相信灵魂只会依附于完整的躯体，所以极其恐惧被肢解杀害）之刑。告发奸人者获得与战争中取得敌人首级一样的奖赏，隐藏奸人者受到与战争中投降敌人同样的惩罚。为了防范间谍，如果没有一定的证明，旅馆禁止留宿旅客。违反的旅馆老板和奸人同罪。

二、分家分财。百姓之家一户如有两个以上的男子，他们到一定的年龄就必须分家，而且要分割财产。不服从此令者要加倍罚劳役。其用意是让每个人必须全力以赴进行生产、鼓励开垦等。

三、军功。无论地位高低，战争的赏罚以敌人的首级计算。斩敌首一个授爵一级，敌首两个授爵两级。

四、严禁私斗。国家战争以外的私斗按情节轻重处以刑罚。

五、奖励农织。以农业为国家经济的根本，鼓励男耕女织，多交粟帛者免除劳役。追逐商业等卑鄙利益的人、因怠惰本业而贫穷的人，取消其身份没为官奴，妻子也没为奴婢。

针对宗室、贵族的法令：

一、虽为宗室（王族），如果没有军功不列入王族籍册。

二、明确所有臣下的位阶和爵位的尊卑等级，家族拥有的田地、家仆奴婢的数量、衣服等都以门第决定。其门第以功绩而定，没有功绩虽为富人也不能享受奢华的生活。

除了以上的法令，商鞅还新制定了残酷的刑法。中国自古以来的肉刑叫作五刑：一、墨，刺青之刑；二、劓，削鼻之刑；三、宫，割掉男性生殖器；四、刖，挑断足筋之刑；五、杀，死刑。各个刑法还有各种分类，其目的就是让人对受刑者一目了然。在死刑中，随着时代的变化，增加了一些给人造成极度痛苦的刑目，来警戒示众并平复人的复仇之心。例如：腰斩，从腰处斩断身体；枭首，砍头后悬挂示众；车裂，把身体绑在两辆牛车上，左右撕裂。商鞅在以上刑法之外，又想出来以下若干：凿头，在头上开洞；抽胁，抽出肋骨；镬烹，用锅煮。

新法推行了十年，秦的百姓都非常高兴，没有人拾路上的失物，山林里没有盗贼，家家生活安定，人口也增加了。人民不私斗，勇于为国打仗，乡村社会秩序安定。当初说新法不便之人又来谄媚说新法方便。这些人都是一些自以为是之徒，所以商鞅把这些家伙赶到边疆去做苦力，之后就再没有议论新法之人了。

孝公十二年（公元前350年），商鞅实行了进一步的政治改革。

第一，在渭水中游沿岸的咸阳建设新的国都。这时秦国已然上升为和中原列国比肩的强国，咸阳的新都应该是仿照了中原诸国的都城，建造了非常庄严的城墙、城门，还有宏大的国王宫殿和庭院。

第二，商鞅把小都市和村落整合到一起，设立名为县的行政机关，由中央派遣县令（知事）治理，迈出了完善中央集权制的步伐。

第三，坚决实行土地改革。其做法可以用"开阡陌"（《史记·商君传》）、"开阡陌封疆"（《史记·秦本纪》）、"决裂阡陌"（《史记·蔡泽传》）等语句来表述。《资治通鉴》等认为古代实行井田制，这是不言自明的事实，所以这三句话可以解释成开拓用于井田制的田间纵横小道。总之就是农民凭借自己的实力耕种多广阔的田地都可以，进而承认了土地的私有。

第四，统一了度量衡。秦始皇的统一度量衡非常有名，但秦国早在此一百多年前就率先实施了。而在度量衡中，特别重要的是尺度。当时，度量衡因国而异，而且拥有土地的贵族们还都有自家的尺子和升。为了在新的领土河西之地实施新的土地制，统一尺度、确定田地面积是第一个要解决的问题。容量和重量的正确性则是保证缴纳物品公正的必要条件。这是因为诸侯、大夫、收税人的秤互有差别，从百姓处收取时用大秤，交给上面就用小秤，这在当时成了一种常态。

第五，移风易俗。当时秦人按戎的习俗，父子不分家男女都同居一室。这为中原诸国所蔑视，所以禁止父子兄弟同室。

孝公十九年（公元前343年），秦被周天子授予"伯"；二十年，天下诸侯都向秦道贺。商鞅因有打败魏军之功，在孝公二十二年（公元前340年）获封商之地的十五个邑，并被赐予商君的称号。君是对诸侯的臣下中领有土地者的称谓，在君中有很多实质上的半独立之国。自此后他就被叫作商鞅。

（四）胡服骑射

赵国最初以晋阳为首都。晋阳位于现在山西省省会太原西南，在向南流经山西省中部的汾水河河畔、黄河中游向北300公里的地方。战国初，韩、魏、赵三家分晋时，赵氏分取了这个地方。其后（公元前386年）赵国把首都迁到邯郸。赵的南边是拥有名君惠王的强国魏，东边有大国齐，当时赵的实力不及这两国，可发展空间只有北方。而赵的西北方有游牧民族匈奴，邯郸往北150公里处是狄的大国中山国。平定中山国向北发展正是赵的夙愿，武灵王出色地实现了它。赵从武灵王开始强大起来。

武灵王于公元前325年即位。公元前307年，武灵王先和重臣肥义谈论了五日天下形势，随即亲自率军出发。这次亲征，从其行程来看，与其说有什么特定目的，不如说是去巡视北方。之所以这样说，是因为他经过最近的强国中山国都没有停留，而是不断向北，首先到了代，进而又到达北面的无穷，从这又折向西远征到黄河河曲附近，这附近当时是叫作林胡、娄烦的游牧民族居住地。可能是因为这次远征深有感触吧，武灵王决心向胡服骑射方向转换战术，穿方便骑马的胡人服装，建立骑马作战的骑兵军队。

改了服饰，练习骑射，做好充分准备的武灵王，终于开始布局对中山国和胡地的战略。公元前306年，武灵王首先取道中山国的宁葭，由此向西进入胡地，远征到了榆中，林胡王进献了马匹。次年，武灵王以公子章为中军将，并亲任总将，率领右军、左军、中军三军攻打中山。赵军兵分两路，一路在曲阳县集结，攻陷了中山国北面的三个要塞；王率领的一路则攻克了地处中山国和赵都邯郸之间的中山国南部四邑。中山国把四个邑献给了赵，双方暂时停战。之后的第三年（公元前303年）赵又攻打中山国。公元前296年赵最终灭了中山国。这个时候武灵王已经退位，称主父。

五、诗经与离骚

（一）诗经

世界上很多民族文学的开端是史诗或神话，而中国文学的开端是一部诗集——《诗经》。这给中国文学史带来了特殊的影响，所以在漫长的中国文学史中，诗歌一直占据着重要的地位，古代中国也因此成为一个诗的国度，这是中国文学的重要特点之一。

《诗经》共收录了三百零五首诗，它们描绘了从西周初期到春秋中期人们社会生活方方面面的内容，有赞美农业劳动的，有反对战争徭役的，有颂扬神灵祖先的，有咒骂当权统治的。当然，几千年过去，《诗经》中数量最多、写得最美、流传最广、最受人们喜欢的还是《关雎》这类表现婚姻爱情的诗。那么，在《诗经》中，或者说三千年前的中国古人是如何描绘爱情的？是一次甜蜜的约会，比如《静女》："静女其姝，俟我于城隅。爱而不见，搔首踟蹰。"文静的姑娘惹人爱，约我城角楼上来。躲在暗处让人找，害得我抓耳又挠腮。是一种深情的思念，比如《子衿》："青青子衿，悠悠我心。纵我不往，子宁不嗣音？"颜色青青你的衣襟，绵绵不绝我思念的心，即使我没去找你，你怎么也不给我个音信？是黄昏时的等待，比如《君子于役》："君子于役，不知其期，曷至哉？鸡栖于埘，日之夕矣，羊牛下来。君子于役，如之何勿思！"在外服役的爱人啊，你什么时候才能回来？落日衔山，鸡、羊、牛都纷纷回来了，在外服役的爱人啊，叫我如何不想你！是秋天清晨时的追寻，比如《蒹葭》："蒹葭苍苍，白露为霜。所谓伊人，在水一方。"河边的芦苇在风中摇荡，我思念的人啊，却隐隐约约在水的那一边……

除了这些动人的诗篇外，《诗经》还创造出中国文学史上一种独特的抒情方式——"比"和"兴"。"比"是打比方，"兴"是用其他物象引出诗人要吟咏的对象。"比"和"兴"常常被诗人交织起来使用，比如《桃夭》："桃之夭夭，灼灼其华。之子于归，宜其室家。"春天桃花盛开，艳丽茂盛，新娘要在这个时候出嫁，愿她生活和美、家庭和顺。以桃花的艳丽比喻新娘的美丽，用桃花的兴盛烘托成婚的欢乐气氛，引出诗人的祝福，这种表达方式含蓄而委婉。这种含蓄的表达方式不仅成为中国文学的重要传统，也深深影响了中国人的日常生活。

所以，虽然是三千年前中国古人的歌唱，但穿越时空，它们至今仍然感动着我们。而且《诗经》中的诗在当时是可以和着音乐唱出来的，可惜现在乐谱已经失传了。另外，这些诗是谁写的，绝大多数我们也不清楚。但知道有些诗是朝廷官员献给天子的，所以写得温柔敦厚；更多的诗是乐官从民间采集而来的，因此写得大胆活泼。如今，虽然时间流逝，但《诗经》还像当年孔子教授给他的学生那样，被人们代代传唱。

（二）离骚

在战国时期，中国大地上很多诸侯国互相争斗，想成为霸主。其中，屈原是楚国的大夫，具有杰出的才能，协助楚王管理国家大事，处理对外事务，深得楚王的信任，没想到却遭到一些人的忌妒。这些人不断地在楚王面前说屈原的坏话，说他居功自傲，连楚王也不放在眼里，楚王一怒之下把他流放到很远的地方。当时秦国越来越强大，而楚国却越来越衰弱。眼看楚国要为秦国所灭，屈原的爱国热情无处释放，徘徊在楚国的山水之间，他把自己不幸的遭遇、悲愤的心情写进了自传体的长诗——《离骚》中。

在这首诗中，诗人戴着高高的帽子，穿着奇特的衣服，身披香草，化身为美的象征，"高余冠之岌岌兮，长余佩之陆离"。他憎恨社会风气黑白颠倒、善恶不分，"背绳墨以追曲兮，竞周容以为度"。为了个人的理想和国家的前途，诗人上天入地、四处探寻。走投无路时，他也曾犹豫彷徨，试图离开楚国。可当他打算要远走之际，忽然回头望见了故乡。一瞬间，为诗人驾车的仆人悲伤不已，马儿也蜷缩着不能前行，"陟升皇之赫戏兮，忽临睨夫旧乡。仆夫悲余马怀兮，蜷局顾而不行"。于是诗人最后还是留下，"路漫漫其修远兮，吾将上下而求索"。道路漫长又艰难，但我将继续上下去求索。

中国文学史讲究"道德文章"，一个伟大的文学家除了有传世的作品外，还应该具有高尚的人格，而屈原是历史上把这两个方面完美结合的第一人。后来，楚国真的被秦国打败了，国都郢也被秦军占领，伤痛不已的屈原于农历五月初五自沉于汨罗江。屈原虽去，但他对社会现实的批判，对理想的执着追求，对自我品性、才能的肯定，以及强烈的爱国精神，却永远留给了后世文人，成为中国知识分子重要的精神力量。不仅如此，屈原的形象在民间也是历千年而不衰。传说屈原去世后，楚国的老百姓纷纷划着船，想在江上打捞他的身体。有些人还把饭团扔进江里，说是让鱼虾吃饱，就不会去咬诗人的身体了。后来，每年农历的五月初五，人们就会赛龙舟、吃粽子，以此来纪念屈原。这些风俗一直流传到今天，这就是端午节的由来。

六、孔子的地位

　　生活在春秋末期的孔子生于鲁国，他的祖先是从宋国逃亡到鲁国的贵族。孔子的父亲虽然身份卑微，但是因为勇武，效力于鲁国贵族，拥有与武士大将相当的地位。当时像孔家这样的新兴之家，作为贵族的家臣而形成了一个阶层。孔子虽出身于这样的阶级，但崇拜周公，想复兴周公创立的周制以拯救乱世，所以可以把他看成是一个站在复古立场上的革新主义者。他倾注了异常的热情，希望打倒残暴的鲁国贵族，重新夺回实权奉还君主，在君主的领导下建立民主社会，再现古代都市国家的传统。但是，这个运动最终以失败告终。他无奈抛家弃国开始了漂泊，希望能在别的国家实现自己的理想，但最终都失败了。孔子幡然悔悟回到鲁国后，他决定把社会改革的梦想全部寄托在对弟子的培养之上，通过弟子之手将梦想付诸实现，于是他开办了学校。

　　孔子的弟子大部分都属于新兴的士阶级，他付出了很大的努力研习当时贵族阶层的修养书籍《诗》《书》以及礼的学问，想让这些修养在新兴阶级的人格塑造中发挥作用。他的弟子，那些新兴的士阶级不久成了僭主的家臣，是战国七雄国家建立过程中不可或缺的存在。七国的君臣关系就是由这种私人的主仆关系构成的。因为孔子的弟子分散在各国，被各国君主邀请讲学，担任最高官吏，相当于政治顾问的地位，所以政治影响非常大。不久孔子培养的弟子们登场，可以说正是这些人的存在，催生了具备中央集权性质的新官僚群体。通过他们的努力，秦汉等中央集权王朝成了官僚制国家，成了文治国家。这决定了中国历史的方向。孔子本身未必以此意图去教育弟子，只是在中央集权国家形成的过程中，孔子的思想被采纳了。

　　孔子是一个伟大的人。他对于中国的贡献既非因为他是一位出众的学者，也非因为他的惊世预言。从一般意义上来说，孔子绝非一个强大的宗教式人物，当人们问他对鬼神的看法时，他说："未能事人，焉能事鬼？"当被问及生死时，他答道："未知生，焉知死？"然而孔子仍是一个心无旁骛、孜孜不倦的人。中国人之所以尊崇他，是因为他坚持认为人类作为社会的、有道德的物种，其身份地位远远高于动物。仅凭这一点，人类就应该努力成为更好的人。孔子不曾想要做一名道德规范的制定者,他只是希望所有人都关注生活的品质并频繁进行自我反思:"君子喻于义,小人喻于利。"孔子不惧怕世俗意义上的失败或非难,他能够为人们带去的好处,无非是指出正路并告诫人们"鸟兽不可与同群"。

孔子的贡献之一是为久为人知的周朝封建制度增添了新的道德内涵。"士"和"君子"本来的大意是指传统的世袭军事贵族,但孔子将它们转变为道德高尚、不限出身且应被给予社会和政治头衔的人的含义。另一个词"礼",本是指贵族阶级培养出的仪式性礼节,但孔子拓宽了它的概念,将它变为基于仁爱的社会和道德规范。至于宇宙论中的"道",孔子则将该词改为天命使然的"道德",从而附加了明显的道德内涵。在孔子的伦理中,一名君子应当全力去修身养性,特别是要为仁,只有仁爱才能使其行不逾礼而使道生。

孔子认为自己是周公建立的古老礼制的传承人,而非一个创新者。他声讨破坏旧规矩的人,以及不能根据自身地位来行事的人。在他的观念中,一名君子只能不懈地为正确的事业付出,若需要,君子应为"道"牺牲。孔子的一名弟子说:"君子之仕也,行其义也。道之不行,已知之矣。"

第二节 封建王朝历史与文化

一、秦朝时期

(一)秦朝对统一的巩固

秦兼并六国后,秦始皇为了显示全国统一、天下太平的和平景象,下令没收民间的兵器。秦将没收来的兵器汇集到都城咸阳,将其熔解后改铸成十二尊铜像,称为"钟镰金人"。据说每个铜人重达千石(三十吨),它们一字排列于宫殿之中,作为摆放巨型大钟的台座。由此可见,当时的武器多由青铜炼制而成。当然,为了加强防御,政府所需的大量武器自然是被保存下来,并没有遭到销毁。秦在全国范围实行统一的法令,理由不言而喻。战国时期各国的律令各不相同，秦统一律令的举措确实具有划时代的意义。度量衡（度是计量长短的器具；量是测定容积的器具；衡是测量轻重的器具，"权"是测量轻重时使用的秤砣）是经济生活的基础，但战国时期各国的度量衡标准也是各不相同，秦统一后，秦始皇将秦国实行的度量衡标准推行至全国。同时，秦始皇还统一了货币。战国时期，各国自铸青铜货币，有仿照农具犁的样式制造成的货币"布"，有仿照小刀的形状制作而成的货币"刀"，还有圆形货币等，形状各异，种类繁多。秦国主要使用的是圆形货币，统一全国后，秦始皇将这种圆形方孔钱规定为秦朝的标准货币，其重量以半两为单位，方孔两侧铸有"半两"二字。另外，秦始皇还统一了车轨，即车辆两轮之间的距离。统一车轨与建设全国性的道路网络密切相关。战国时期各国因作战的需要，修建了宽窄不同的道路。秦统一后，在统一道路的同时也统一了车轨。秦始皇在文化方面的重要举措是统一了文字。为了统一文字，秦始皇命令大臣李斯简化文字，将秦国一直以来沿用的字体较为复杂的大篆加以简化，创造出新的字体，即小篆。小篆也叫秦篆，但篆书仍然较为复杂，后来又创造出更为简单的隶书。

在李斯的建议下，秦始皇甚至开始避免任人唯亲。统一的帝国被分为三十六个（后来变为四十二个）行政区划，被称作"郡"。郡下又设置"县"，后者至今仍是中国地方行政的一个基础行政区划。县对郡负责，郡对位于今天陕西省的中央政府负责，后者则最终由秦始皇本人直接掌握。同样，思想上的标准化是法家和秦朝政策的重要目标。他们认为哲学思想危害国家急需的工作和打仗，各种学说会导致人们对于国家政策产生叛逆性的质疑。因此，秦朝禁止了一度盛行于战国时期的"百家争鸣"，严禁赞扬过去或者批评现在。到公元前213年，除了秦朝一国的史书以及一些实用书籍，譬如占卜、农业、医药等，其余书籍都被毁之一炬。过去的文献都由政府授权保存，其余地方不得私藏。由于知识分子难以接受这种巨变，为了制止各种非议，秦始皇在公元前212年坑杀了四百六十余名学者以警世人。即使是秦始皇的皇长子也未能躲避责罚，由于反对这些政策，他被调至北部边境。

秦朝除了成功征服了包括长江流域在内的传统意义上的汉地外，还举兵征服了分布在南方沿海地区的百越。与百越的战争持久而艰难，主要是由于百越人习惯于不与秦朝军队正面战斗，而是依靠游击战术使得秦朝要塞和行政中心时常处于防御状态。直到公元前210年，秦的势力才抵达了中国南部沿海地区。即使如此，秦朝南部沿海的郡县，它们在名义上被纳入统治南方的人们远没有被同化或牢牢控制。秦始皇也向北进军内蒙古地区，阿尔泰语系的游牧民族正在此时形成第一个强大的大联盟，即匈奴。然而，秦朝忙于巩固中国本土的势力，无力在北方推行积极扩张主义策略。于是，秦朝修筑长城，认为与匈奴保持一定的攻击距离就足够了。

（二）万里长城

中亚游牧民族擅长骑马作战，骑术在公元前五世纪至四世纪时传播到蒙古高原。这不仅提高了蒙古高原游牧民族的行动能力，也促使他们形成了前所未有的强大集团，不断开始侵扰中原地区的北部边境。根据不同的居住地，这些游牧民族在中原地区的称呼也不尽相同，但他们一般都被称为"胡"。当时，秦、赵、燕三国与这些游牧民族为邻，经常遭受他们的侵扰，因此，为了防止游牧民族马队的侵扰，三国均在西北边境修筑长城，驻兵防守。公元前四世纪末，赵武灵王为了抵御游牧民族，甚至命人穿胡服，学习游牧民族的骑马战术。受赵武灵王的影响，骑马作战在中原地区也逐渐盛行起来。因此，赵国在开拓北方领土方面曾处于领先地位，还曾将国境延至黄河北岸和阴山山脉一线，在那里修筑了长城。东部与其相邻的燕国也将势力范围扩展到东北，并修筑长城以守卫东北地区的新领土。但是，战国末年，匈奴日益强大，几乎统治了蒙古高原的全部地区。匈奴的首领头曼单于趁秦国和赵国交战之际，不断南下，入侵黄河以南的赵国领土。如前文所述，赵国名将李牧戍守北部边境期间，匈奴不敢来犯，但是在赵国调遣李牧南下抗秦后不久，匈奴便伺机越过长城进行反击。因此，收复北部疆土可以说是秦统一后首先要解决的历史遗留问题。

据说秦始皇三十二年（公元前215年），秦始皇第四次巡游天下，当他视察完北部边境返回宫中后，深得其信任的方士卢生便向他禀告说神灵传达了"亡秦者，胡也"的旨意。秦始皇听后非常震惊，立刻派遣蒙恬将军统率三十万大军征讨胡（即匈奴），命其收复黄河南部地区。翌年，秦始皇在黄河以东直至阴山山脉地区新增设了三十三个县，将中原地区的犯人大批迁徙至此开垦荒地。为了守卫这片重新收复的领土，秦在黄河沿岸修筑了要塞。而秦始皇对此并不满足，他又命令蒙恬攻占了黄河以北地区。至此，秦终于收复了赵武灵王时期的全部领土。万里长城大约是在秦始皇三十三年（公元前214年）修建而成的，它西起黄河以西的临洮，沿黄河北部延伸，经阴山山脉，越过兴安岭东至辽东地区。万里长城是在秦长城的基础上，将燕、赵两国修筑的长城相连而成的。因此，虽然万里长城全长达一万余里，但并不全是同一个时期修建的。

即便如此，将自战国末年起一直荒废的长城全部重新修葺并增建，其工程规模也是超乎想象的。司马迁曾经视察长城，在惊叹其雄壮巍峨的同时，也对那些因修筑长城而备受奴役的劳动人民深表同情。当时的长城远比今天的万里长城更加靠近北部，之所以现在我们看到的长城比较靠南，其原因是游牧民族直至五六世纪，仍然一直向中原地区扩张。尽管长城的位置曾经或多或少出现过一些变化，但是万里长城作为界定中原地区与游牧民族世界的——标记，其意义延续至今。另外，蒙恬还修建了一条从黄河南部地区直达咸阳的专用通道。这条通道经过开山填谷，被修成了一条直线道路，作为连接长城和首都咸阳的最近距离的军用通道。

（三）焚书坑儒

焚书和坑儒作为秦始皇对文化的两大破坏行径，遭到后世学者的强烈抨击，但其实这两者并没有紧密的联系。秦统一天下后，除法家学派的学者，也起用了包括原齐国和鲁国儒家学派在内的众多学派的学者，任用他们为博士官，作为皇帝的智囊和参谋。据说当时博士官的人数多达七十人，其中包括一些比较有权威的方士。然而，执政者和博士官之间，时而会发生一些纷争。秦始皇三十四年（公元前213年），秦始皇设宴招待群臣，席间，就发生了关于郡县制与分封制的争论。秦始皇征求李斯的意见，李斯便阐述了自己的观点，断然否定了儒家的封建主张，认为应该彻底打压那些对秦王朝统治持反对意见的人。他主要阐述了以下观点："提起儒家思想，那是五帝至夏、商、周三代的一股思潮，如此老旧的思想已完全不适应今天这样的时代。如今天下一统，法令出自陛下一人，百姓应当安家乐业，致力于农工生产；读书人应当学习法令，不做违法的事情即可。而现如今的读书人非但没有庆幸自己生在当世，反而以古非今，诽谤当朝，此乃蛊惑民心。如果任由如此扰乱民心的事态发展下去，则官学将被废弃，私学逐渐盛行，如此一来将会影响到国家统治的稳定，所以必须严厉取缔。"李斯的提议得到了秦始皇的认同，这才出现了历史上著名的焚书事件。焚书令在彻底贯彻法家思想的基础上，完全镇压了学术的自由。秦始皇想要全面贯彻其思想和方针，巩固政权，也是势在必行。然而，学术的进步却因此遭到阻碍，先秦的大批文献古籍被付之一炬，确实给中国文化造成了难以挽回的巨大损失。

秦始皇三十五年（公元前212年）。秦始皇对卢生关于神仙降临的预言深信不疑，为了不让别人知道自己的住处而用尽了各种手段。秦始皇越是热衷于此事，卢生等人也就越发感到不安，因为他们从一开始就知道根本不存在所谓长生不老的灵药。最后，他们只得趁机逃离了都城。秦始皇得知此事后龙颜大怒，同时也感到十分失望，他终于明白卢生所言纯属无稽之谈。他认为不仅方士，就连学者们也十分可恶，于是命御史审问诸生。儒生们经不起皮肉之苦，互相揭发借以开脱自身。最后皇帝以妖言惑乱的罪名，将四百六十余人活埋，以惩戒后世。这一事件，虽然起因是秦始皇震怒于方士们的言行，事实上却导致众多反对法家思想的儒家学者被杀害，其结果与焚书一样，对学术和思想造成了严重的破坏。秦始皇的长子扶苏对儒家学者抱有同情之心，对于秦始皇的暴行，他多次上书劝谏，但都没有奏效。由于其屡次劝谏而触怒了秦始皇，他甚至被派往万里长城协助蒙恬将军戍边。

二、汉朝时期

（一）丝绸之路

由于秦朝统治者的残暴统治，秦朝只存在十几年就灭亡了，代之而起的是汉朝。从汉朝汉武帝的时代开始，中国与域外有了大规模的贸易和文化交流。古代从中国至中亚、南亚、西亚、北非和欧洲的商道，被称为"丝绸之路"。这个词最早是由德国人李希霍芬提出来的，后来被人们广泛使用。这条商道的东端是中国的西安，古代叫长安，是西汉和唐朝时的都城。从长安出发，经今甘肃至新疆地区，在塔克拉玛干沙漠南北分为南北两道。越葱岭后往西南行，经中亚、南亚、西亚等地区，到达欧洲和北非。这就是通常说的丝绸之路，也是陆上丝绸之路的主要路线。这条路线自公元前二世纪即汉武帝时代得到开辟，到唐代安史之乱后开始走向衰落。

　　丝绸之路的开辟以张骞出使西域为标志。张骞是中国古代著名的外交家、旅行家和探险家。秦汉之际，中国北方草原兴起一个强大的民族，即匈奴。匈奴人不断对中原地区汉族人民进行侵扰和掠夺。西汉初年，由于连年战乱后国力衰弱，汉朝在与匈奴人的军事斗争中处于劣势，因此只好采取妥协退让的政策。到汉武帝的时候，汉朝已经建立六十多年，社会安定，经济发展，有了反击匈奴的实力。汉武帝听说在西域有一个民族叫大月氏，跟匈奴有仇，于是就想联络大月氏，夹击匈奴。他派张骞率一百多人出使西域。在经过匈奴占领的地区时，张骞他们被匈奴发现并扣留起来。张骞在匈奴待了十一年，终于寻找到机会，从匈奴逃出。继续向西去，靠随从射猎维持生命。历尽各种艰险后，他们来到大宛国。在大宛国王的帮助下，找到了大月氏。但这时大月氏人已经西迁于阿姆河流域，生活安定，不想再与匈奴作战。张骞只好返回汉朝复命，途中又被匈奴抓获。匈奴发生内乱，张骞乘机逃脱，回到汉朝。从出发到回来前后花了十三年时间。张骞向汉武帝汇报了他在西域的见闻，使汉朝增加了对西域的了解。这时汉朝反击匈奴的战争已经取得了很大胜利，汉朝已经控制了河西走廊。

　　汉武帝派张骞第二次出使西域，结交西域国家。张骞带了大量的牛羊和金帛，顺利地到了乌孙，向乌孙王提出建议两国结交，共同对付匈奴。但乌孙王害怕匈奴，又不知道汉朝有多大，有多远，一时不敢答应。张骞在乌孙等待期间，将副使分别派往大宛（约在今费尔干纳盆地）、康居（约在今哈萨克斯坦）、大月氏、大夏（约在今阿富汗）、安息（约在今伊朗）、身毒（约在今印度）、于阗（约在今新疆和田）等国。过了一段时间，张骞返回汉朝复命，乌孙国送给汉朝几十匹好马，又派使者跟着到汉朝来。乌孙使者看到汉朝的确是一个强大的王朝，回去向乌孙王报告后，乌孙与汉朝结好。张骞派出去的那些副使也陆续回来，并带来了各国的使者，汉朝与西域各国开始建立起密切联系，并开始进行官方的贸易活动。汉朝每年向西域派出的使团有十多个，多的几百人，少的也有一百多人。近的三四年往返一次，远的要用八九年时间。他们带去了中国的丝绸和其他物品，带回了西域各地的物产。中国的华丽光洁的丝绸尤其吸引了大批西域各国的商人前来贩运。

张骞出使西域，促进了中西方的经济贸易和文化交流。从汉朝的长安出发，西行途中有不少进行贸易的固定的地点，东来西往的商队络绎不绝。这些地点后来有的就发展成为商业都市。东汉时，汉朝彻底击败了匈奴，丝绸之路更加畅通，因此形成了中西文化交流的高潮。此后七八百年间，这条路线一直是中国与西部世界交通和交流的要道。这条经由中国西部、中亚、南亚和西亚到达欧洲和非洲的沙漠绿洲之路，也被称为"丝绸之路绿洲路"或"沙漠丝绸之路"，这也是陆上丝绸之路的主干线。

"丝绸之路"并不是说通过这条路线进行贸易的只有丝绸，丝绸只是其中一种具有代表性的商品。通过这条路线进行交流的，既有从中国传到其他各地的，也有从其他地方传来的；既有物质产品，也有精神产品。但论传播范围之广、持续时间之久、影响之大，其他物品没有比得上中国丝绸的，因此取名为丝绸之路，为各国学者所接受。

（二）汉代经学

汉朝取代秦朝后，汉初几十年间，统治者奉行道家思想，尽量少定政策，不折腾，与民休养，补救秦朝造成的疾苦，基本做到"无为而治"。到汉武帝当政时期，汉朝已经基本实现了经济生产和民众生活的恢复。汉武帝时期有个儒生董仲舒（公元前179—公元前104）主张君权神授和"天人感应"，认为统治者的行为会影响到天体的运行，换言之，天灾是人祸的结果。这不只是前科学时代的迷信。这一学说论证了君主的权力正当性来自于天，但同时也借此限定了君主的权力——如果君主不能够为民着想，那么，他也将被上天剥夺君权。董仲舒的论述吸收了阴阳家等其他派别的思想，但基本仍属于儒家学派。他向汉武帝提出了"罢黜百家，独尊儒术"的主张，得到采纳。

汉武帝宣布确立儒家学说为官方学说，并对应儒家的五部经典《诗》《书》《礼》《易》《春秋》，设置五经博士的职位。"经"原本是纺织工艺中的概念，还被用来指诸子学派的纲领性文献，从此以后"经"只用来指称儒家的核心文本。在政权的支持下，以儒家经典为核心的经学就此诞生。儒学是一种思想学说，而经学则是官方统治学说。以独尊儒术为界，中国思想由百家争鸣的子学时代进入到统于经学的经学时代。从此儒学成为传统中国社会的官方意识形态，从汉代到清朝末年，长期居于正统、主流地位。但这并不代表此后的中国传统思想只有一种主张，中国庞大的空间内不停地产生新的思想，日益增加的中外交往也推动了异域思想的进入和与中国本土思想的融合，同时儒家思想内部也有对经典的不同解释和不同时代的演进、发展，产生新的有价值的思想。

三、魏晋南北朝时期

中国社会在魏晋时期又经历了分裂与动荡。人们在道教与佛教中寻求心灵慰藉，所以这一时期二教颇为流行。《魏书》的最后一篇就是《释老志》，专门讲佛教（"释"）和道教（"老"）。

由于当时战乱频繁、政治高压，很多名流学士转向不涉及政事的玄谈，谈论以《老子》《庄子》和《周易》的玄理为中心，玄学就此盛行。玄学第一阶段以何晏（？—249）、王弼（226—249）为代表，他们都用《周易》和《老子》解说世界，认为最根本的是"太极"，或者老子所说的"道"或"无"。王弼面对变化无穷的大千世界，着眼于研究如何认识世界。于是他采用"归一"的办法，最终发现"无"就是千变万化而不能离的"宗"。他认为，作为根本的"道"是无名的，它代表的"自然"与人为的名教有本末高低之别。既然"无"是重要的，而"有"并不重要，那么名教（"名"是名称，也指人在社会中的名分和地位，名教是要人们在既有的等级秩序中各安其位，不得僭越）自然也就不值得推崇了。世界变化无穷，名教礼法都从这个"无"中产生。王弼的说法虽然降低了名教的地位，但也没有完全否定名教。可以说既发扬了道家的思想，又融合了儒家对名教的强调。王弼甚至还使用"无"来解释孔子的思想，用道家的内容充实儒家学说。

裴𬱟（267—300）的主张与玄学第一阶段注重"无"不同，他肯定"有"本身的价值，著有《崇有论》，推动玄学进入第二阶段。

鉴于两派思想有很大不同，玄学又有了第三阶段。郭象（？—312）重点研究庄子，试图从中找到弥合道家与儒家思想不同的契机，超越"有"和"无"孰高孰低的争论，提出了"名教即自然"。除上述人物之外，嵇康

（223—262）、阮籍（210—263）等七人时常会集于竹林之下，人称"竹林七贤"。他们反对名教的虚伪与束缚，崇尚自然，要求依照人的自然本性生活，形成了心灵和生活方式放达洒脱的"魏晋风度"。

四、隋唐和五代时期

（一）贞观之治

626年，李渊次子李世民即位，即唐太宗。李世民具有非常出色的管理和军事才能，在李渊起兵和唐朝统一全国的过程中，发挥了重要作用，手下也积聚了一大批有才能的文臣武将。李世民曾亲眼看见隋朝末年由于统治者的暴政导致的农民起义摧枯拉朽的力量，即位后，非常注意吸取隋朝灭亡的教训，励精图治。他能够虚心纳谏、知人善用，进一步完善三省六部制、科举制等制度，重视发展生产，注意节俭。当时政治比较清明，经济得到了较快的恢复和发展，文化也繁荣起来。因为唐太宗李世民的年号是"贞观"，因此史称"贞观之治"。

"贞观之治"为后来唐朝的繁盛奠定了重要基础。当时有个名臣叫魏征，原是李建成手下的官员，由于他颇有才干，尤其是直言敢谏，受到唐太宗的重用。魏征经常直言进谏，指出朝政的过失，唐太宗很信任他。有一次，唐太宗读了隋炀帝的文集，跟身边的大臣说："我看隋炀帝这个人，学问渊博，也懂得尧、舜好，桀、纣不好，为什么做出来的事这么荒唐？"魏征说："皇帝光靠学问渊博不行，还应虚心听取别人的意见。隋炀帝自以为才高，骄傲自满，虽然嘴里说的是尧舜之言，做的却是桀纣之事，从而导致了覆亡。"魏征还提出"兼听则明，偏信则暗"的观点。在后来唐太宗认为朝政已治理得比较好之时，魏征上《十思疏》，希望太宗"居安思危""载舟覆舟，所宜深慎"。魏征去世时，唐太宗非常难过，流着眼泪说："以人为镜，可以明得失"，现在魏征死了，我就少了一面好镜子。

（二）开元盛世

唐太宗去世后，唐高宗继位，后来朝政渐渐地掌握在皇后武则天手中。唐高宗去世后，武则天先后废掉两个儿子中宗、睿宗的皇位，690年，自己正式当了皇帝，成为中国历史上唯一的女皇帝。武则天统治期间，社会经济、文化继续发展，人口快速增长。武则天去世后，经过几年的政局动荡，712年，她的孙子李隆基即位，即唐玄宗。唐玄宗在位前期，兢兢业业，励精图治。他先后任用了姚崇、宋璟等贤臣为宰相，采取了一系列发展经济、重视民生的措施，如兴修水利、农忙时节不征徭役、注意节俭等，有助于社会经济的进一步发展。这时，唐朝政局稳定、经济繁荣、文化昌盛、国力富强，达到了全盛时期。由于唐玄宗此时的年号叫"开元"，历史上将这段时期称为"开元盛世"。

以唐朝的都城长安为例，当时长安城有百万以上的人口，是当时世界上最大的城市，也是一个繁华的国际性大都会。唐朝与七十多个国家都有往来，在长安城到处可见来自世界各国的使节、商旅、僧侣和留学生。日本先后派了十几次遣唐使来中国，使团中包括留学生、学问僧等，前来学习唐朝的政治经济制度和文化。新罗常年居住在唐朝的留学生有一二百人。长安城内，来自西域少数民族和中亚、西亚的服饰、音乐、舞蹈很流行。唐朝的宫廷宴乐"十部乐"中就有很多外来乐舞。来自中亚、西亚的商人在长安城开了许多酒店、珠宝店、杂器店等。大诗人李白曾有诗句："落花踏尽游何处，笑入胡姬酒肆中。"唐朝繁荣的经济文化和开放包容的政策使当时中外交流呈现出前所未有的盛况。

（三）千古唐诗

唐诗可谓是唐朝的标志性象征之一，这主要缘于唐诗自身的文学艺术属性，从某种意义上来讲唐诗是唐朝最为成熟的文学艺术文体，后世很难超越。唐诗的兴起与成熟离不开唐朝的繁荣昌盛。首先，发达的经济。从某种意义上来讲，唐朝达到了我国封建社会的顶峰。唐朝富足的经济为唐诗的发展与成熟奠定了良好的物质基础，在唐朝社会安定，人民生活富足，唐朝自贞观至盛唐开元国家一直朝着兴盛方向发展，长达两百多年的安定状态为唐诗发展创造了良好的空间。从唐诗中也可以看出唐朝此时期的经济繁荣状况，如杜甫的《忆昔二首》对当时官仓和私仓的粮食储备进行了形象的描述。其次，宽松、开明的政治政策。唐朝自开国之初便实行较为开明的政治政策，对内主张儒家、佛教、道家共存，同时也在人才选拔上也积极推广"诗赋取士"的政策。除此之外，唐朝在对外的政治政策也在一定程度上为唐诗的发展创造了良好的环境。唐朝在对外上采用和平共处的政策方针，并对外族一视同仁，也正是在这种政策环境下，唐朝形成了文化大融合的局面，许多外来文化逐渐融入中华民族文化之中。最后，文化教育。从某种意义来讲，文化教育为唐诗的发展提供了源源不断的动力。唐朝对文化教育十分重视，这与唐朝推崇的"文化治国"理念脱不开关系，与此同时唐朝大力推广科举制度，这为唐朝广大平民步入仕途提供了机会。具体而言，唐朝时期为了推广文化教育，在中央成立国子监，以此来监管六学，并在地方成立官学，增加文化教育的覆盖范围，这在一定程度上使唐朝的全面教育得到推广，受教育群体也有了较大改善。文化教育的普及性在无形中为唐诗的发展提供了良好的社会环境，唐诗不再局限于王公贵族，普通老百姓同样可以读诗、作诗，这对推动唐诗的繁荣发展起到了积极作用。

唐诗随着唐朝的兴盛而逐渐成熟，直至盛唐时期，唐诗的发展也达到了顶峰，在此时期出现了许多流芳后世的伟大诗人，其中最为著名的当属李白、杜甫。其中李白是浪漫主义诗人的代表，而杜甫则是现实主义诗人的代表。李白有着崇高的社会理想，然其所处的社会已经从根本上发生变化，政治也无法与之前相比，腐化、黑暗逐渐浮出水面，经过三年的翰林政治生涯之后，李白终于看清了官场的腐败，最终在道家功成身退以及佛家思想的影响下结束自己的政治生涯，并书写了许多抨击社会政治黑暗的优秀诗篇，并在诗词中将自身追求光明的理想表达出来，此时李白的诗无拘无束、飘逸洒脱，另外，李白的诗也丰富多彩，如《蜀道难》《将进酒》《天姥吟》等等。杜甫所在的时期是唐朝由盛转衰的时代，安史之乱对唐朝产生了巨大的影响，这对杜甫产生了极大的影响，杜甫将自己的爱国情怀融入诗词当中，哀痛当局的无能，同时同情人民的疾苦，如《哀江头》《北征》《春望》等。

五、晚期帝制时期

（一）宋词

从中国古代文学角度来讲，宋代是一个特殊时期，在这一时期中国古代文学达到了高度繁荣的阶段，同时此时也是中国古代文学走向成熟与定型的时期。宋词产生于宋代，其以自然灵活的方式活跃在历史文学之中，然而在正统的文学史当中，词的地位始终未得到认可。北宋时期社会安定，经济也得到了较快的发展，这为词的发展创造了良好环境，也正是由于这一社会经济环境，所以在宋词中往往也展示了繁荣的都市、征战沙场的英雄等。除此之外，部分宋词也展现了宋代女子的生活，她们聪慧过人，饱读诗书。从某种意义而言，宋词有着与宋诗、宋文完全不同的传播方式，它更加侧重于民间俗文学与文人雅文学的平衡。宋词虽然在宋代得到了较高的称誉，但是由于受到封建社会思想的影响，宋词仍然无法进入上流社会，地位依然低下。这从宋代著名词人身上都不难发现，如欧阳修、苏轼在整理文集时，都不会将词整理入内。另外，宋代著名词人柳永的一生也在无形中印证了宋词当时的社会地位。

（二）元曲

从名称上也不难看出，元曲这种文艺形式产生于元代，并盛行于元代，从具体上来讲，元曲主要包括杂剧、散曲两种形式。追根溯源，元曲源于蕃曲、胡乐，通常情况下它们流行于民间街市，所以又被称为"街市小令"，元灭宋之后，蕃曲、胡乐流入中原，并逐渐成为元曲。由于元曲与诗词在表达形式上不同，元曲并不像诗词那样"曲高和寡"，元曲更容易让人听懂，所以元曲在民间得到了较快的发展，为此通过元曲也可以呈现当时的民间生活状况。另外从统治者角度来讲，元代是一个特殊的封建王朝，它是我国第一个由少数民族统治的汉族王朝，也正是由于这一特性，蒙古族文化大量融入中原，并与中原文化产生融合，在这种环境下也派生了许多新型的生活方式。

（三）道教的发展

道教是中国本土产生的一个重要宗教。道教思想根源为老子、庄子的哲学思想，其崇拜形式则受到古代的巫术、秦汉时期的神仙方术的影响。道家哲学是道教教义的理论基础之一，道教信仰的最核心观念即被认为是万物之本和宇宙之源的"道"。但道教的教义又与道家思想有很大不同，例如道家主张顺应自然，虽希望全身远害，但也认为生而有死是自然规律，人应当顺应这一规律，道教则研究避免死亡的原理和方术，追求长生不老和成仙。因此二者并不能混为一谈，道教对道家也不是简单的继承关系。但道家思想中与养生相关的理论，以及老子、庄子著作中一些充满浪漫主义精神的想象，都被道教理论吸收。

除了道家思想，中国原始宗教和巫术、春秋战国时代产生的神仙方术、战国时邹衍的阴阳五行学说，也都是道教思想的重要来源。秦汉时期许多皇帝追求长生不老，导致宣扬可求仙问药、助人长生成仙的方士受到重视。儒家今文经学中的谶纬神学内容，也被方士们吸收。战国到秦汉时期，还兴起了黄老之学，这是将黄帝崇拜和老子哲学相结合的产物，认为黄帝和老子都主张以清静之术治天下，对西汉初年的政治产生了重要影响。到东汉时，由于对黄帝和老子不断神秘化和宗教化，逐渐产生了黄老崇拜，对道教产生起到了很大推动作用。

东汉顺帝时，隐士张陵（张道陵）在四川率先创教立派，他奉老子为教主，以《道德经》为经典，自称天师，在青城山等地传道立社，形成早期道教。当时入教者要交五斗米，故称"五斗米道"。因张陵宣称得老子传授"天师"之称，其教因而又称为"天师道"。东汉灵帝时期，又有河北人张角自称"大贤良师"，奉《太平经》为经典，宣称要"去乱世，致太平"，创立了"太平道"。从此，宗教形态的道教产生。魏晋南北朝时，道教得到重要发展。当时道教可大致分为两大派：丹鼎派和符箓派。丹鼎派以炼丹取药、祈求长生成仙为主要特点；符箓派则以画符念咒、祈福禳灾为主要特点。但这两派只是根据其宗教活动形式不同而做的一种区分，并不是严格的教派。晋代时，著名丹鼎派道士葛洪著有《抱朴子》内外篇，在内篇中讲守一、行气、导引、炼丹等神仙方术，系统论述了"神仙方药，养生延年"的理论和方法，丰富和发展了道教理论。南北朝时期，北魏道士寇谦之修改五斗米道的教义，增添儒家礼教内容，形成新天师道，并得到北魏太武帝及社会上层的认可。这一改革后的北朝道教被称为"北天师道"。南朝道士陆修静在宋明帝支持下整理道教经典，革新斋醮礼仪，使道教理论和组织形式更加完备，建立"南天师道"。在天师道改革的同时，南方还出现了上清派、灵宝派两个派系。上清派著名道士陶弘景，学识渊博，在道教理论、医药等方面都有较深造诣。他编订了道教的神仙谱系，并将很多儒家、佛教思想融入道教。由于他长期在茅山讲学修道，所以上清派又被称为茅山派。此外，在北魏时还兴起了陕西的楼观派，楼观派以起于楼观台（在今陕西省周至县）而得名，奉老子、周代函谷关令尹喜为祖师，成为北朝及隋唐时的一大教派。到了唐代，由于唐朝统治者姓李，奉老子为唐皇室先祖，对道教采取扶持政策，道教得到很大发展。唐高宗、唐玄宗多次为老子上尊号，唐玄宗还为《道德经》作注，并组织纂修了中国第一部道藏。唐末五代，原来的外丹道衰落，内丹道兴起。外丹是指用炉鼎烧炼丹药，道教认为服食这种丹药可以长生成仙，但由于这个很明显不能兑现，外丹道逐渐衰落。内丹道借用了外丹道的术语，指以人体作"炉鼎"，以人的"精气神"为药物，以意念为火候，在体内"炼丹"的修行方式。内丹道在隋代由道士苏元朗创立，唐代至五代时兴起，形成钟吕内丹学（相传由钟离权、吕洞宾倡导）。相比于外丹，内丹道更注重内养。宋朝时宋太宗、宋真宗、宋徽宗对道教发展都多有支持，还曾仿照官吏职级来设道官道职。五代宋初，陈抟内丹学派兴起。陈抟结合道教、儒家易学和佛教禅宗三家思想进行阐发。他的《无极图》后被周敦颐发展为"太极图说"，其《先天图》也被邵雍演化为"象数"体系，促进了宋代理学的形成。北宋另外一位道教学者张伯端著有《悟真篇》，创立道教紫阳派，此后形成以内丹修炼为主的金丹派南宗。金代时全真道兴起。全真道由陕西咸阳人王重阳创立，主张道、儒、佛"三教合一"、三教平等，形成"三教圆融"之说。全真道在钟吕内丹学的基础上，融合儒学和禅宗思想，提出了一套专注修炼心性的方法，提倡修身苦行、安贫克己、扶危济困，其道士必须出家在宫观苦修，不允许结婚。王重阳去世后，其弟子丘处机使全真道得到兴盛发展。元太祖成吉思汗邀请丘处机到西域面见，丘处机率十八弟子长途跋涉西行赴约，以敬天爱民、清心寡欲、少杀生等良言劝谏成吉思汗。成吉思汗对丘处机很是礼遇，为丘处机赐号"神仙"。丘处机回到北京，居于长春宫（今北京市白云观），成吉思汗命其掌管天下道教。全真道在元朝非常兴盛。此时在南方，还有另一大教派与全真道并行，即正一道。正一道主要由天师道发展而来，融合了上清派、灵宝派等，是符箓派道教的代表。元朝时，第三十六代天师张宗演被元世祖忽必烈封为真人，并被授权主领江南道教。元大德八年（1304年），第三十八代天师张与材被封为"正一教主"。元代时，全真道与正一道成为道教影响最大的两个派别。

明朝时，由于统治者支持正一道，正一道成为支配全国道教的主要教派。全真道走向衰落。明初张三丰入湖北武当山隐居修道，开创武当道派，在明代较盛。张三丰还创立了武当道派内家拳技，形成武当功夫传承。清朝时，

· 116 ·

道教继续传播，但由于统治者崇尚儒学和佛教，道教从总体来看走向衰落。

（四）宋明理学

到了宋代至明代，由于社会生产的发展，以及儒学和道家、佛教等多种思想的交汇，中国思想再次呈现出新的气象，出现了以"理"为核心的宋明儒学，又称宋明理学。宋明理学既探寻自然法则，又进而追踪人的道德法则，丰富了儒家关于理想人格和精神世界的理论，发展了心性儒学的内容，特别注重心性的功夫，即关心如何具体地修身养性。

"宋明理学"的说法有广义和狭义之分，狭义上是指以"二程"、朱熹等为代表人物的"程朱理学"，广义上则包括以陆九渊、王守仁为代表人物的"心学"，广义的宋明理学可以说是宋明时代居于主导地位的儒家思想体系的统称。狭义的理学代表人物是：周敦颐（1017—1073），张载（1020—1077），程颢（1032—1085）和程颐（1033—1107）（二人是兄弟，被并称"二程"），朱熹（1130—1200）。其中，周敦颐是"二程"的老师，张载与"二程"相互影响，朱熹继承"二程"的学说，集理学之大成。五人的学说又被各以其地域命名。周敦颐晚年定居庐山，把一条小溪命名为"濂溪"，因此其学说也被称作"濂学"。张载在关中讲学，其学说被称作"关学"。程颢、程颐兄弟是河南洛阳人，其学说被称作"洛学"。朱熹长期在福建讲学，因此其学说被称作"闽学"。他们都谈论天理与人心道德，又各有阐发。

周敦颐著有《太极图说》，他的学说融合了儒家、道家和阴阳五行的思想，他主张"有生于无"的命题，认为"无极而太极"，太极的动静变化，产生阴阳万物。"人极"模仿太极，"人极"即"诚"。"诚"是道德的最高境界，只有通过主静、无欲，才能达到这一境界。张载认为"气"是万物的本源，气之动可以产生万物。这是他的宇宙论，关于人世，他提出君子要"为天地立心，为生民立命，为往圣继绝学，为万世开太平"，这四句话代表了儒家知识分子的价值追求。程颢和程颐都认为"理"是宇宙的本体，但他们的思想又有不同。程颢主张"仁者浑然与物同体，义礼知信皆仁也"，他从"仁心"来看天理，认为知识、真理的来源都内在于人的心中，"只心便是天，尽之便知性"。程颐则认为"性即理"，人性来自天理，善的天理通过人性的确立来实现，主张"穷理"，强调格物致知，探究事物的道理。南宋的朱熹继承了

"二程"尤其是程颐的思想,同时也综合了周敦颐、张载等人的思想,成为理学的集大成者。他以"理"和"气"来解释宇宙和人生,认为"理"是形而上的绝对真理,"气"由"理"派生出来,是形而下的具体物质,二者互相依存,不能相离。朱熹发展了"性即理"的思想,认为"性"有"天命之性"和"气质之性","天命之性"是人先天的善性,"气质之性"则有善有恶,人应当居恭持敬,格物穷理,从而彰显善性。

宋代的陆九渊(1139—1193)和明代的王守仁(1472—1529)都认为"心"是最高的范畴,他们的思想被称为"心学"。陆九渊认为人的道德感是本心所有,并非天理的外在赋予,"心即理也","宇宙便是吾心,吾心即是宇宙",强调对于内心的修养。王守仁发展了陆九渊的学说,因他常在会稽山阳明洞讲学,又被称为阳明先生。他认为朱熹所谓的"天理"其实在人们自己心中,不是外在的,"心外无理",所以主张要返归人的内心。但王守仁不是不问世事的故纸堆中人,他曾经领兵平叛,是一位有行动力的思想家。王守仁不赞成朱熹"知先行后"的主张,提出"知行合一",认为要把认识(知)和实践(行)统起来。他提出了"致良知",认为人人心中都有良知,人人都有成为圣人的可能,但在生活中有人逐渐失去了良知,因此人们要重新正视自己的内心,将良知付诸实践,做到"致良知"。

(五)郑和下西洋

1405年,明成祖朱棣派郑和率船队第一次下西洋。郑和的船队有27000多人,有大型宝船62艘,其中大的宝船长达150米左右,宽60多米,另外还有粮船、马船、坐船、战船等其他不同功能和型号的船。船队从江苏太仓刘家港出发,经福建沿海,向南航行。这次郑和船队到达了占城(在今越南中南部)、爪哇、苏门答腊、满剌加、锡兰(今斯里兰卡)、古里(在今印度西南部)等国,然后返回,历时两年多。郑和船队带着大量金银财物。每到一个国家,郑和都先把明成祖的书信递交当地国王,将带来的礼物送给他们,希望跟他们友好交往。船队尊重当地的风俗习惯和宗教信仰,抵国问禁,入境问俗。很多国家看到郑和带了这么庞大的船队,态度友好,都热情地接待他们。

郑和所带领的船队也会与所经之处的官府、民间进行贸易往来,在遵循公平原则的基础上实现互通有无,如用所带的茶叶、陶器等物品,去换当地的香料、药材等。在古里国，船队和当地在货物交易中采用了击掌定价法。即双方将货物带到交易地点，在官员主持下，双方面对面议价，进行平等交易，谈好后击掌定价，书写合约，决不反悔。郑和第一次下西洋回国时，沿途各国纷纷派使臣到中国来。他们向明朝赠送了礼物，也带来了各国人民的友谊。明成祖希望中国能与远近各国和睦相处，共享太平之福。于是郑和回国不久，再次奉命出使西洋。在1405—1433年间，郑和共七次率领庞大船队出使西洋，前后到过30多个国家和地区，最远到达红海和非洲东海岸。

后来，明朝政府认为这种大规模出使活动花费巨大，给财政造成比较大的负担，停止了大规模的下西洋活动。郑和下西洋促进了中国和东南亚、南亚、西亚、非洲国家的友好往来和经济文化交流，至今在沿线的很多国家，还流传着郑和下西洋的事迹。

（六）戏曲小说

中国古代戏曲娱乐中最主要的形式是一类特殊的戏剧，或称轻歌剧，即以哑剧、舞蹈或是杂技配合着念白、唱腔或身段。戏曲情节通常源于传统说书人的戏目，情节发展无不极度夸张，即使已经朝着最凄惨的方向发展，但结尾还是能够峰回路转，即便不总是一般意义上的完美结局，也会是邪不压正的满意结果。它们显示了晚期帝国时代士大夫精英阶层的价值观，例如总是强调考取功名是人生最重大的目标，也是通往成功和幸福的关键。

戏曲是晚期帝国时代的一文化创新。在13世纪上半叶蒙古入侵中原之际，戏曲初见雏形。自此之后，其形制变化极小。元朝戏曲是中国戏曲中公认的经典，名叫"杂剧"。它是在两个先前的艺术形式——杂耍和诸宫调——上发展起来的。其中，杂剧源于北宋勾栏瓦舍中颇受欢迎的杂耍表演，其唱腔的音乐元素则源于诸宫调。诸宫调是调性和曲式相同的若干套曲子轮递歌唱的艺术形式，从金代开始流行。这种形式能上溯至更早的时候，在11世纪时，诸宫调是在歌妓出没的茶寮或是行院中表演的说唱艺术，念白哀婉、浪漫。至于二者在何时、又由何人融为了杂剧，我们不得而知，但到了13世纪中叶，元杂剧已然在北京等北方城市大行其道了。与此同时，在南方，早期的元杂剧逐渐演变为叫作南戏的另一种戏曲形式。元杂剧的结构通常是一本四折，有着严格的宫调，无论什么剧目都由一个主角完成；而南戏则长短不一，音乐形式也更加灵活自由。南戏的曲目并不成套出现，除独唱外还有对唱和同唱，有唱段的角色与不开嗓的角色之间并没有区分。

  杂剧与南戏这两种戏曲形式齐头并进走入明朝时期，剧本都由专业的剧作家和文人出身的戏曲爱好者完成。南戏逐渐超越了杂剧，成为主流，但音乐形式的区域差异依旧广泛存在。到了16世纪早期，在一位来自苏州昆山地区的戏曲家的推广下，一种尤为绵软、悦耳的唱腔开始广受欢迎，即"昆曲"（或称昆山腔）。昆曲很快成为全国上下传奇表演中的主流唱腔，并一直延续到了19世纪。当太平天国战乱席卷江南地区，也就是昆曲的大本营之后，区域性差异再度显现。到了19世纪末，尽管区域性差异依旧存在，但在北京，一个融合了不同地区元素的戏曲初现端倪，它混合了杂剧和传奇的要素，成为现在驰名中外的京剧。

  唐末士大夫撰写的许多传奇小说都被宋明文人收录在文集之中，但后者却很少写传奇，大概是因为这类体裁对于理学家来说不足为道。但传奇小说的传统并未彻底消亡，奇人蒲松龄（1640—1715）的一部杰作标志着这一传统在清朝达到了顶峰。对于史学家来说，在晚期帝国时代的文学领域，宋朝以来的长短篇通俗小说，或称白话小说的逐步发展意义更加重大。明清时期，长篇白话小说开始出现，其中有六部小说堪称典范，分别是《三国演义》《水浒传》《西游记》《儒林外史》《红楼梦》。

第三节　近代中国历史与文化

  以鸦片战争为开端，民族受凌辱，国家被瓜分的严酷现实摆在了"天朝上国"面前，上至官僚下到黎民百姓，思想上都产生了前所未有的巨大震动。中国社会政治、经济开始被动近代化，城市也被裹挟到了帝国主义划定的商业化圈子中，文化的发展变革变得具有了空前的紧迫性。社会各阶层都试图从各自的立场认知、利益取向去探讨救国图强的道路，于是，各种理论、教育思想也满怀信心地研究此类问题，文化表现出了比以往任何时代都迫不及待的国家性意义。这样，在古老的中国大地上几股强大的社会思潮纷纷而起。

第一，挣扎中的程朱理学。鸦片战争之后，随着救亡紧迫感的逼近，社会掀起了一股申讨国家落后的溯源热，程朱理学一度成了罪魁祸首。对于这点，梁启超就曾说过："罗罗山（泽南）、曾涤生（国藩）在道咸之交，独以宋学相砥砺，其后卒以书生犯大难成功名，他们共事的人，多属平时讲学的门生或朋友，自此以后，学人轻蔑宋学的观念一变。"但到太平天国起义爆发后，在镇压起义的过程中理学尊奉者迎合了清廷的利益取向，比如说曾国藩集团就具有浓厚的理学色彩，这样程朱理学因政治的需要也曾一度有所复兴。可以说，理学的复兴是社会危机出现后地主士绅等封建旧势力的一种习惯性反应，而这种复兴反过来又强化了封建意识形态，增强了程朱理学对封建王权的向心力，沦为清廷镇压农民起义的理论工具。

第二，潜入中的西方文化。19世纪60年代，尽管程朱理学在现实的政治需要中一度有所卷土重来，但在列强一波高于一波的侵略中元气大伤，中国士大夫集团也随即发生了严重分化，兴办洋务成为这一时期图强求富的重大举措。与前述官派留学活动并行的是出现了一批介绍西方文化的杰出贡献者，在他们的影响下，西方文化慢慢潜入，中国传统文化结构发生了静悄悄的变化。但总体来看，在西方文化潜入的过程中，这些民族主义者内心还是矛盾的，他们难以从根本上否定儒家家长式统治，但又难以抵御西学的重重诱惑，模棱两可地表达着忠君思想。正如何启说的："今之君主不能一人立国，需由民立之。一人不能致国于富强，需依赖民。故欲为君主者必尽保民之责，则民为之立国；必为民谋福利，则民为之富国。"

第三，康有为独辟蹊径。兴起于19世纪60年代的洋务运动以自强求富、西学为用的崭新理念曾使得程朱理学相形见绌，一度独领风骚。但经过中法战争的失败和中日甲午战争的打击，于19世纪90年代彻底宣告失败。知识分子强烈意识到，要挽救民族危机必须另辟蹊径。于是康有为、谭嗣同、梁启超等维新派顺势而出，他们以"变法""维新"为旗帜，高举进化论和天赋人权等学说，批判封建君主专制和封建旧思想、旧文化，以"变亦变，不变亦变"的誓者姿态登上了历史舞台，这构成了康有为新经典体系建构的实践平台，当然也是19世纪70年代以来西学东渐中的另外一种表现。此外，还需要提及的是，这一时期马克思和恩格斯提出的"社会主义"一词，已经开始出现在中国的书刊中，但译法各异。

从挣扎中的程朱理学到潜入中的西方文化再到康有为的独辟蹊径，这些文化的更迭演变事实上贯穿着一条主线，那就是救亡图存。程朱理学试图用传统的封建伦理纲常拯救大清帝国，维护社会稳定；洋务官僚认为西式炮舰和矿邮工业是强国之道；维新派则希望通过变革政体救中国。鸦片战争后中国舞台上出现的种种文化纷争虽以失败而告终，但昭示出的却是爱国知识分子在国耻与血泊中的艰难探索。尤其是维新运动带给中国人的观念性变革，是文化觉醒中的醒目一翼。

第三章　历史与文化自信

文化自信是从历史的发展中产生的，本章为历史与文化自信，共三节。第一节为文化自信的历史底蕴，第二节为文化自信的历史使命，第三节为文化自信的历史意义。

第一节　文化自信的历史底蕴

一、文化自信的整体构成

（一）文化自信的主体

主体与对象二者有相互对应的关系，所以除了对文化自信主体进行了解之外，还要在此基础上对文化自信对象进行探究，充分认识到对什么自信。依据我国国情而言，中国特色社会主义文化自信是我们所要坚持的，也是我国文化自信的总体对象。自改革开放以来，无论是中国共产党在理论探索方面还是在社会主义实践方面都始终以中国特色社会主义建设为核心。除此之外，在十一届三中全会之后我国的文化理论创新以及文化建设同样是围绕中国特色社会主义展开。将中国特色社会主义作为文化自信的总体对象，第一，从宏观角度而言中国特色社会主义主要包含以下三方面内容：一社会主义道路；二理论体系；三制度和文化。从文化观角度而言，坚持文化自信就是坚定其他三个自信。第二，文化自信中所弘扬的三种文化也在无形中为我国社会主义道路的开拓，社会主义理论体系的创立以及制度形成提供充足的养分。第三，中国特色社会主义符合当前中国的国情，它反映了中国广大人民的意愿，同时也顺应历史潮流。由此可以看出，中国特色社会主义是我国文化自信的总对象，它反映了文化自信的社会属性，同时也为文化自信指明了方向。

（二）文化自信的中介

文化自信的中介有十分重要的作用，可以将其称之为文化自信主体与文化自信对象的"桥梁"，在文化自信中介的作用下，主体能够更好地了解客体，从而形成充分的自信。第一，加强对中华民族历史的学习。历史是文化的载体，它不仅承载着过去，同时也有开创未来的作用。通过对中华民族历史的学习，可以从中汲取知识和经验。第二，加强理论建设，促进理论创新。无论是文化主体，还是文化客体都与马克思主义有千丝万缕的关系，首先文化自信主体需始终坚持马克思主义的指导地位，并将其运用到实践之中，而文化自信的客体均是在马克思主义理论指导下形成的实践成果，文化自信主体通过不断学习马克思主义理论，并通过实践创新的方式推动马克思主义中国化的发展。第三，利用新兴媒体加强宣传教育。在进行理想信念教育、"四史"教育时，不仅要利用传统媒介的作用，还要将新兴媒体技术的作用发挥到极致，通过借助新兴媒体的优势，增加文化自信。

（三）文化自信的目标

我们所强调的文化自信并不是让我们过度沉溺于历史与过去而停滞不前，同时也不是让我们满足于现在的成就而不求进取。从某从程度上来讲，文化自信是中国共产党人为了应对近代国际发展局势而提倡的一种自我肯定的态度，它是一种积极向上的心态。另外，文化自信是对已有的继承，并在此基础上实现转换与创新，文化自信所关注的对象较广，它不仅关注个人，同时也关注国家、民族的发展，与此同时文化自信也在谋求天下之大同。由此可以看出文化自信的最终目标不仅仅是为了提升国民文化素质，文化自信面向中国，为中华民族的伟大复兴创造良好条件，与此同时文化自信也为世界发展提供了中国方案。

二、文化自信的基本内容

文化自信在"四个自信"当中有着十分重要的地位，他不仅仅是其中最根本的自信，同时也是最为广泛、最为基础以及最为深厚的自信。从某种意义上来讲文化相当于一个国家的根与魂，正所谓"民无魂不立，国无魂不强"，如果一个国家失去了根与魂，那么这个国家将很难强大起来。文化是在文明传承的基础上形成的，所以文化是最为基础的文化自信。文化对于人的发展有重要作用，它在潜移默化之中影响着人们的思想，并在生活中的各个方面改变人们的行为，从某种程度上来讲，文化能够极大程度上凝聚人心，这在一定程度上也表明文化是最为广泛的自信。文化的产生并非偶然，它经历时间的积累与沉淀，而我国传统文化更是经历了五千年的历史沉积，由此可见其具有深厚的文化底蕴，所以我们说文化是更深厚的自信。此外，从具体上来讲，文化自信又可以细分为中华民族传统文化自信、革命文化自信以及社会主义先进文化自信三个方面。

（一）中华优秀传统文化

1. 传统文化的思想观念

文化是在一定自然条件和社会条件下产生的，就中华文化而言，地域上的高度稳定，决定了以农业为主的传统社会的形成。社会组织上的宗法制度，架构了专制体制，形成了与游牧民族及海洋民族完全不同的文化特质。最为典型的是无与伦比的生命延续力和非凡的包容精神，生命延续力体现在中国文化几千年的传承从未中断，包容精神体现在中华文化不抱残守缺，不故步自封，在宗教信仰方面也能包百家之说，中国文化具有非凡的融合力，这种融合与亲和在世界文化中是极其罕见的。近代以来的中华文化遭遇了重大挑战，在挽救民族危亡中，国民经历了一段失败与焦虑的艰难过程，在回应外界中完成了由被动现代到主动现代的转变。

从某种意义上看来讲，中国传统文化从根本上为文化自信提供了精神动力，是文化自信持续发展的动力源泉，这在一定程度上也为我们理解文化自信指明了方向，即深入挖掘中华传统优秀文化中的思想价值，如仁爱、诚信、正义、大同等，其中仁爱思想是中国传统优秀文化的核心内容。关于仁爱思想，不同时期不同的人对其做出了相应的阐释，如孔子的"仁者爱人"等思想观点，为仁爱思想构建了思想体系，此后孟子在孔子仁爱思想的基础上，提出了"仁政"思想，要求统治者施仁政，这在一定程度上推动仁爱思想的发展。随着时代的变迁，仁爱思想凝聚了中华民族深层次的精神追求，为此要充分挖掘仁爱思想中的精神内涵，让仁爱之风传遍中州大地。民本思想同样是我国传统优秀文化中的重要组成部分，它是对执政规律的归纳与总结，从产生时间上来看，民本思想早在商朝时期就已存在。民本思想强调了人民是国家发展、繁荣的根基，是国家治理的根本所在。通过深入挖掘民本思想可以总结国家治理经验，这对执政党有莫大的好处。诚信也是中国传统优秀文化之一，它不仅对个人有重要影响，同样对国家也有重要的影响，通常情况下我们将诚信称之为"做人之本""立国之基"，从古至今"诚信"都是中华民族重要的道德规范。深入挖掘诚信思想对于建立新时代诚信个人、诚信家庭、诚信社会等具有重要的指导作用。另外正义思想是中华民族道德评价标准，它是人以及国家遵循的基本法则，新时代深入挖掘正义思想对于弘扬传统文化，塑造正义社会风气有着重要作用。除此之外，和合思想是中华民族传统文化中最为重要的价值观，和合思想在尊重、认可事物多样性的前提下，力争打造、实现和谐共存的局面。新时代深入挖掘和合思想，对于实现和谐人际关系，打造和谐社会等方面都有积极作用。

2. 传统文化的自强精神

当前，中国的现代化已取得了令人赏心悦目的成果。这显然与近代以来的各种救亡努力息息相关，而100多年前的辛亥革命将近代以来的努力推向了高潮，孙中山站在所处时代的最高点主动迎合世界现代化运动，提出了变革中国社会的现代化思想，孙中山的现代化模式打破了近代以来在外族侵略下的被动应对。晚年提出的各革命阶级联合专政共和国目标更是宣告中国现代化运动已超越了西方现代化模式的束缚，与近代以来中国的国情相对接。为之后随着中国共产党的成立真正规划社会主义现代化奠定了深厚的基础。

孙中山的现代化模式其文化支撑力来源于传统文化中的自强精神，文化是具有民族性和传递性的。中华文化是有独特文化特质的文化，对于这种文化而言，继承和传递是必需的，它所体现的是对国家和民族的认同问题。于近代以来的中华民族而言，更需要传递文化中的优秀特质。一般地说，革命的社会冲力越大，主角的性格也就越复杂。孙中山的现代化理论超越了他之前新兴阶级、社会精英在现代化方面所做的所有努力，其现代化思想的集中表现在三民主义。从社会变迁史的角度来看，这一立意无疑具有开拓性意义。

中国现代化运动的成功绵延着中华传统文化的自强精神，对世界现代化做出的具有创新性的回应反过来也是对民族文化的一种持续建构。

3. 传统文化的人文精神

随着中华文明的发展，文化思想体系逐渐得到完善，其中思想观念、文化传统是该体系的基本内容，进而形成传统文化的基本精神，从某种意义上来讲，这一精神对推动人类社会与文明的发展起到了关键性作用。从具体上来讲，我们将传统文化的基本精神归纳为以下几个方面：

第一，刚健有为。刚健有为所体现的是一种自强不息的精神，它是对国人积极人生态度最为集中的概括。通常情况下，刚健有为是处理所有关系的总原则。刚健有为这一思想源自于孔子，后经世人的不断完善，最终在战国时期该思想逐渐趋于成熟。在我国古代典籍中有很多关于刚健有为思想的阐释，如《易传》中"天行健，君子以自强不息"，除此之外还有很多关于该思想的阐述，如"地势坤，君子以厚德载物"等等，这些字里行间均透露了该思想的主要观点，即人要充分发挥自身主观能动性，积极向上，不断改革创新。刚健有为思想作为中华民族最基本的思想，它在中华民族发展历程中，不断激励中华儿女披荆斩棘、奋勇直前。在新时代，刚健有为思想为实现中国民族伟大复兴提供了远远很不断的精神动力。

第二，天人合一。天人合一作为我国传统哲学，其主要是对人与自然的关系进行了阐释，认为人与自然应协调统一，通过深入分析理解天人合一的哲学理念对于新时代人与自然的发展有积极作用。在这一思想下，会最大程度上实现自然的保护与开发，进而实现人与自然的和谐发展。

第三，贵和尚中。此思想主要强调的是"和谐"与"中道"，在儒家思想当中对"和谐"有较高的推崇，认为"和谐"不仅仅是一个状态，同时也是一种原则，也是人与社会最高的理想追求，而"中道"则是实现"和谐"的必要方式与途径。将"和谐"作为处理人与人、人与自然、国家与国家的最高原则，以此逐渐实现世间万物和谐发展的新局面。新时代深入挖掘贵和尚中思想，可以在我国全民族内形成贵和尚中的思想，这对提升民族凝聚力，维护社会稳定发展有十分重要的作用。

第四，人本主义。人本主义强调的是以人为本，这是中国传统文化中最为基本的精神。从微观角度而言，人本主义思想主要有两个层面的意思；第一，人与万物的关系层面。在人与万物关系方面，该思想强调人在万物中的地位，如人为万物之灵等等；第二，人与统治者的关系层面。在此方面重点强调了人的作用，如"水能载舟亦能覆舟""民为贵，君为轻"等等。总而言之，人本主义反映的是不同时期对人的看法与态度，深入解读人本主义思想需要结合时代发展的与特征，此外以人为本的思想也是中国共产党的宗旨，同时也是执政党治国理政的根本出发点。

4. 传统文化的道德规范

正如梁漱溟所言，"中国文化之相形见绌，中国文化因外来文化之影响而起变化，以致根本动摇，皆只是最近一百余年之事而已"。近代以来，伴随西方思想的冲击和封建帝制的崩溃，在中国无论是传统习俗，流行风潮还是政治情势都发生了巨大的改变，传统文化在遭遇刺激与努力回应中陷入了似是而非的边缘态势。从中国文化的发展来看，非常注重历史的延伸，强调个人在上下、前后关联中的作用，中国人在祭祀祖先的香火延续中传承观念，这些观念里有中国人独特的人生观和信仰。把个人作为一个生命体，站在文化的高度来考察，世代相传、香火延续的就是立德、立功和立言。即"从被社会承认、对社会做出贡献、对社会关注的问题做出自己的阐释，而得到超越个人生物体的生命"。这种个人一生中的立德、立功、立言并非完全属于个人，它会随着个人融入文化体系中，其中的精髓便成了民族精神的构成部分。同时，文化所具有的历史性还与文化的社会性紧密联系，这种社会性体现了人社会化的过程与接受先于人自身的文化体系相关，外围环境在不间断地影响着文化体系，当文化体系里的内容与外界的变化不能对接时，必然会出现新的东西，但这种出现可以是创造，也可能是被动的应激反应。于中国文化而言，近代以来反应居先，但因受文化历史性因素中意识形态的影响，反应显得局促而慌乱。

这是因为，以儒家意识形态为核心文化的道德规范非常顽强地发挥着作用。正如高华的研究所指出的："经过千余年的儒化，这套有科举制为外在体现的儒家意识形态已完全内化于中国人的心理深层，从而成为回应外部世界挑战的巨大的心理障碍。这样，在与外部世界交往时，中国就很难随形势而变化政策，而处处显得迟钝与僵硬。"

尽管如此，传统文化道德规范中包含的精神还是为中华民族精神的铸成奠定了基础，如文化道德中的刚健有为、和与中、崇德、天人协调等，这些特点规制了一个民族的思维方式和行为方式，并体现了民族的理想信念和性格特征，形成了民族伦理观念。道德规范或者伦理观念表现在政治领域则会成为政治现象，其中的精华为国家治理提供了文化内涵。

（二）革命文化

1. 近代以来围绕"革命"形成的话语表达

"革命"作为一个政治话语，在中国实际上经历了早期反抗封建暴君的叛乱到真正具有阶级意识觉醒的革命的内涵及话语表达变化。追溯古代历史，儒家天命观曾为古代的正义叛乱提供了合理解释与合法依据，认为只有得到来自"天"的授权时才能执掌政权，进而萌发了"替天行道""造反有理"的早期"革命"话语表述。如孟子所言："贼仁者谓之贼，贼义者谓之残，残贼之人，谓之一夫。闻诛一夫纣矣，未闻弑君也""欲正人心，息邪说，距诐行，放淫辞，以承三圣""天视自我民视，天听自我民听"。孟子的革命话语里明显张扬着合乎正义的内涵，讲述了革命的合法性，同时还强调顺应自然的人世变革。荀子更明确指出："汤、武非取天下也，修其道，行其义，兴天下之同利，除天下之同害，而天下归之也。桀纣非去天下也，反汤之德，乱礼之分，禽兽之行，积其凶，全其恶，而天下去之也。天下归之之谓王，天下去之之谓亡。"孟、荀二人构建的实际上是儒学的道义革命话语，并带有"天意"之说。到汉代道义革命话语得以传承，君权神授被理论化，认为圣人"受命"进行革命，是历史的必然。董仲舒将自然观与宗教观结合起来阐释儒学的伦理，"革命"更被赋予了神圣的正当性，"夏无道而殷伐之，殷无道而周伐之，周无道而秦伐之，秦无道而汉伐之。有道伐无道，此天理也，所以来久矣。"刘小枫在《儒家革命精神源流考》一书中就儒家革命精神的起源及现代转变进行了探讨，系统阐述了汤武革命的背景以及现代意义上中西方革命观的异同，完成了对传统革命精神流传、变化的研究。站在农民的角度，他们同样强调革命或起义的合法性和神圣感。回望历史，历代农民起义的发端大都带有某种神秘色彩，并提出了鲜明的带有民本民生思想的口号即是佐证。但总体而言，儒学的"革命"作为一个政治话语,强调整体性变革社会权力,把"革命"的成功阐释为天意不可违。另外,站在统治者的立场看,往往把农民的革命视为大逆不道。探究农民自身的革命观时,空想色彩较为浓厚,围绕革命的表达更侧重于江湖义气,理论意义上的革命认知与诉诸实践时也不具有同谱性。

加拿大不列颠哥伦比亚大学历史系、亚洲研究所教授齐慕实认为,"革命"话题与中国近现代史密不可分,革命印迹一直存在于当今中国的社会组织和精神文化上。从近代中国历史看,19世纪后半期"革命"已具有了标领时代的意义,成为时代的中心话语。进入20世纪,"革命"是中国张扬出的第一面旗帜,按照梁启超的说法,"近数年来中国之言论,复杂不可惮数,若革命论者,可谓其最有力之一种也已矣。"可以说,"革命"话语是近代以来最为典型的话语表达。

3. 革命文化的具体内容

(1) 革命文化物质层面的内容

从宏观角度来讲,革命文化物质层面内容主要包含以下内容:革命遗址、革命文物等。其中革命遗址主要指的是那些革命先辈曾经奋斗过的地方,如召开党的重要会议、记录战火硝烟的地方。由此可以看出此革命遗址是搭载革命文化的重要载体。目前我国对革命遗址进行了相应的保护,如制定中央及地方政府制定颁布各项保护条例,在各项保护条例中主要针对革命遗址的保护范围、修缮工作等方面做出了明确规定。革命文物主要是那些与革命战争年代有关的物品,如革命战斗勋章、旗帜、武器,另外革命文物还包括与革命战斗事迹有关的服装、书籍、书信以及生活用品等等。通常情况下,革命文物主要陈列在博物馆、纪念馆之中。这些革命文物中都承载着革命时期的革命精神,对坚定后人的信念有着积极作用。

(2) 革命文化精神层面的内容

通常情况下,革命文化精神层面的内容涉及面较广,如红色基因、革命精神、思想理论以及精神品格等等。按照中国共产党成立的时间发展轨迹来看,中国共产党已经形成了包括红岩精神、井冈山精神等一系列革命精神,这些革命精神组成了完整的革命精神谱系。自党的十八大以来,习近平总书记曾多次到革命圣地井冈山、延安等地深入考察学习革命精神,并对其进行深入的阐释，这使革命精神在新时代得以传承发展。

第一，红船精神。从某种意义上来讲，红船精神集中体现了中国共产党建党之初的初心，它不仅继承了中国优秀传统文化，同时也是国际共产主义的写照。

第二，井冈山精神。井冈山精神凝聚了井冈山革命根据地的各种艰苦奋斗的精神，其中包含了开辟革命新道路、艰苦奋斗等，是我国伟大复兴的强大动力。

第三，长征精神。长征精神形成于红军两万五千里长征途中，在长征精神中蕴含着中国共产党伟大的战略转移精神，通过长征的顺利转移也为我国革命胜利保存了有生力量，为中国革命胜利奠定了良好基础。

第四，延安精神。延安精神是抗日战争和解放时期各种革命精神的结合体，它包含了延安整风精神、南泥湾精神、白求恩精神等等。

第五，抗战精神。抗战精神是抗日战争时期的重要精神，抗战精神对我国革命战争取得胜利有积极的作用，除此之外抗战精神在新时代同样有着十分重要的作用，它是我国人民的财富，对于培养人们攻坚克难的精神有积极作用。

第六，抗美援朝精神。抗美援朝精神形成于新中国成立之后，该革命精神体现了中国人民志愿军抗击帝国主义的决心。从某种意义上来讲，抗美援朝精神是中国人民解放军用爱国热情以及牺牲铸就的精神，由此可以看出抗美援朝精神对实现中华民族伟大复兴同样有着积极作用，为此我们要深入理解抗美援朝的精神内涵，不断提升文化自信。

第七，伟大的建党精神。截止2021年中国共产生成立一百周年，在这一百年之中逐渐形成了伟大的建党精神，它为新时代革命精神增砖添瓦，也为文化自信筑牢了根基。

以上各种革命精神虽然在形成的时间上有所不同，其精神内涵侧重点也有所不同，然而这些革命精神都是中国共产党在各个时期的精神财富，这些革命精神编织了中国共产党的革命精神谱系。与此同时，革命精神也为新时代文化自信的培养与坚定，提供了精神支持。

（三）社会主义先进文化

1. 社会主义先进文化形成的文化背景

中华人民共和国成立之初，中国人民迫切希望由新民主主义社会进入社会主义社会，党和政府适时地进行了轰轰烈烈的社会主义革命，三大改造期间我国不仅在经济上确立了社会主义公有制的主体地位，在文化领域也大力加强宣传和建设。围绕如何看待新中国成立后现存的资产阶级和资本主义思想文化，国家借助报刊、广播等媒体对资产阶级自由化思想、传统的守旧思想进行了无情的抨击，更加清晰地指出马克思主义理论发挥着重要的指导作用。此外，毛泽东就文化建设制定了明确的方针，即"古为今用，洋为中用"，在文化发展方面强调"百花齐放，百家争鸣"的原则。改革开放初期，邓小平指出，要进行精神文明建设，大力发展文化产业，促进文化市场的发展繁荣。之后，江泽民指出，建设中国特色社会主义文化势在必行，"思想文化阵地，马克思主义、无产阶级的思想不去占领，各种非马克思主义、非无产阶级的思想甚至反马克思主义的思想就会去占领。从上到下的一切思想文化阵地，包括理论、新闻、出版、报刊、小说、诗歌、音乐、绘画、舞蹈、戏剧、电影、电视、广播、网络等，都应该成为我们宣传科学理论、传播先进文化、塑造美好心灵的阵地，决不能给违反四项基本原则、违反改革开放政策、违反党的方针政策的错误观点，以及危害人民特别是青少年身心健康的东西提供传播渠道。"胡锦涛提出了构建社会主义核心价值体系，对文化软实力的极端重要性做出了明确回答。社会主义先进文化随着社会历史的发展而出现新的发展契机，但同时中国特色社会主义的新时代也给社会主义先进文化带来了严峻的挑战。一方面，随着中共第十八次全国代表大会的召开，党对文化建设越来越重视，尤其是在意识形态方面，更加注重话语权和领导权的强化，不断开展增强社会主义核心价值观的认同工作，将思想道德建设和文化事业的发展同步推进，这对于推动社会主义先进文化大发展而言是难得的时代机遇。然而从另一方面看，信息化时代背景下，党在意识形态领域的领导权面临着来自内外的双向挑战，国内有悖社会主义发展道路的价值观念在蠢蠢欲动，西方资本主义意识形态在以各种传统的、非传统的方式大肆渗透，对马克思主义意识形态构成了严重的挑战。面对此种境遇，习近平总书记做出了明确回答："巩固马克思主义在意识形态领域的指导地位，发展社会主义先进文化，加强社会主义精神文明建设，把社会主义核心价值观融入社会发展各方面，推动中华优秀传统文化创造性转化、创新性发展，不断提高人民思想觉悟、道德水平、文明素养，不断铸就中华文化新辉煌。"可以说，进行社会主义先进文化的宣传教育，更好地弘扬社会主义核心价值观，加强思想道德建设，规范文化市场等问题已成为新的时代课题。

2. 社会主义先进文化的来源

社会主义先进文化是以马克思主义理论为指导的先进文化，从词面上看，具有鲜明的意识形态属性，"社会主义"是方向、是立场，是为实现共产主义而服务的新型文化。回望历史，不难发现，明方向、立旗帜对于一个政党，以及文化的形成具有极其重要的导向作用。早在中国共产党成立之前的1920年11月，毛泽东在给罗章龙的信中就已经写道，"主义譬如一面旗子，旗子立起了，大家才有所指望，才知所趋赴"。此后的中共一大、二大党纲都围绕旗帜及奋斗目标作了明确规定。国际共产主义运动史的推进也印证了一点，于一个政党而言，旗帜犹如纲领。正如1875年3月18日恩格斯致奥·倍倍尔的信中提到的："一般来说，一个政党的正式纲领没有它的实际行动那样重要。但是，一个新的纲领毕竟总是一面公开树立起来的旗帜，而外界就根据它来判断这个党。"此后，马克思在致威廉·白拉克的信中也说过："制定一个原则性纲领，这就是在全世界面前树立起可供人们用来衡量党的运动水平的里程碑。"可以说，早期党的纲领中贯穿始终的都是高举共产主义旗帜，为共产主义奋斗，怀揣这一理想信念，在为这一目标奋斗的革命过程中，形成了以马克思主义为指导的革命文化，随着社会主义的深入发展，社会主义先进文化也得到了繁荣发展。

社会主义先进文化又是根植于中国历史的文化产物，是中华文化在当代中国的最新发展，蕴含着深厚的中国精神、中国价值和中国力量，具有强大的凝聚力，社会主义先进文化的形成符合社会历史发展规律。中华优秀传统文化是中国历史文化的重要组成部分，同时，中国历史文化还包含推翻封建统治的"转变天命"的传统意义上的革命文化，社会主义先进文化是对中国历史文化的批判继承。民族性是文化的首要属性，换句话说，任何文化都是一定民族所具有的文化。"不同的生活方式，造成不同的风俗习惯，形成不同的心理状态，产生不同的物质……不同的生活方式久而久之便形成民族文化心理积淀，由变异转化为遗传。"可以说，共同的心理状态及一系列的共识，构成了文化的民族性。就中国历史文化而言，中华民族特有的历史经历和民族共识，即民族性，是文化形成的基石。历史是现实的根源，对于一个民族及文化的形成具有极其重要的作用，"一个民族在共同的历史过程中，有着共同的荣辱，共同的艰苦与幸福，共同崇拜的民族先哲圣贤，以及共同的目标和希望。因此，历史最能维系民族的情感，巩固民族的团结，统一民族的意志，发挥民族的力量。"文化所具有的这一民族属性提示我们注意，现今，建设社会主义先进文化依然需要把握历史文化中蕴含的精髓和精神内核。

中华优秀传统文化、革命文化、社会主义先进文化都以民族认同为现实基础，以中华民族伟大社会变革为实践基础，体现了中国文化不断融合，政治认同不断发展的历史演进。社会主义先进文化以优秀历史文化为积淀，立足现代精神文明，是面向现代化、面向世界、面向未来的文化，具有鲜明的民族性、科学性、大众性。社会主义先进文化从优秀传统文化中汲取的家国情怀、民本意识、和谐理念、和而不同等等为构筑民族复兴共同体、提升民族共识提供了历史养分。从革命文化中承续的初心意识与奋进精神是新时代民族复兴的"根"与"魂"，革命文化所具有的革命性、民族性、大众性、时代性、创新性特质为实现民族复兴提供了强大精神动力和文化支撑。准确理解和把握好社会主义先进文化来源中的马克思主义理论和中国历史文化这两大基础，对于在全社会深化社会主义先进文化认同，创新文化理论，提升文化具有非常重要的作用，是完善国家治理体系和实现治理能力现代化的重要理论基础。

3. 社会主义先进文化的表达方式

文化是一个在与经济、政治相互交融中形成的概念。作为一种精神力量，文化既可以造就文明的国度和包容的政治环境，也可以在实践中转化成改造世界的物质力量。由此看来，国家综合国力的强弱有赖于国家的文化发展状况。一般而言，思想运动、科学技术以及历史传承都会在文化的发展进程中留下印记，但生产力和生产关系的矛盾运动是决定文化发展方向的核心要素。社会主义先进文化是在中国革命任务完成的基础上形成的，随着社会历史进程的演进而不断发展完善。社会主义先进文化在中国特色社会主义文化创新发展的基础上更加具有时代影响力，也能够满足广大人民群众日益增长的美好生活需要。习近平总书记曾指出"要坚持为人民服务、为社会主义服务，坚持百花齐放、百家争鸣，坚持创造性转化、创新性发展，不断铸就中华文化新辉煌。"精神文明建设是社会主义先进文化中的重要组成部分，其中思想道德建设和科学文化建设共同构成了精神文明建设，培育有理想、有道德、有文化、有纪律的"四有"新人是精神文明建设的目标，简而言之就是塑造有素质的现代型人才。价值观是文化最深层的内核，价值观自信是文化自信最本质的体现，以高度的政治自觉去推动核心价值观的培育和践行是社会主义核心价值观建设的应有之义，为此，一方面要充分发挥社会主义核心价值观的引领作用，真正体现其独特精神支柱作用；另一方面要发挥中华优秀传统文化的滋养效应和法律政策保障，以实现社会主义核心价值观在社会主义先进文化中的价值引领及价值实践功能，全维度地体现当代中国精神的精髓。

4. 社会主义先进文化的内容

中国特色社会主义文化建设有利于马克思主义的发展，其中马克思主义发展的最具代表性的积极理论成果就是先进文化，随着中西文化的交流、碰撞和融合，先进文化逐渐发展壮大。为人民服务是文化建设的原则，不断加强党的思想文化建设，这也是党一直以来的主张，这一主张从先进文化的发展过程中也能体现出来。

先进文化具有自身优越性，是培育文化自信的深厚土壤。中国历史是不断向前发展的，在发展过程中，党对文化建设的规律的认识也在不断地深化。中国特色社会主义文化的核心和实质就是先进文化，二者同出一脉，奋斗目标是一样的，在内容方面也有重合的部分。从这个角度看，文化自信的重要组成部分就包括先进文化的自信。科学理论指导着先进文化的发展，先进文化不断积累文化建设的经验，遵循文化建设的客观规律，是人们文化创新的产物。制度性是社会主义先进文化的独特属性，将中国特色社会主义优越性毫无保留地彰显了出来，为未来文化的发展指明了道路，是增强文化自信的不竭动力。

党的奋斗目标需要先进文化的指引，我国文化建设的道路需要先进文化的引领。在中国共产党的领导下，中国人民经历了站起来、富起来和强起来的历史性跨越，从各个方面迎来了强起来的新时期，经济、科技、军事等硬实力方面要增强，文化软实力也在不断增强，党的执政能力不断增强，国家治理体系和治理能力也得到了强化。先进文化为中国的富强建设指明了方向，具有大局观和前瞻性，先进文化不断厚实文化自信的土壤，推动着文化建设平稳、有力地进行，促使文化事业迎来崭新的篇章。

先进文化的发展与文化自信关系紧密，二者存在内在的逻辑，先进文化的建设有助于坚定文化自信，是坚定文化自信的必然要求，而增强文化自信就需要先进文化的发展建设。社会的发展变化也能通过先进文化表现出来，先进文化建设有助于促进文化的发展和繁荣。文化建设的实践形式多种多样，功能和作用明显的是创作优秀文艺作品，其具体作用表现在满足人民的文化需求，保障人民基本的文化权益，丰富人民的精神文化世界，享受文化发展的成果，建设中华民族的精神家园。发展先进文化，坚定文化自信，进行文化创新，提升文化活力，建设文化强国，铸就中华文化新辉煌。

第二节　文化自信的历史使命

一、中华传统文化传承和创新的需要

中华优秀传统文化融合了变与不变的哲学内涵，中华传统文化特质是开放包容、兼收并蓄，这一特质促使中华传统文化因时而进、因势而新，这也是中华传统文化变动一面的主要体现，中华传统文化随着历史的发展而不断开辟创新，在中国古代、中国近现代和中国当代始终贯穿了这种创新的特质。

中国古人倾向于用新的时代内涵重新阐释传统，这样一来，重新阐释的传统就会高于原本的水平，这就是"以史为镜、以古开新"。纵观中国文化发展历程，中华文化在古代有过两段文化繁荣发展的高潮时期，一段是从西周到春秋战国再到两汉时期，另一段是从隋唐到两宋时期，这两段时期文化的繁荣发展都是由文化创新推动的，这两段时期的文化创新在中华文化创新的范例里也最具代表性。

从西周到春秋战国再到两汉时期里，殷商灭亡之后，西周总结其经验教

训，新的天命观由此诞生。西周在礼仪制度方面也有突破性进展，周公建立了礼乐制度，在一定程度上对社会行为进行了规范，道德文化体系也由此建立起来，道德观念中的"德""孝"也由此出现。在春秋战国时期出现了严重的社会危机，面对这一情况，诸子百家陆续提出了自己的政治主张，由此引发了历史上的文化繁荣景象，这也是文化繁荣景象出现得最早的时期。这一时期是中华文明孕育的温床，具有典型的代表意义。两汉时期，政府对先秦儒学进行了大力改造，国家的意识形态表现为尊儒。其中董仲舒的思想最具代表性也具有深远的意义，董仲舒在以往学说的基础上进行了变革，融合了阴阳五行家的思想。阴阳五行是董仲舒天人观的纽带，指出天与人均有阴阳。董仲舒提出的"三纲五常"是其在道德伦理方面的主要思想，荀子和孟子对于人性论提出了自己的主张，董仲舒对他二人的思想进行了扬弃，指出人有善恶之分，维护大一统需要利用"德刑兼备"的方式进行。董仲舒的理论体系在很多方面是存在着局限的，但不可否认的是，董仲舒成功改造了先秦儒学，将先秦儒学的理论层次提升到了一个更高的层次。

在隋唐到两宋时期，隋唐文化呈现出"开放包容、繁荣壮美"的特点。为了使佛教文化与中国社会相适应，国人通过"格义"的方式实现了佛教的本土化转化。隋唐的诗歌、绘画、音乐、舞蹈、雕塑等发展水平很高，由此可见，隋唐的文学艺术是非常繁荣的，大量的诗人和其他艺术家在这一时期涌现。中国传统文化的成熟时期就是两宋时期，两宋时期的文化达到了很高的水平，在中国哲学史上，宋明理学具有非常重要的作用。在扬弃继承先秦儒学的基础上，宋明理学开创性地从形而上、本体论角度进行研究，超越了先秦汉唐的儒学，发挥着高屋建瓴的作用。宇宙的本体论是宋明理学在天道观上的主要理论，之后，人类社会中也引入了这一理论。宋明理学系统的宇宙本体论将伦理纲常进行了本体论的升华，主张发挥主观能动性，人们以此理论为依据强化了对儒学的认同，原始儒学在心性讨论方面存在不足，而宇宙本体论正好补充和发展了这一点。另外，文学艺术和科学技术在两宋时期也达到了一个新的高度。

鸦片战争之后，中国内部矛盾逐渐激化，西方文化也对中华优秀传统文化造成了冲击，在内外交困的情况下，中华优秀传统文化逐渐解体，在此过程中，中华优秀传统文化没有因此而中断，而是走上了另一条艰难的道路，开始了向现代化的转型。张岱年先生针对如何实现现代化转型这一问题,给出了四种类型,其中第四种类型,即"主张发扬民族的主体精神,综合中西文化之长,创造新的中国文化",历史实践表明,这一观点是正确的,有助于激活古代思想文化的生命力。其中第四种观点的发展者就是中国共产党人,我国古代文化复兴在共产党人的努力下有了更加清晰的发展方向。

中国共产党第十八次全国代表大会之后,党中央提出了相关的文化政策方针,旨在发掘古代思想遗产的价值,并且为其在新时代的发展指明了道路。不仅如此,习近平还从多个方面进行了创造性阐释。可以说社会主义核心价值观是价值观创新转化的典型代表。其中,传统文化中"家国一统""民为邦本""人文化成"的思想与国家层面的价值目标在内容上有重合的地方;在对中国传统"天人合一"的自然观、"贵和尚中"的思维方式进行吸收发展的基础上提出了社会层面的理想追求;在借鉴中国传统观念中"精忠报国""敬业乐群""言而有信"以及"仁者爱人"的道德思想的基础上提出了个人层面的行为准则;在对中国传统"天人合一"思想继承和发展的基础上,习近平提出了生态文明建设理念,即"生态兴则文明兴,生态衰则文明衰"。构建人类命运共同体的重要战略思想是国际交往的重要思想,是中国国际交往的特色理念,这一思想融合了传统文化中"贵和尚中"思想,是一种新型的国际交往关系。

总而言之,中华优秀传统文化始终存在于中国古代、近现代和当代。随着时代的变迁,中华优秀传统文化不断创新发展,以适应社会和时代的需求;中华优秀传统文化以其强大的包容性能够应对民族文化差异,在印度佛教、西方文化以及马克思主义思想传入之时,中华优秀传统文化能够对其进行批判吸收,将先进之处化为己用。哪怕历经坎坷,依然保持着向前发展的趋势。在坚持中国共产党人正确科学的传统文化观基础上,我国古代思想文化在不断更新中迸发出强劲的生命力。所以对传统文化进行传承和发展是非常重要的,能够顺应新时代的发展趋势。

二、应对世界格局发展的需要

改革开放以来,我国社会各方面都取得了长足的发展,特别是中国共产党第十八次全国代表大会之后,在治国理政方面也取得了一定的成就。但是"西强我弱"的格局依然存在,并且中国在国际舆论方面还没有办法说理。新民主主义革命之后,新中国的成立使得中国人民站了起来,摆脱了"挨打"的局面。改革开放进一步解放和发展了生产力,使得人民逐步富裕起来,开始有效解决"挨饿"的问题。2020年是全面建成小康社会、精准脱贫的收官之年,从根本上解决了"挨饿"问题。在国际话语权方面,中国弱势地位没有得到明显改善,"挨骂"问题依然存在。

文化竞争是21世纪国家间竞争的主战场。中国作为发展中国家,发展和崛起的速度是非常快的,这也招致了西方一些国家的不满,经常打压、捧杀中国,一旦中国提出什么政策、倡议就会受到西方国家的抹黑,对中国进行负面报道。这种抹黑、打压看起来好像是忌惮中国的崛起,其实还有更深次方面的原因,那就是在文化层面、价值观层面和意识形态层面存在分歧,中国没有掌握强有力的话语权,国际上西强东弱的局面依然存在。西方的学者、政治家忽视中国的崛起对世界的贡献,无视了中国的发展是中国人民自力更生的结果,出于自身利益的考虑,把中国的发展归功于西方国家,这是对中国的"骂杀"。从文化入手,坚定文化自信,增强中华文化的国际影响力和国际传播力能有效改善世界舆论西强我弱的格局,才能取得与综合国力和国际经济地位相称的国际话语权。

西方敌对势力一直以来都在图谋分化和西化中国。西方一些国家企图消灭共产党和社会主义。社会主义国家诞生于20世纪前半叶,诞生的契机就是两次世界大战,当时出现的社会主义国家主要有苏联、中国等十多个国家。当时国际有两大阵营,分别是社会主义国家阵营和资本主义国家阵营。社会主义国家的代表是苏联,资本主义国家的代表是美国。两大阵营的对峙开启了冷战与对抗的时代。20世纪50年代,为了抗衡社会主义国家,美国提出了"和平演变"政策,这一政策的提出者正是美国国会议员杜勒斯,这一政策先是诱压东欧国家,使他们加入西方国家阵营,向资本主义演变,诱压的手段主要是贷款、贸易、科技等。继而对中国也采取了"和平演变"的政策,但在中国共产党的警觉之下,中国人民并没有被"糖衣炮弹"所打倒,这主要是因为毛泽东当时提出了"两个务必"的理论,成功抵制了资产阶级的侵蚀。1964年,帝国主义还妄图实行资产阶级复辟，对社会主义国家推行"和平演变"，这一复辟行为最终被毛泽东所揭露而失败。20世纪90年代，由于本国内部和西方和平演变的外部双重因素，东欧剧变、苏联解体。苏联的解体导致共产主义运动出现了低谷，反社会主义言论层出不穷，比如，"社会主义崩溃论""历史终结论"等。而西方国家妄图进一步分化西化中国，对中国进行意识形态的渗透，打着自由、民主、人权的旗号对中国进行文化价值观输出。西方国家向中国宣扬"人权高于主权"等"普世价值"思想，企图颠覆中国的文化根本，邓小平同志强调坚持四项基本原则来抵制西方不良思想的侵蚀。20世纪90年代，江泽民同志强调共产党和广大人民群众保持高度的警觉，认清西方国家企图分化西化中国的不轨企图和分化阴谋，通过加强党的领导、加强先进文化建设和意识形态建设来积极应对西方国家的阴谋，消灭资产阶级自由化的苗头。胡锦涛同志也高度重视中华传统文化，强调推进文化建设，抵制西方的错误思潮。

中国共产党第十八次全国代表大会召开之后，中国特色社会主义事业迎来了蓬勃发展的新时期，西方国家通过更加隐蔽的手段和更加多样的形式加快了对中国的渗透，造成了社会思潮的混乱，多元的价值观对人们的精神家园造成了严重的冲击，动摇了社会主义意识形态的阵地。西方国家西化分化中国最本质的原因就是意识形态和价值观的不同，为了应对西方国家西化分化中国的阴谋、应对西方敌对势力西化分化中国的威胁，党和广大人民群众必须提高警觉，坚定文化自信，增强国家的文化软实力，坚持社会主义核心价值观，坚定不移地支持党在意识形态工作方面的领导，以应对国际局势的变化，推动国家事业的全局发展。

三、我国文化安全和建设的需要

近年来，新媒体技术获得了飞速发展，这使得中华文化传播得更加广泛。现阶段，中国文化的发展面临着内部和外部双重的挑战，我国的文化安全受到了西方文化霸权肆意扩张的挑战，同时，现阶段的文化发展水平不能满足人民群众对美好生活的需求，成为提升综合国力的文化短板。因此，坚定文化自信，促进中华文化更加广泛的传播是必要的且迫切的，能有效增强中国在经济、外交和安全方面的影响力，营造和谐良好的文化软环境，推动中国深入、持久地发展，建设文化强国，保障我国文化安全。

西方国家仍没有放弃对我国的文化渗透，通过市场经济和信息技术，利用计算机网络安全、文化霸权、语言霸权、教育理念、精神文化西方价值观的交流等教学实践将西方的文化思想渗透进我国的发展中，对我国人民的思想道德观念和价值观造成了明显的冲击，影响了我国特色社会主义文化建设。扭曲的、错位的人生观、价值观和世界观冲击着人们的思想根基，出现了一些金钱崇拜、享乐主义、极端个人资本主义的价值观，对学生的教育也造成了不利影响。这些错误的价值观不利于中国传统的学习和发展，甚至会影响国家文化安全。值得注意的是，中国传统文化的信息安全对外一直是畅通的，将隐藏的强大文化和全球内容做了明显的区分，以更好的鉴别西方文化，打造安全良好的外部市场环境，保障中国历史文化安全，使得中国特色社会主义文化更具传播力和影响力。

文化的影响力是巨大的，国家的经济竞争力也深受文化的影响。"源远流长，博大精深"是中华传统文化的典型特点，在推广和传播中华传统文化过程中需要把握中国的基本国情。现阶段，我们在文化遗产的保护理念方面是相对薄弱的，这也是文化遗产发展方面的局限性所在。对中华传统文化的保护性方面缺乏有效认识，政府和社会不能统一协调管理中华传统文化。传统文化的发展和传承与很多部门存在密切的联系，比如社会主义经济文化、新闻出版、建设、文物、公安、工商、旅游、宗教等诸多部门，在这些部门中，对传统文化的发展和传承没有进行明确的分工。在行政服务职责分工方面存在漏洞，分工不连贯，严重影响了市场经济的发展，遗产保护方面缺乏协调运行的机制，相应的监管法律也不健全。没有充分发挥中国传统文化旅游资源的内在价值。片面追求企业文化和经济社会价值观的发展，阻碍了中国文化软实力的发展。中国经济的发展必然要求中国文化软实力的发展。

新时期，我国社会主要矛盾发生了改变，表现为人民日益增长的美好生活需求与不平衡不充分的发展之间的矛盾。我国处于社会主义发展的初级阶段，基本国情长期比较稳定。作为世界上最大的发展中国家，中国的国际地位和综合国力不断提升，人们的生活质量也日益改善，注重追求更高水平的物质文化生活和更好的教育、收入可观的工作、更完善的医疗保健系统和更丰富多彩的文化生活。

四、新时代党的自身建设的需要

1921年，中国共产党成立。共产党成立之初就把马克思主义确立为党的指导思想，制定了党的奋斗目标，即实现共产主义。中国共产党继承和宣传了先进的思想文化，致力于实现中华文化复兴。在社会主义革命和建设的各个时期，党始终带领人民创立和发展革命文化和社会主义文化。中国共产党第十八次全国代表大会之后，更加强调文化建设，增强文化自信，推动人类文化的发展。在制定"五位一体"总体布局时，将中国特色社会主义文化建设涵盖其中，确立了"四个自信"基本内容，即道路自信、理论自信、制度自信、文化自信。党的十九大对坚定文化自信作出重要部署。党强调坚定文化自信是时代赋予的职责，中国共产党肩负着实现中华民族伟大复兴、实现中华文化伟大复兴的重大使命。

先进文化对党的工作至关重要，指导和引领着党的建设。新民主主义革命时期，毛泽东非常重视党的建设，将其视作一项伟大的工程。改革开放以来，江泽民同志明确了党的发展建设道路。中国特色社会主义事业的深入发展给党的建设带来了更多的新问题，日益增长的党员队伍、不断复杂的党员结构、党内政治生活的矛盾等。中国共产党人需要把握新的时期党的先进性和纯洁性，坚持从严治党，利用文化的涵养与支撑作用推进党的建设工程。因此，党建工程离不开文化的支持，政治文化建设是政治生态建设的重要组成部分，有利于从严治党的有效开展。只有共产党具备高度的文化自信、政党自信，坚持马克思主义的指导地位，培育社会主义核心价值观才能积极应对意识形态领域的变化，有效解决思想文化的交锋问题。总而言之，坚持文化自信有助于推进从严治党，进而推动新时代党的建设工作。

中国共产党具备科学的理论指导，代表了先进文化的前进方向，有助于增强文化自信。坚持中国共产党的领导是国家繁荣富强的重要保证，是社会长治久安的重要保证，是中华文化复兴的重要保证。中国特色社会主义事业的发展离不开中国共产党的领导，文化建设的核心也是坚持中国共产党的领导。党对文化建设起着引领作用，坚定"四个意识"，做到"两个维护"，能推动党的思想成果、政治成果、实践成果、制度成果的和谐统一。坚持共产党的核心领导地位能有效推动社会主义文化建设和党内政治文化建设，坚定党的文化自信、中国人的文化自信。坚持共产党的领导，能为文化的发展指明方向，确保文化的实效性和先进性，彰显文化自信。

第三节 文化自信的历史意义

一、丰富发展了马克思主义文化理论

习近平总书记针对文化自信所发表的重要论述，是源自马克思主义的科学文化系统，这一论述融合了新时期中国特色社会主义先进文化的信念的核心。同时，它和人类实践活动的精神产品联系紧密，并且是符合我国国情和人民意志的具体实现。

围绕文化自信这一话题，习近平总书记发表了重要的观点，这些观点立足于中国特色社会主义的独特优势，在很大程度上体现了社会现实主义教育体系的优点和进步。在发表文化自信相关的论述时，习近平总书记强调，我国社会主义现代化建设"五位一体"的战略中，要纳入文化建设。重视文化建设的地位，促进文化自信的实现，推进文化事业的发展，从而使社会主义文化更加繁荣。习近平总书记关于文化自信作出的重要指示，以及新时期中国文化发展的现实环境，都符合当前人民群众构建文化环境的需求。当然，物质基础是发展文化必须具备的，只有这样，社会生产力才能得到发展和提升。在习近平总书记的文化自信哲学中，文化与经济发展相协调是十分重要的观点，这也符合马克思主义原理的相关论述。习近平总书记还指出，中国优秀文化从更深的层次来体现和诠释新时代。其中，建设中国特色社会主义的主要力量，就源自中华精神以及中华民族传统美德。如果不能建立起这两方面的文化自信，就不能提高民族凝聚力，就难以实现社会主义现代化建设。实际上，文化自信的建

立，对发展中国特色社会主义有着十分深远的意义，并且，从某种程度来说，文化自信也是对马克思主义文化思想的创新性发展。

二、为中国特色社会主义事业贡献力量

第一，文化自信是坚定道路、理论和制度自信的内在根基。道路自信、理论自信、制度自信这三者和中国特色社会主义文化自信之间存在着辩证统一的关系，它们各自内涵不同，有着不同的侧重点，但是保持内在的统一，有着相辅相成的关系，共同作用于中国特色社会主义的实践，是建立中国特色社会主义自信的重要支柱。其中，坚定道路、理论和制度自信的内在根基，就是中国特色社会主义文化自信，同时，它为增强道路、理论和制度自信提供了精神力量。相比于中国特色社会主义道路自信、理论自信以及制度自信，中国特色社会主义文化自信显然更加基础和广泛，并且它在一定程度上融入到了三者之中。我们可以用这样的比喻来说明文化自信的重要性：没有共同的文化自信，道路、理论和制度自信就没有了共同的根基和血脉，就是没有源头的水、没有根基的树，不能得到长久的生存和发展。或者，相对于道路的坚守、理论的创新、制度的构建，文化就是一片营养丰富的土壤，只有在文化的滋养下，它们才能得到繁荣发展。

另外，对于道路、理论、制度自信来说，文化自信有着更重要的作用，那就是为其提供持续的精神力量，从而使道路、理论、制度自信获得更广泛的社会认同，同时，文化自信引领着道路、理论和制度自信的完善，推动着中国特色社会主义道路、理论、制度事业的繁荣发展。

第二，文化自信有助于处理新时代社会主要矛盾。

在社会主义建设过程中，经过多方努力，我国各方面建设都取得了很大的进步和成绩，但是，新时代的社会矛盾依然存在，并且日益严峻。目前来看，我国面临的社会矛盾就在于民生，而主要矛盾则是人民日益增长的美好生活需要和不平衡不充分的发展之间的矛盾。此处所说的"不平衡不充分的发展"，是导致当前社会矛盾的主要因素，而人民的"美好生活需要"是不断变化的，富有时代的特征。改革开放40多年来，我国的生产水平大大提升，相应

地，人们的物质文化需求得到很大程度的满足，人们对精神文化的需求也有所增加。在进入新时代以来，参与感、获得感及幸福感成为人们的重要需求。而要满足人们在精神文化层面的需求，就必须解放文化生产力，推动文化产业的发展，并对人们的文化权益提供基本的保障。总体来说，社会主要矛盾是人民内部的矛盾，是非对抗性的，这样的矛盾的产生，有着多方面的因素，比如各种资源的稀缺、文化传统的惯性、社会结构的不合理等等。由此见得，对于解决社会主要矛盾而言，物质和精神都是一样重要的。一方面，我们必须凭借国家强大的经济力量来调节主要矛盾，在生产力发达、国家富强，且各种资源比较充足的情况下，社会各阶层才能实现资源的合理分配，才能从一定程度上缓解社会结构失衡的问题。另一方面，还需凭借国家强大的软实力来调节主要矛盾，也就是从观念的层面来进行引导。建立文化自信的心理状态有着重要的作用，比如改变我们传统的文化习惯，使宗族观念、功利主义等对社会矛盾会造成负面影响的不良观念被摒弃，在一定程度上清除可能引起社会矛盾的各种因素。只有兼顾物质和精神，才能使新时代的社会主要矛盾得到更好的处理和解决。

第三，文化自信可以建立坚固防线抵御错误思潮得到侵袭。在经济全球化背景下，不同国家和民族的文化展开了交流和碰撞。我国对外政策有着开放包容的特点，在此条件下，西方文化融入我国，给我国社会各方面都带来了影响。其中难免有一些错误的思想和观念，通过网络等途径渗透到我国民众的文化生活中，对国民的价值观念造成了负面的影响。在世界多元化文化的浪潮中，我们必须用坚定的文化自信来坚持社会主义特色主义文化的价值观念，防止错误思想和消极观念的浸入。

第四，文化自信为实现中华民族伟大复兴提供精神力量。在社会主义发展进程中，我国生产力水平得到显著提升，在此背景下，我国各项事业的发展都能得到足够的物质保障。但是，我们真正的目标是实现中华民族的伟大复兴，要想实现这一理想，仅仅有物质保障是不够的。当前，我们必须避免国家发展片面化，认识到发展不平衡所带来的问题，而在解决这些问题的过程中，文化可以起到重要的作用。

新时代，我国在建设社会主义文化强国的道路上，加强了对文化事业、文化产业的重视程度，给予了足够的支持，使得文化事业、产业得到极大的发展，提升了我国文化软实力，促进了文化自信的发展与构建，并助力了文化复兴，进而为实现中华民族伟大复兴提供了强劲有力的精神支持。

三、增强国家和民族的向心力与凝聚力

中华人民共和国成立以来，在中国共产党的引领下，中国人民脚踏实地、艰苦奋斗，终于不断富强、不断壮大。社会主义核心价值观是当代中国最核心的信仰和价值观认同，它是国家价值目标、社会价值标准以及公民价值标准的有机结合。文化自信不仅仅是每一个中国人的情感追求，也体现着中国人最朴素的价值观念。年轻人是社会上最活跃、最有创造力的群体，所以，我们必须以一种潜移默化的手段，发挥文学艺术的作用，强调社会主义核心价值观以及宝贵的中华民族精神，展现中国社会的发展进步，从而鼓励年轻人走出国门，发扬和传承宝贵的中华文化，提升中华文化的影响力和影响范围。习近平总书记关于文化自信的重要论述，主要是立足于中华优秀传统文化基因。它说明了中国人民在为国家繁荣复兴而奋斗的精神力量。习近平总书记强调，文化是一个民族的精神家园，文化自信的建设与国家力量的发展息息相关。要想实现中国梦，不仅要重视文化建设，还要强化中国特色社会主义文化意识。在改革开放之后，大多数爱国者对爱国主义和民族精神进行了发扬和传承。不得不说，中华民族能够实现今日的繁荣富强，能够在社会各方面取得今天的成就，跟坚定中华民族精神有着不可分割的联系。在中国共产党艰苦困难的历程中，给国家发展和社会进步提供重要力量的，就是以爱国主义和改革创新为核心的民族文化自信。当今，国际经济形势发展迅速，要想实现中华民族的伟大复兴，就必须对民族文化有足够的自信。作为四大文明古国之一，中国有着五千年的历史文明，有着丰富的文化财富。但是在现如今，中国传统文化的发展举步维艰。一方面，对创新发展的错误理解使人们对传统文化采取一种完全摒弃的态度，另一方面，西方文化的融入影响了本土文化的生长繁荣，这对我国社会发展以及文化自信的建设造成很大的负面影响。而随着我国物质条件的改善，我国传统文化开始呈现出新的生机和活力，我们应抓住这一契机，发扬和继承优秀的传统文化，稳固文化自信的建设，从而促进我国综合国力的提升。

第四章　大学生文化自信培养

本章为大学生文化自信培养，共四节。第一节为大学生文化培养的目标，第二节为大学生文化自信培养的原则，第三节为大学生文化自信培养的方法，第四节为大学生文化自信培养的路径。

第一节　大学生文化自信培养的目标

一、正确的文化认知

每个人的社会认知和行为习惯都会受到自身文化观的影响，同时，文化观也会影响人们对于事件或者事物的判断。文化观是一个长期形成的过长，一旦人们形成既有的文化观，就很难再通过其他方式去改变，这是一种扎根于思想深处的观念。近代以来，我国的文化受到严重的冲击。在西方文化不断地冲击下，人们出现了对自身文化的迷茫，中国传统文化的主体地位显得摇摇欲坠。我国的文化是开放的，我国的民族是包容的。进入新中国，更多的外来文化通过各种各样的形式进入人们的视野，深深地影响着新一代又一代的大学生。大学生是我国的高知识群体，必须要有正确看待各种文化的态度，但是，当前我国大学生中一些人受西方文化影响深重，这对大学生的发展不利，更对我国自身文化的发展不利。目前大学里充斥着各种"西方文化"，很多大学生在不知不觉间受到各种负面文化的思想侵蚀，深深影响着大学生的社会认知，而作为我国几千年传承的中华优秀传统文化，却显得格格不入，这是一种文化的倒退，是我国优秀传统文化传承的不足。在新时代的高校教育中，要重视对大学生传统文化观念的培养，要通过科学有效的手段，引导大学生传承和践行优秀传统文化，让大学生的文化生活更加丰富，促使大学生形成正确的文化认知。

要想让大学生形成正确的文化认知，首先要帮助大学生认真、充分了解中华优秀文化。新时代大学生知识面广，视野开阔，并且具有一定的理性精神，更重要的是他们关注现实，关心民族复兴，能够运用自己的知识经验和思维方式，表达中国话语，讲好中国故事。高校要采取相应的措施，督促大学生展开文化自信教育，引导大学生对本民族文化知识有全面的认识，对文化发展的脉络有清晰的了解。从而产生心理认同。有效的文化自信教育，能够帮助大学生对本民族文化有清晰透彻地理解，并且能用自己的语言和行为来传播中华故事，并在此过程中深刻意识到中华优秀文化强大的生命力。必须树立大学生的文化自信，引导大学生以中华优秀文化作为自己人生路上的指导思想，从而让学生受到良好熏陶，培养其正确的思想观念，促进大学生对中华文化的认知与认同。

西方文化中同样有优秀的东西值得大学生借鉴，对大学生进行文化自信培养，并不是要全面的摒弃和排斥西方文化，而是让大学生树立正确的文化观念，形成对西方文化理性的认识。每种文化都有自身的价值，我国的传统文化从不排斥外来文化，正是这种开放包容的态度，才形成了我国灿烂辉煌的历史。传统文化中也有糟粕的内容，外来文化中也有先进的内容，如何让大学生在保持自己文化优势的基础上，吸纳外来文化的精华，是大学生文化培养的主要问题。在对大学生的文化自信培育上，应当让大学生时刻保持对传统文化或西方文化清醒的认知，防止出现对传统文化或西方文化一边倒的情况，否则，就违背了文化自信培养的初衷。

二、真挚的文化情感

大学生具有正确的文化认知会逐渐形成对文化的情感认同，情感认同是以正确的文化认知为导向。大学生正确的文化认知代表大学生能够清楚地看待不同文化，大学生真挚的文化情感则代表着大学生从自己思想深处对我国文化的认可，是对文化的一种坚守。文化情感是从更深层次的角度对待我国文化，是对我国文化的一种依赖。但是，文化情感并不是形式主义，而是能够从深层次的了解我国文化，了解我国民族的根基，知晓我国文化的由来。近年来，不时有传统文化元素出现的公众视野，形成一种文化"热潮"。但是，却有一些有本身不了解传统文化，却打着传统文化旗号进行商业营销的形式主义，这种利用人们的文化情感进行商业营销的行为是对传统文化的不尊重，是对传统文化的不自知。对于社会上存在的一些形式上的文化认同行为，并没有真正的考虑传统文化的内涵，并不具有文化情感，并不了解我国文化自信的本质，是一种没有意义的炒作行为。真挚的文化情感，并不表现在形式上，而是存在于个人的人文素质之中，能够从整体气质中彰显文化素养，展示文化自信。

文化是大学生精神力量的源泉，在进入社会以后，他们会面临很多困难和挫折，但他们依然能够坚守初心，保持顽强的意志，这就是文化赋予他们的力量。一个人具备文化自信的最基本体现，就是道德感强，有着较高的道德素养，而这也是当今大学生必须具备的基本素养。在当前经济全球化、文化交融的背景下，大学生正处于人生发展的关键时期，也是思想意志较为薄弱、可塑性较强的阶段，容易受到一些消极文化的影响，从而导致大学生迷失方向。更有一些大学生，在不良思潮的影响下，容易形成"个人主义""拜金主义"等不良思想，这不仅影响他们自身的成长发展，也会影响社会的发展建设，毕竟大学生是未来社会发展的中坚力量。文化多元化的世界潮流是我们没有办法改变的，但是，我们可以从自身文化建设出发，来抵御外界不良思潮的入侵，坚定大学生的意志，避免其受到不良思潮的影响。所谓文化教育，实际上就是"以文化人"，也就是引导受教育者将自己所学的各种文化"消化"在心里，然后在日常生活中的语言和行为上加以表现，得到思想觉悟和道德品质的提升，进而成为一个有文化、有知识、有道德的高素质公民。

让大学生产生真正的情感认同，实际上有着很大的困难，可以说任重而道远。文化认同就好比一条纽带，它把文化和情感联结在两端，饱含情感的文化认同感才是真正意义上的文化自豪感、文化归属感。而要想培养大学生的文化自信，首先要让大学生对本民族文化有认同感和自豪感，所以，如果文化教育流于形式，就无法提高大学生的文化自信。必须通过有效的手段，让学生从内心深处对民族文化产生深厚的情感和真正的认同，这样才能真正树立学生的文化自信。

三、鲜明的文化态度

在培养大学生文化自信的过程中，引导大学生对文化产生正确的认知和真挚的情感，对提高大学生民族文化的自豪感有着重要的作用。但是，在文化繁荣的时代，大学生对各种文化的取舍取决于其内心的文化态度。具备鲜明的文化态度，才有望帮助大学生树立文化自信。改革开放以来，文化交融的趋势不可阻挡，有着各种风格和特点的文化走进公众的视线，并且跟传统文化进行了一定程度的融合，它们一起影响着人们的思想和生活。而此处所强调的文化态度，不仅仅是指对外来文化的态度，还包括对我们传统文化的态度。

对于外来文化，我们要学会彼此尊重，以平等和友好的态度与外来文化进行交流互动，这是我们和其他国家及民族友好往来的必要条件。对于不同民族文化的传统以及个性，我们应该抱有一种开放的态度，以各民族文化共同繁荣为宗旨。在和不同国家、民族和地区的人交往的过程中，我们也必须保持开放和尊重的态度，要理解文化的差异性，并寻求一种行之有效的交流方式。对于一些外来的文化，我们不能不假思索地一味推崇，当然也不是要一味否定，我们支持自己的传统文化，加大对传统文化继承和发扬的力度，但与此同时我们并不抵制外来文化，而是采取客观理性的态度对其进行合理地取舍。所以，我们必须理性客观地审视外来文化，了解它先进合理的地方，也要看到它落后迂腐的一面，然后取其精华去其糟粕。如果我们能够将外来文化中优秀的部分与中华传统文化进行融合，并能够对人类发展产生积极的影响，这也是值得提倡并实践的。

对于传统文化，我们首先要承认世界文化的多元性，其次要理解并尊重民族文化之间存在的差异。我们所讨论的文化自信，绝非盲目的自信，而是在博大精深、历史悠久的文化基础之上产生的自信，这些博大精深的文化的根源，就是中华五千年以来形成的传统文化。传统文化有好的一面，值得我们继承和发扬，但是，它也存在一些糟粕，阻碍了人类发展的脚步，这些内容是要被摒弃的。无论是哪个民族,他们在传承历史文化的过程中,首先必须要跟上时代的脚步,学会与时俱变,摒弃不符合时代特征的落后的内容;其次要根据时代发展的特征与要求,对文化进行创新。总而言之,传承传统文化并不是盲目地接纳和继承传统,对文化进行创新发展也必须遵守一定的原则,我们需要用辩证的眼光来看待传统文化,合理地进行取舍,对其产生更加全面的认识。

四、积极的文化践行

鲜明的文化态度是树立大学生文化自信的重要前提,但是,对于文化自信来说,仅仅有态度是不够的,还必须有实际行动。所以,要想有效树立学生的文化自信,必须引导学生参与到文化践行的过程中。大学生虽然是新一代的青年,是未来社会发展的中坚力量,但是,他们目前还不能承担起重新建立文化自信这一重任,其主要原因就是当代大学生在文化践行方面的不够重视,没有深度参与其中。因此,高校必须给大学生提供足够的条件与支持,促使他们积极进行文化实践。

高校是帮助大学生成长成才的主要阵地,也是对大学生实施思想政治教育最有效的场地,所以,高校必须担当起思想政治教育的重任。文化自信教育和思想政治教育关系密切,它们二者价值导向相同,并且都承担着为社会培养健康向上人才的重任。在共同为大学生成长成才发挥作用的同时,它们二者之间当然也各有侧重,有着不同的职能和作用。对于文化自信来说,其教育内容紧紧围绕着"文化",用文化对大学生施加潜移默化地教育和正面的影响。文化自信教育重视引导大学生对本民族优秀文化产生充分的认识,并在认识的基础上,能够积极践行,对本民族优秀文化产生情感认同。而对于思想政治教育来说,它紧紧围绕着学生的"思想",对学生施加的是意识形态、价值观念、宗教信仰等方面的教育。从内容上来说,思想政治教育包括文化但不局限于文化,并且教育的方法和方式更加丰富。但归根结底,文化自信教育和思想政治教育殊途同归,最终目的都是要促进大学生健康成长、全面发展。

要想保证文化践行的有效性,首先要有正确的文化理论的指导,而保持文化理论正确的重要前提是,坚持社会主义核心价值观,发扬中华民族传统文化，以及积极吸收世界文明成果。我们必须将优秀的文明成果融入大学生文化实践的过程中，尤其要注意发扬中华民族的创新和艰苦奋斗的精神。在科技飞跃发展的时代背景下，文化的重要性日益凸显，甚至关乎着国家核心竞争力的提升。只有加强对大学生文化创新力的培养，加强对文化内容形式和传播方式的创新，不断创造衍生新的文化产品，才能满足人们不断变化的精神文化需求，才能更充分地体现中华文化的独特魅力。时代的发展驱使着年轻人勇敢承担新的历史使命，在青年当中，大学生有着更多的机会去接受新知识和新思想，他们受益于社会主义制度。而广大青年学生在受益的同时，要承担起建设和实践社会主义的重任，要强化自身的责任意识，以振兴中华文化、实现民族的伟大复兴作为自己奋斗的目标，真正成为社会主义文化建设的主要力量，从而增强我国文化实力，为实现中国梦作出贡献。

第二节　大学生文化自信培养的原则

一、主导性与多样性原则

培养大学生的文化自信必须遵循主导性原则，这里所说的主导性原则需要从以下三个层面进行解读：

（1）培育大学生的文化自信需采取多种方法和途径，但是，这些方法必须服从同一个主导性目标。文化自信培育有着阶级性特征，它的目标是增强人们的文化自信，提升文化自豪感，最终提升人们对马克思主义的认同度。除此之外，文化自信培育的目的还在于提高人们的文化修养，也就是以文化知识为媒介，塑造人们的文化观念，提升文化水平。对于文化自信培育，我们不能只看重它的人文性，而忽略它的阶级性，所以，在教育方法方面，我们必须保持步调一致，注重为文化自信的阶级性服务。

（2）文化自信培育的方法要主次分明，对于不同的对象，不能没有区别地对待。文化自信培育有着一定的复杂性，所以文化自信培育不能采取单一的方法，不同方法综合使用才能得到较好的效果。但是要注意，选择文化自信培育方法时，要尊重其主导性，汇聚力量发挥某一种方法的作用，然后再密切配合其他方法。

（3）文化自信培育方法要尊重文化自信培育主客体的差异。总体来看，文化自信培育方法中有很多方法是培育者对受教育者施加的，而且在教育过程中，教育者会十分尊重受教育者自身的意愿，所以，必须尊重文化自信培育者的主导地位，不能完全依赖受教育者的自我教育。

多样性原则要从两个方面来解释，一是文化自信培育的方法并不唯一、多种多样，二是实施文化自信培育方法的主体十分多元。

（1）文化自信培育方法的实施主体，也就是教育者具有多样性，这体现了全员育人的时代特征。实施文化自信培育的主义可以是受教育者，可以是教师、家长等不同角色的人。文化自信教育者的多元性是要我们树立全局意识，不同主体要统一目标，要形成文化自信培育的合力，提升教育的实效性。

（2）文化自信培育的方法和形式具有多样性，这是对全员育人这一时代特征的体现。文化自信教育的常见方法主要有理论讲解法、实践锻炼法、环境熏陶法、情感教育法、网络疏导法、社会调查法、典型示范法等等，对不同的培育对象，要采取不同的教育方法。

二、继承性与创新性原则

文化自信建立在深厚的理论基础上，有着较深的文化渊源。这一思想坚持了马克思主义的科学引导，在革命文化之中得到凝练，在改革开放进程中得到发展，总的来说，文化自信是在继承基础上的发展，在发展基础上的创新。文化自信重要组成部分有两个，一是包含着仁爱、以民为本、诚信、大同等思想内涵的中华传统文化，一是包含长征精神、抗美援朝精神、抗疫精神等革命和改革时期的精神。文化自信就是在继承的基础上，根据中华文化的建设实情，解决时代发展过程中的难题，促进社会的发展和完善。

任何事物要想长久的生存和发展，就必须不断创新，这也是文化本质的特征。所以，一部人类文化发展史，就是文化的创新史。在古代，中国在世人面前的形象是创新、开放、包容的。从古至今，中华民族在文化、科技、天文历法等方面都作出了突出的贡献,这是中华民族文化自信的来源。随着"天朝上国"的幻想被打破,中国民族屡屡遇到危机,在这种背景下,文化自信自然无从谈起,反而演变成了文化自卑。而中国共产党的成立为中华民族文化复兴开辟了坦途。改革开放以来,我国社会各方面都得到前所未有的发展和进步,综合国力明显提升,中国日益走近世界舞台的中央,成为最耀眼的明星。现在,中华民族处于十分繁荣和鼎盛的时期,可以说比历史上任何一个时期都更接近民族伟大复兴的目标,这正是提出并践行文化自信的最好时机。文化自信是追随时代发展的脚步、倾听人民群众的心声和实际诉求、吸收文化建设最新成果的创新。回顾过去,我们有着坚固稳定的文化基础;立足现实,我们正积极展开文化建设实践;展望未来,我们的发展前景一片光明。文化自信就是在继承和发展的基础之上,持续地进行创新和发展。

三、民族性与开放性原则

(一)民族性原则

一个民族文化在发展和形成的过程中,都会产生民族文化的心理结构,这种心理结构的组成的是一致的,组成有对于人生的态度、对待感情的方式、考虑问题的思维模式、致思过程中的途径以及价值观,民族性在其中则是作为一种内核的存在。同样,中华优秀文化发展和形成的过程中,也产生了一系列的心理结构,在本文中,民族性原则指的是将这些心理结构逐渐融入高校大学生的方方面面,比如学习、生活、工作等等,让中华优秀传统文化成为大学生生活中的一部分。因此,我们可以从以下几方面来体现民族性的坚持。

(1)思想政治教育体系方面

高校在思想政治教育体系方面要融入中华优秀传统文化,使得高校大学生对于中华优秀传统文化的认同感有所提高,使得在高等教育中实现对大学生德育和文化素质教育的共赢局面。

(2)教学方面

无论是思想政治教育理论课程还是高校各科专业课程,都在教学内容和教学过程中潜移默化地融入中华优秀传统文化,提高高校大学生的文化自信。

（3）校园生活和社会实践方面

除了上述两个方面，高校还要在学生校园生活和社会实践活动中不断地融入中华优秀传统文化，让高校学生不仅能够在课堂上感受到中华优秀传统文化，还要在课堂之外的校园生活和社会实践中感受到中华优秀传统文化。

文化本身具有浓厚的民族性。中华优秀传统文化历史悠久，更是在中华文明中占据着核心的地位。我国民族文化是不同民族文化所共同组成的，是不同民族经过历史的积累长期形成的，不同的民族文化有着不同的形式和风格，这能够对民族与民族之间进行有效区分。坚持民族性原则就是坚持对中华传统文化的继承和发扬，也是大学生文化自信培养所坚持的主要原则。高校在对大学生进行文化自信培育的过程中，首先要做到的是让大学生在学习和生活过程中逐渐认识到民族性这一重要属性的内涵，提高大学生对民族性的认同。面对世界文化的多元融合，高校大学生要始终坚持本民族的文化，用本民族的一元文化去引导和发展世界的多元文化。但是，在引导高校学生过程中，注意的是要让高校大学生认识到对于传统文化不只是要继承它，更是要在继承的同时与时代潮流相结合，做到与时俱进，在继承传统文化的同时创新传统文化，以此来提高高校大学生对于文化的认同感，增强高校大学生对民族文化的信心。

（二）开放性原则

开放性原则就是高校在大学文化自信培养的过程中，对于中华优秀传统文化要采取一种取其精华、去其糟粕的正确态度，同时对于外来文化要有一种开放包容的态度，能够在继承中华优秀传统文化精华的同时，能够对外来的优秀文化进行广泛吸收。除了培养高校大学生辩证取舍的态度和开放包容的胸怀之外，还要培养大学生对外来文化吸收转化再造的能力，也就是能够将外来文化中的精华有效运用到中国特色社会主义建设上来的能力。

四、理论性与实践性原则

（一）理论性原则

理论性原则主要体现在文化认识环节，在大学生文化自信培养的过程中要重视理论知识的灌输。理论教育的重要性的论证主要体现在以下两方面：

（1）从我国古代教育实践中得到了论证

在《师说》中，韩愈就对教师的职责进行了论述，教师的职责就是传道、授业、解惑，其中传道便证实了理论教育的重要性。在我国古代教育中，极其重视理论教育，不仅专门设置机构进行理论教育，还对理论教育的内容进行了比较系统的总结，总结成各种道德教条，编成了各种经典书目。因此，高校在对大学生进行文化自信培育的过程中，在理论教育方面可以借鉴古代理论教育的方法。

（2）从中国共产党治国理政的经验中得到了论证

毛泽东指出："代表先进阶级的正确思想，一旦被群众掌握，就会变成改造社会、改造世界的物质力量""没有革命的理论，就没有革命的运动。"无产阶级革命导师列宁主张："工人本来也不可能有社会民主主义的意识。这种意识只能从外面灌输进去。"从上述言论中可以看出，中国共产党始终坚持将理论灌输法作为传播科学理论的重要方法，并取得了一定的教育效果。

（二）实践性原则

实践性原则指的是高校在对大学生进行文化自信培育的过程中要重视实践环节，要重视培养和提高大学生的文化行为。实践重要性也可以从以下两点中得到论证。（1）古代对于知行合一的有着高度的重视，可以看到古代对实践也是非要重视的。可以从这个方面可以看出，在文化自信培育的过程中实践的重要性。（2）在中国共产党革命史上高度重视通过实践进行生产和育人。

五、引导性和先进性原则

（一）引导性原则

引导性原则主要指的是在高校对大学生文化自信培育的过程中，要引导大学生自觉地弘扬中华优秀传统文化；要引导大学生对西方外来文化要有包容的态度，而且能够有效借鉴西方外来文化；要引导大学生充分认识到自身在中国文化建设中的主体性，也就是引导大学生能够通过中国历史经验和智慧来建设中国文化，从而促进我国文化与世界文化站在平等的位置进行交流。

（二）先进性原则

先进性原则指的是高校在对大学生进行文化自信培养的过程中要重视社会主义先进文化的教育，将社会主义先进文化逐渐渗透到大学生的方方面面，通过对大学生进行社会主义先进文化教育来引导大学生的行为和思想。具体可以从三方面进行体现：（1）始终坚持将社会主义先进文化的前进方向和增强对社会主义核心价值体系认同相结合，使得高校大学生高度信任社会主义先进文化。（2）提高高校大学生对社会主义先进文化的认同，与此同时，使大学生的价值观能够与社会主义核心价值观保持一致。（3）提高高校大学生对马克思主义的信仰，坚定不移地走社会主义文化强国道路。

六、科学性与人民性原则

（一）科学性原则

科学性原则主要指的是在高校对大学生文化自信培养的过程中要始终坚持科学的指导思想，也就是要始终坚持将马克思主义、毛泽东思想、中国特色社会主义理论体系作为大学生文化自信培养的指导思想。坚持科学的指导思想，能够对文化自信内容的可行性和文化发展的正确方向发挥着重要的保障作用。文化自信培养的过程是缓慢的，是复杂的，我们要遵循文化自信发展过程中的客观规律，目前，我国文化自信已经主要从最初的不成熟发展到现在比较成熟的样貌了，中国共产党对于文化自信的重要性也从浅显的认识发展到深刻的认知了。

（二）人民性原则

人民性原则主要强调的是文化自信的主体，文化自信的主体分别是国家、民族和政党，从这三个主体来看，充分体现了文化自信的人民性。

（1）国家主体方面，我国是人民民主专政，国家所用拥有的一切权利都是属于人民的。国家对于文化相关政策的制定和实施，都是为了人民；文化教育和文化事业的发展离不来人民；文化建设和改革所得到的成果最终的受益者也是人民。

（2）政党主体方面。人民性在无产阶级政党属性中是作为一种本质的存在，中国共产党是人民群众的先锋，始终将人民放在最高的位置，一切为人民服务。中国共产党始终代表着人民的利益，党在文化政策制定和实施的过程中，始终站在人民的立场，始终考虑人民的需求，始终促进人民的发展。

（3）民族主体方面，众多不同的个体共同组成了中华民族，为了促进民族文化的发展，要加强对民族个体在精神和文化上的教育，使这些不同的个体能够肩负起中华民族伟大复兴的使命。

七、立德与全面发展原则

（一）立德原则

在高校大学生文化自信培育体系中，立德树人的主体是教育者，立德树人的对象是被教育者，强调教育者通过自身德业的树立，为被教育者做榜样。在高等教育中，大学教师要承担起立德树人的职责，在向学生传授知识的同时，教会学生做人的道理。目前，很多大学生散漫懈怠，对未来迷茫，甚至受到不良文化的影响从而走上错误的道路。因此，高校教师必须要发挥自身对大学生思想的正确引导作用，培养和提高大学生的文化自信。

（二）全面发展原则

全面发展原则主要指的是在高校对大学生文化自信培养的过程中，要始终坚持大学生德智体美各方面的和谐发展，促进学生的全面发展，从而为社会培养所需要的人才。在文化自信培养的过程中，除了传授知识和发展能力之外，还要注重培养学生的品格、心理和身体健康等，确保认识发展和身心发展的有效统一。全面发展不仅能够利于培养出适合社会发展的高素质人才，也能够促进我国教育与国际先进教育的有效接轨。

八、时代性原则

每一种思想的产生都是特定时代的产物，是每个时代精神中的精华。新时代背景下，逐渐形成了文化自信。随着中国特色社会主义文化思想的形成，文化自信对于国家发展来说也越来越重要，文化自信的提出代表了时代的呼声，也代表了当今社会的现实需要。目前，我国面临着百年未有之大变局，更是面临着时代的发展和国际上的严峻形势，这种种问题该如何化解，是中国共产党人所要面对的。然而，这些问题的化解最终落实到了文化方面，也就是要从中华优秀传统文化、革命文化、先进文化三方面去寻求方案。从中华优秀传统文化中汲取智慧、探寻方案；从革命文化中获取艰苦奋斗、坚持不懈、勇往直前的精神；从先进文化中对未来的前进方向进行明确。文化自信的提出，充分体现了时代的要求，具有显著的时代性。

第三节　大学生文化自信培养的方法

一、完善文化自信教育内容

文化自信主要来源于中国特色社会主义文化（包括中华优秀传统文化、革命文化、社会主义先进文化），文化自信教育的主要内容也是中国特色社会主义文化。新时代背景下，文化自信教育要充分考虑时代的特征和当代大学生的特点，充分挖掘中国特色社会主义文化中的元素，完善文化自信的教育内容。

（一）以中华优秀传统文化涵养人文底蕴

中华优秀传统文化是中华民族的文化根基，所蕴含的思想理念具有鲜明的民族性，蕴含着丰厚的人文底蕴，更是中华民族的瑰宝。随着时代的发展，中华优秀传统文化以自身的人文底蕴始终滋养着过去和现代的文化自信。当前，文化在综合国力竞争中发挥着决定性的作用，国内外多元文化的融合对正确理解和认知我国传统文化产生了消极的影响，面对这种形势，只有在继承和发扬中华优秀传统文化的同时，实现中华优秀传统文化创新，才能促进文化强国建设目标的实现。高校在意识形态工作中是作为前沿的存在，高校应该肩负起中华优秀传统文化继承、发扬、创新的使命，通过中华优秀传统文化丰厚的人文底蕴滋养高校中的每一位学生。

1. 促进传统文化的创造性转化

中华优秀传统文化蕴含着丰富的文化资源，高校要深入挖掘这些资源，创建与时代发展相符的传统文化品牌项目和文化育人项目，用当代网络语言向高校学生传递传统文化知识，从而正确引导大学生的思想，帮助学生树立正确的文化价值观。

2. 促进传统文化的创新性发展

在高校专业课程教学中深度挖掘与文化相关的元素，在专业课程中开展与文化相关的主体教育活动；也可以通过网络平台，如微博、微信，开展与文化相关的微课堂，从而将专业课程与传统文化相结合，营造浓厚的文化氛围，使高校学生在专业课程学习中充分体验传统文化。

3. 发挥传统文化的实践育人功能

在高等教育中，将中华优秀传统文化与教学实践相结合，探寻高校文化传承的实际现状，在教学实践中，让大学生充分体会传统文化，能够自觉承担起继承和发扬传统文化的使命，让大学生真正做到内化于心、外化于行。

4. 改变大学生对传统文化的认知

传统文化课程的老师在课堂上采用生动有趣的方式将与时俱进的传统文化传递给学生，将传统文化与实际所发生的事迹相结合，将文化热点话题引入课堂，让学生深刻体会到传统文化虽然是从古代流传下来的，可能是陈旧的、古老的，但是传统文化确实当今社会所存在的文化共识，存在于我们的身边，并在我们的身边时有发生。

5. 加大传统文化课程的建设力度

高校文化课程教学过程中，要提高传统文化在教学内容上的比例。传统文化中的一些思想观念流传至今仍然具有重大积极影响，因此，在高等教育中，要将文化课程与传统文化进行融合，可以开设与传统文化相关的课程，如文化选修课、网络课程等；也可以课堂上进行教学实践活动，如诗歌朗诵比赛、经典古籍阅读比赛等，让传统文化的影子时刻出现在大学生的学习中，让大学生充分体会传统文化，充分认识传统文化，为继承和发扬传统文化打下坚实的基础。

（二）以革命文化熔铸精神底色

革命文化是中国共产党领导人民经过艰苦的斗争创造出来的具有中国特色的文化，是中华民族文化的瑰宝。在中华文化遭遇危机的时刻，诞生了革命文化，并在不断的革命斗争中形成了现在具有中国特色的革命文化，革命文化中凝聚了无数革命先烈们的精神，形成了精神文化脊梁，充分展现了我党革命者们的精神风貌，更是为中华民族伟大复兴提供了强大的精神动力。在大学文化自信培养体系中，要提高革命文化教育，从而提高大学生革命文化自信，提高大学生的爱国情怀。

1. 注重革命文化的熏陶感染

在高校中营造革命文化的氛围，充分发挥革命文化的熏陶作用。虽然文化氛围是无形的，但是能够潜移默化地影响学生的思想和行为。营造革命文化的氛围，就要将革命文化融入教学中，从而进入到学生的潜意识中。将革命文化融入教材中，可以在教材中增加革命历史、革命英雄、革命事迹等内容，促进学生对革命文化的学习；将革命文化融入课堂，可以将专业课程与革命文化相结合，加深对革命文化的学习。

2. 打造弘扬革命文化的新载体

打造弘扬革命文化的新载体，就是要运用现代先进的科技，可以通过网络媒体传播革命文化知识，还可以创作以革命文化为主题的网络表情包、网络卡通形象等等，让相对严肃的革命文化在网络的支持下变得鲜活和具体，从而获得高校大学生和社会人民的喜爱，更加有效地传播革命文化。除此之外，还要将革命文化与大学生的日常生活相结合，可以在大学生进行社会实践时适当的融入革命文化，让大学生在实践中体会革命文化，形成强烈的革命文化意识和信心。

（三）以社会主义先进文化增强育人底气

社会主义先进文化是马克思主义进行中国化后所形成的，是近现代史上的重要成果，社会主义先进文化整合和发展了传统文化和革命文化，适应现代社会潮流，符合现代科学精神，也是一种优秀的中华文化。外来文化的入侵，让当代部分学生迷失了方向，背弃了自我，丧失了理想信念，这种情况的发展对我国社会和民族是非常危险的。新时代背景下，高等教育要充分利用社会主义先进文化，在学生教育中不断地融入社会主义先进文化，以此来增强高等教育的育人底气。与此同时，高校教育要是始终将立德树人作为教育的根本任务，运用科学的手段和方法正确引导学生，以科学的规章制度规范学生，从而帮助学生树立正确的文化价值观。

1. 以中国梦鼓舞大学生

近代以来，实现中华民族伟大复兴是我们国家、民族以及每个人民的最伟大的梦想，大学生是国家和民族的未来，肩负着中国梦实现的重任。因此，高校在对学生进行文化自信培育时，要用伟大的"中国梦"来鼓舞和激励学生，让高校学生在社会主义先进文化的引导下，感悟国家的改革发展，从中感悟力量、汲取力量；同时要让学生认识到自己担负着实现伟大中国梦的重要使命，从而激发高校学生心中的爱国激情和民族自豪感，增强高校学生践行中国梦的主动性和自觉性，从而不断地提高文化自信。

2. 加强校园文化建设

高校作为传承文化、培养文化人才的重要载体，校园文化的建设极其重要。高校要根据自身的实际情况打造具有自身特色的校园文化，在高校校园文化的建设中，要注重精神文化和物质文化的双重建设。精神文化建设过程中，要注意防止形式主义，要关注精神文化本身，根据本校的办学特色和发展历史，合理设置精神文化的内容和形式，设立符合本校办学特色的校风和校训。物质文化建设过程中，要赋予物质深厚的文化内涵和教育意蕴，使其能够顺利地融入学生的生活中。

二、提高校园文化环境的教育效能

（一）将中华优秀传统文化融入校园环境中

随着多元文化的融入和冲击，中华优秀传统文化在我国仍旧屹立不倒，在中国文化中是一种精神命脉的存在。经过历史的洗礼和时间的积累，中华优秀传统文化成为一种独具特色和独特魅力的文化。新时代背景下，对中华优秀传统文化的教育提出了新的要求，也发出了高校教育肩负中华优秀传统文化教育的使命。目前，经济全球化日益发展，西方文化和西方思想的不断融入，冲击着当代大学生的思想。当代大学生具有鲜明的时代特质，他们思想超前、生活个性化，面对当代大学生，高校要肩负起育人的重任，更要始终将立德树人作为教育的根本任务，不断地创新教学模式，提高学生的文化素养和责任意识。中华优秀传统文化蕴涵着丰富的文化思想，是一种文明结晶，是中华人民智慧的体现。新时代背景下，中华优秀传统文化与时代发展相符，是实现伟大中国梦的精神动力。

新时代背景下，青年一代是社会前沿的存在，肩负着时代赋予他们的使命。因此，在高校教育中，是始终坚持以学生为本、以学生为主的原则，将学生的成长与国家未来的发展紧密联系在一起，提高学生的学习动力和社会责任感，从而达到育人的效果。在高校教育中，中华优秀传统文化的学习和弘扬能够提高大学生的爱国热情和民族自豪感，能够帮助学生树立正确的人生观和价值观。环境能够潜移默化地影响学生，高校设立良好的校园环境能够激发学生的学习动力和学习兴趣。将中华优秀传统文化融入校园，走进学生的学习和生活，高校可以充分利用图书馆、文化活动等方式，将中华优秀传统文化充分的融入校园环境，提高学生对中华优秀传统文化内涵的理解和文化自信。

（二）依托当地红色资源宣传革命文化

革命文化具有强大的精神力量，它是中国共产党在伟大革命斗争中形成的。随着革命实践过程的不断发展和不断完善，形成了革命文化。革命文化的内容很丰富，其中延安精神、长征精神、西柏坡精神等，体现了中国人民高尚的品格，是中国历史上宝贵的财富。在高校对学生进行思想政治教育的过程中，将革命文化融入思想政治理论课教学中，显得十分重要。具体来讲，大学生通过对革命文化的学习，可以强化大学生的爱国主义信念，帮助大学生树立集体主义观念，另外还可以加强大学生对革命文化的认知，坚定大学生对革命文化的自信。从而使得大学生能正确理解社会主义核心价值体系。因此，高校要将革命文化与思想政治教育有机融合，以提高大学生的思想道德修养，促进大学生全面发展。

今天的大多数学生都出生在21世纪。他们倡导自由，以理论灌输的形式向学生传授革命文化，效果可能不是很明显。文化有着微妙的作用，在潜移默化中以润物细无声的方式向大学生传递着文化精神，更有利于达到革命文化育人的效果。将革命文化融入第二课堂活动，以实践活动的形式将学生带入革命场景，让学生与革命文化零距离接触，例如让学生参观革命纪念馆或体验革命时代的生活。通过这些形式，大学生能真真切切感受到革命时代的精神文化，如此将革命文化的理论转化为大学生对革命的实际情感，使大学生从根本上接受革命文化，认同革命文化，更能使大学生增加对革命文化的自信。在进行革命文化实践教育过程中，需要考虑一些问题，例如组织学生去往外地进行学习和参观文化纪念馆比较难，因为其中会涉及学生的安全问题，再加上学生队伍的庞大，因此高校往往不能组织学生到其他地方进行学习和参观。正因如此，高校在对学生进行革命文化实践教育时，首先要想到的是采用就近原则，不同地区有不同的革命文化，因此要结合当地的红色资源对学生进行革命文化的教育。实际上，组织学生参观是一种非常方便的方式，而且可以很好地达到育人的效果。当地的红色资源可以是革命烈士的故乡，也可以是革命战争的基础。另外，还可以依托当地红色资源开展红色健身活动，这样可以更有效地激发学生的自主性，增强学生对革命文化的理解和对当地革命文化的归属感。

（三）通过进行劳动教育弘扬社会主义先进文化

社会主义先进文化反映了人们的美好愿望和追求，是综合国力的重要标志。它是面向世界、面向未来的文化。人创造了文化，而文化的继承也离不开人的作用。在大学生的文化自信教育过程中，应该大力弘扬劳动精神，使大学生在劳动教育中培养劳动模范精神，在奋斗中弘扬文化，实现中华民族的伟大梦想。

只有通过劳动，人们才能获得财富，创造价值。历史实践证明，只有劳动才能实现中华民族的伟大复兴。不劳而无获，只有努力工作，我们才能过上幸福的生活。新时代的大多数大学生从小就有了较好的家庭条件。他们从小就没有受过多少苦，更不用说了解劳动的艰辛了。他们中有一部分人总是希望天上掉下来的馅饼会击中自己，最终因为对利益的贪图而使得其价值观发生偏离并逐渐丧失正确的价值观，而走向犯罪的深渊。

机遇是留给有准备的人的，大学生只有不断积极地参与劳动实践，逐步奠定良好的基础，才能抓住时代机遇，促成质变，从而实现中国梦的伟大梦想。高校作为大学生接受教育的主要阵地，应积极对大学生开展劳动教育，在教育中弘扬劳动精神，从而通过劳动，使大学生形成价值共识。高校通过开展以劳动教育为主体的实践活动，有助于培养学生艰苦奋斗、乐于奉献的劳动模范精神，从而使得大学生从劳动中获得人生价值。进而在通过劳动为国家和社会做出贡献的同时，大学生分自身实现自己的人生价值。

通过对劳动文化的学习，大学生可以增强自身的文化自信，从而肩负起实现社会主义现代化和强国文化的历史使命。社会主义先进文化植根于社会主义伟大实践。中国共产党领导人民进行伟大实践的时候，造就了一大批为社会主义奋斗的劳动模范。他们不怕辛苦，乐于奉献的精神，为大学生树立了榜样。将劳动模范请进校园是学校开展劳动教育的有效途径。劳动模范的工匠精神和成功经验是激发大学生的内在动力，使大学生能够在劳动中感受劳动的乐趣，并成为合格的时代新人。

三、整合大学生文化自信培育的队伍

高校大学生的文化自信培育队伍主要包括党政及共青团干部、思想政治理论课及哲学社会科学教师、辅导员及心理咨询课教师。教师是立教之本、兴教之源，新时代的今天教师更是承担着时代育人的艰巨任务。

（一）加强整体队伍建设

高校要想加强整体的队伍建设，首先是加强教师队伍的建设，只有拥有了认真负责的教师，才能有一个完善合理的教育体系。因此，教师队伍的建设是十分重要的，高校要重视教师的重要地位，积极维护教师的合法权利，保护教师的合法权益。这就要求高校还要不断改善教师的教育环境，使教师在一个充满良好和谐的氛围中进行教书育人。另外，高校要建立师生之间的双向互动机制。作为学校建设的主体，教师和大学生都肩负着构建社会主义核心价值体系的重要任务。他们不仅是社会主义核心价值体系的建设者，也是社会主义核心价值体系的参与者。其中，教师还是高校大学生文化自信培养的引导者和教育者。因此，只有建立和完善师生之间的双向互动机制，才能缩小师生之间的距离。师生互动可以帮助大学生更具体地理解传统文化。它是学生对传统文化的理解从理解到创新的成长过程。

（二）加强思政队伍建设

高校教师要着力提高思想政治理论课和社会科学课的水平。重点培养一批"师德高、专业知识高、能力多方位、专业目标明确"的教师队伍。针对教师队伍的建设，高校可以从以下方面入手。

首先，要立足于学校的实际，使教师在最短的时间内成为新课程的有效参与者和积极建设者，还要提高教师的教育教学实践能力，实现教师专业水平的发展。

其次，高校要加强对教师的校本培训。教育课程改革已成为一大趋势，而随着改革的推进，对高校教师的要求越来越高，基于教师专业的可持续发展，高校应推行校本培训一体化的教师专业发展模式，并且不断在实践中进行探索、总结、反思，从而对校本培训方式进行改进。

"学习型社区"的改革意味着一场深刻的变革。它要求：学校不仅要建设成学生相互学习的地方，而且应该建设成为教师相互学习的地方。因此，高校应坚持"继续教育、终身教育、学习是工作和生活的一部分"的学习理念。强调学习不仅有利于提高工作质量，也有利于提高自身生活质量。

（三）加强辅导队伍建设

对于辅导员和心理咨询教师来说，作为大学生文化自信的主要培养者，高校应切实加强教师福利待遇，提高教师地位，保障学校教育，进一步完善大学生文化自信培养体系。同时，要进一步完善教师管理机制。这是因为良好的管理机制是顺利实施大学生文化自信培养的重要前提。需要注意的是，高校在改善教师福利的同时，应加强对教师的监督管理。对教师的监督管理要全面，除了要加强对教师作风的监督，对教师的师德以及行为标准都要逐一进行监督，而监督的场所既包括课堂上，也包括教师平时的工作考核上。在赋予教师新时代的责任感和荣誉感的同时，还要严格要求教师平时的日常工作。

评价是完善高校各种培养机制的关键措施。因此，高校应该建立和完善高校评价机制，具体来讲原因包括以下几个方面：第一这是正确认识和评价文化自信培养模式的需要；第二是提高创新文化自信培养内容的需要。需要注意的是：高校评价机制应坚持科学性、客观性、发展性、关联性的原则，另外高校评价机制还具有以下特征：一是顺应了高等学校人才培养可持续发展的要求；二是以社会主义科学理论为指导；三是以实事求是为前提；四是以协调和确保各种机制之间联系为目标。评价的对象不仅是受教育者，还包括教育者、高校管理部门，以及对教育内容和教学过程的评价。

对大学生的评价包括：大学生能否平衡上网时间和学习时间之间的关系；能否科学利用新媒体提高学习水平；能否利用网络传播空间进行文化学习和交流。

对管理者的评价需要建立相应的激励制度，选拔"先进文化培育管理部门""优秀文化培育工作者"，定期组织实施"优秀文化培育信息工作者"和"文化培育技术骨干"，并给予相应奖励。

通过研究、调查、评价和激励，我们可以发现在对大学生进行文化自信培育时的不足，相关人员要将信息及时反馈给上级组织，并得到切实修正，这一过程能充分调动相关人员的积极性和创造性。另外，还确保了评价机制的正常运行。

四、强化文化自信教育运行机制建设

运行机制是指一种运行模式，这种模式在对大学生进行文化自信培育过程中，由各种因素为确保教育目标和任务的实现而相互关联、相互作用而形成的。文化本身具有复杂性，因此高校在开展大学生文化自信培育过程中会受到诸多因素的影响。为了克服这些因素，确保文化自信教育的有效性，从而达到提高教学质量的目的。高校必须建立一套协调、灵活、高效的大学生文化自信教育的运行机制，为提高人才培养质量提供强大动力。

（一）完善文化自信教育监管机制

监督机制是提高教育质量、提高教育执行力的重要保证。要完善监督管理机制，可以从以下方面入手。首先，我们应该建立一个明确的文化自信教育管理体系。其次，高校要树立科学管理观，坚持党委领导下的校长负责制，努力构建能突出学校特色的自信文化教育管理体系，努力探索管理教育的新途径、新方法，把文化自信教育贯穿于学校教育管理服务的全过程，明确职责分工，切实发挥各级行政部门、团委和学生组织的文化教育职能作用，提高整个

教育过程的效率。

（二）构建文化自信教育监督体系

严格的监督制度是确保文化自信建设质量和效率的重要手段。要想建立一个完善的文化自信教育管理运行机制，高校应定期对文化自信建设进行监督。监督的方式可以采用定期检查的方式，亦可以采取随时抽查的形式，监督的内容主要包括文化自信教育课程进度、校园文化建设、文化社区建设、文化实践活动、日常教育、网络技术使用等方面。在进行监督时，如果出现实施不顺利的情况，要及时给予指导和大力支持；如果出现实施不力、落实不到位的情况，要及时严肃批评和纠正，以提高本校文化自信教育建设的实效性，帮助学生坚定文化信念，增强他们的文化自信。

（三）构建文化自信教育评价体系

有效的评价体系是指导文化自信教育方向的重要依据。《新时期深化教育评价改革总体规划》提出："坚持科学有效，改进结果评价，强化过程评价，探索增值评价，健全综合评价，充分利用信息技术，提高教育评价的科学性、专业性、客观性"。这为建立文化自信的评价机制提供了指导。不断完善相关评价体系。文化自信教育评价体系的构建需要从以下几方面进行考虑：

第一，要确保遵循正确的政治方向。我们要坚持马克思主义在意识形态领域的领导地位，以提高教育质量作为目标，努力完成思想政治教育"立德树人"的根本任务。

第二，注重问题导向。在高校进行大学生文化自信教育评价体系运行过程中，要不断发现和探索其中存在的问题，针对这些问题进行改革，引导高校科学定位，深入挖掘自己的文化渊源和独特的历史文化遗产，形成高品质、独特的文化自信建设风格。

第三，注重系统评价。淡化考试、成绩、试卷等量化指标，突出学生个人文化能力，对个人道德修养、知识积累、实践活动、行为等方面进行综合评价。

第四节 大学生文化自信培养的途径

一、宣传引导

社会之于大学生来说意义深刻、广泛。这是因为，大学生通过社会这一途径，不仅可以了解自身的文化，还可以了解外来文化；另外，社会这个大环境还会影响大学生的文化自信。基于社会这一特殊性质，很好地利用其放射线效率在培养文化自信上是非常重要的。

第一，利用大众媒体积极宣传中华优秀传统文化和社会主义先进文化。一方面可以构建以宣传中华民族精神、中华优秀传统文化和中国特色社会主义先进文化为主要内容的主题网站，推进新媒体的建设，合理填补其他业态中的文化。为大学生提供一个平台来广泛了解和阅读优秀文化作品。另一方面，要建设有魅力、有影响力的传统文化和中国特色社会主义文化的专业教育网站，以网站为媒介宣传中华民族精神和社会主义核心价值观，让大学生感受到浓厚的文化氛围。

第二，利用生活社区积极宣传传统文化和社会主义先进文化。以社区为阵地，吸引大学生暑假积极参加知识竞赛、诗歌朗读、亲子游戏、家庭教育讲座等活动，普及中华优秀的传统文化知识，促进邻居和睦，培养共同体意识。组织和开展文明社区、和谐社区、孝顺家庭等特色活动，使大学生实践中华民族的传统美德，提高大学生对社会主义先进文化的兴趣和认同感，还可以进一步践行社会主义的核心价值体系。

二、家庭熏陶

家庭也是大学生了解传统文化的一个重要途径，大学生的文化自信会潜移默化地受家庭文化的氛围的影响。利用家庭熏陶对大学生文化自信进行培养的途径主要表现在以下方面：

第一，家长必须积极培养大学生的文化自信。家庭方面应为大学生提供方便了解中华优秀传统文化和社会主义先进文化的条件。比如，订阅书报，让大学生通过日常生活中的阅读，了解中华优秀的传统文化和社会主义先进文化，使大学生的知识储备更加丰富。

第二，家长必须重视自身文化素养的提高。一方面，家长在思想上必须对中华优秀的传统文化和社会主义先进文化有深刻的认同感。积极以身作则，通过书籍、报纸、影视宣传等媒介进行自我文化认知水平的提升，另一方面，家长在行为上要积极将中华民族的传统美德付诸实践，真正做到弘扬中国特色社会主义先进文化，从而为大学生树立榜样的同时，为大学生践行中国优秀传统美德营造良好的氛围，从而使得让大学生在耳濡目染中，接受中华优秀传统文化教育，并践行中国传统文化。

三、学校教育

学校是大学生学习生活的主要场所，在大学生文化自信教育过程中，学校要充分发挥其育人功能，高度重视民族传统文化教育和中国特色社会主义文化教育，充分发挥课堂优势，发挥校园文化活动的载体作用。具体包括以下方面：

第一，充分发挥高校思想政治理论课的作用。高校思想政治理论课的作用包括：是对大学生进行思想政治教育的主渠道；是实行立德树人根本任务的关键课程；是对大学生进行马克思主义理论教育和思想政治教育的主要阵地；是培养大学生高度文化自信的主要途径。具体来讲，要想帮助当代大学生坚定社会主义先进文化的生命力和信念，可以通过毛泽东思想和中国特色社会主义理论体系的概论课来实现。要想帮助当代大学生传承中国共产党领导的革命文化，可以通过中国近现代史纲要课来实现。要想帮助大学生树立社会主义荣辱观，可以通过思想道德修养和法律基础科目来实现。要想帮助当代大学生了解党的十九届全国代表大会和十九届三中委员会、四届中央委员会、五届全体会议的文化体制改革和文化建设精神，可以通过政策课来实现。总之，在大学生的思想政治理论课设置上，高校要坚持以马克思主义的世界观和方法论为指导，让大学生在了解中华优秀传统文化的内涵和民族历史、民族精神的基础上，促进大学生宣传和发扬社会主义先进文化，引导大学生结合自身发展和社会发展。自觉承担起实现中华民族伟大复兴中国梦想的历史重任。

第二，要加大人文素质必修课和选修课的开设力度。具体来讲，包括以下方面：首先，高校应以学科建设为载体，发挥其多元功能，高校作为国民教育的重要一环，在中华优秀传统文化方面不仅需要强化学科建设，还应重视到其所承担的师资培养、科研孵化、人才建设等多项作用。同时构建新的课程体系，适当开设《国学》和《中国传统文化概论》等必修课。其次，针对不同学科的不同特点，要开设不同的传统文化选修课程，这样可以使大学生根据自己的兴趣对选修课进行选择，在兴趣的驱使下，大学生更能积极地在感悟经典的同时激发自己对优秀民族传统文化的自信心和自豪感。再次，高校要开设一些专题课程，用来对中西文化进行比较。这是因为，随着全球化的发展，文化多元化发展已成为大趋势，高校开设中西文化对比的专题课，有助于帮助大学生站在世界文化的高度审视中外文化的异同，树立兼容并蓄的文化意识和文化态度。帮助大学生走出世界多元文化冲突的困境，培养高度的文化自信。

第三，要积极开展多彩的校园文化活动。首先，建设校园文化活动要以社会主义核心价值体系为导向。全面渗透社会主义核心价值体系的基本要求、基本内容，并且有效贯彻到校园文化活动和校园文化环境的建设中去，特别是在学校人才和学生的思想政治教育工作中，建设能够充分体现社会主义特点、时代特征以及学校特色的校园文化。进而通过多彩的校园文化活动，加强大学生对社会主义核心价值体系的认同。其次，我国传统节日文化丰富多彩，充分利用中国传统节日的要素举办有特色的民俗文化活动，有助于大学生在中国优秀传统文化的熏陶中，提高其对中国传统文化的认同感。利用中国传统节日举办的民俗文化活动包括：春节、清明节、端午节等传统节日，开展新年问候、烈士陵墓扫荡、龙舟竞赛等具有民族特色的民俗活动。再次，举办多彩的民族传统文化和中国特色社会主义文化的专题学术活动。高校方面要有意识地举办传统文化专题讲座、学术报告会、读书会、大学生文化节等主题学术活动，这样不仅可以在让学生了解经典、品味先进文化，还可以在此过程中使学生提高文化的自信意识。

第四，借助新媒体时代的多元化艺术形式展示中华文化魅力，如结合时代特征和青年人的兴趣取向，运用各类软件、微电影、抖音、游戏等现代科技方式传播国学国乐，在多元糅合中使中华优秀文化成为学生热衷热捧的时尚。

四、教师使命

教师是一份职业，但不应过于强调它的功利性、工具性，教师职业内含文化使命，以文育人以文化人。费希特认为每个阶层都有自己的职责和使命，只有完满完成才能受到尊敬。不论是培训机构的教师还是高等院校的代课教师都应当强化使命担当，以饱满的教育热情和高昂的崇学精神投身到教育大业中。

一要高度树立教师文化意识，启迪教师文化自觉。教育就其本身而言就是一场文化活动，树立教师文化意识是进行教育活动的基本条件。大学生的文化教育一是指专业文化，二是指道德文化，专业文化讲授中要渗透出文化自信，要根本上拓宽专业教育的深度阈值。根本固者，华实必茂；源流深者，光澜必章。文化认同是最深层次的认同，教师应以文化者身份，讲授专业知识、涵养学生品格、厚植文化自信，警惕中国文化"失语"现象。一切教育内容的本质是文化理念的传输，科技竞争的根本是文化底色的较量，教师高度的文化自觉意识使授课由传统单一的知识讲授转变为复合型知识文化输出，从而让学生从根本上认识专业学习背后的文化性因子，实现文化教育的深度发展。

二要不断构筑新的文化理念，优化文化教育机制。教师在教育过程中应具备文化层面的认知和实践，将文化觉醒与专业发展有机统一，在专业教育中渗透文化自信意识。构建新型教育理念、坚持以学生为中心的教育质量观，是满足国家发展要求、社会人才需求和个人发展要求的必要之举。教师作为教育活动的文化中介，必须时刻保持文化敏感度、优化教学语言、提升专业素养、抵制平庸之恶。我国目前的教育体制机制一定程度上将教师的自主性束缚于课本框架、阶层规训，教学话语的范式转换亟待解决。以独特的教育教学艺术传达专业知识背后的文化寓意，不断涵养教师文化思维、优化文化教育机制在应试教育普及化的今天显得极为迫切。

三要有效开展批判教学实践，强化教师文化特质。我国是社会主义国家，教师作为国家教育事业发展的主体代表着无产阶级的阶级意志和利益需求。坚定文化自信要从教师的政治觉悟、文化认同入手，以求实现对学生的移情理解、多方感知、倾听学生文化心理诉求。思想政治教育要渗透文化自信教育，就要坚持文化育人原则，同时强化道德育人理念，在教学中树立自我批判意识，正确认识教学关系的复杂性，摒弃教学程序化，因势利导提升多元文化教育能力，强化自身文化特质。

五、自我教育

文化具有极强的消化力，从这一意义上讲，自我教育是培养大学生高度的文化自信的关键。大学生文化自信的自我教育包括以下方面：

第一，积极学习和了解中华优秀传统文化和社会主义先进文化。中国文化具有极强的生命意识和道德实践价值，与西方哲学形成了鲜明的对比，大学生要积极通过现代传媒、影视作品或书籍报刊来丰富自身文化知识，培养自身文化素养。要认清西方价值观念和政治思想的本质属性，自觉抵制西方文化，弘扬社会主义先进文化。大学生要转变学习生活观念，变被动学习为主动学习，更多地阅读书籍，选修课程，另外还要积极参加各种文化交流活动讲座，以提升中国优秀传统文化和社会主义先进文化的肯定和认同。

第二，积极参加有益的文化实践活动。作为新时代的接班人，当代大学生肩负着振兴中华文化的重任，首先要积极参加各种民俗文化活动，感受中华传统文化的魅力和价值，并对文化活动所包含的道德内涵进行深刻解读和了解，自觉提高自身对中华优秀传统文化的认同度。其次还要积极参加学校举办的专题学术活动，这些活动可以使大学生加强自身对传统文化和社会主义先进文化的认识和肯定。除此之外还要积极参加学校和社区举办的校外文化实践活动，以帮助自身对中国传统文化和中华民族发展的历史的认识，从而提高当代大学生的民族自尊心和自豪感。校外文化实践活动如参加以中华优秀传统文化为主题的实践活动，参观博物馆、纪念馆、文化馆、名胜古迹、文物遗迹等。

第五章　历史教学与大学生文化自信培养

本章为历史教学与大学生文化自信培养，共三节。第一节为历史教学与大学生文化自信培养的关系，第二节为历史教学中大学生文化自信培养的重要性，第三节为历史教学中大学生文化自信培养的策略。

第一节　历史教学与大学生文化自信培养的关系

一、文化自信的根基蕴含在历史教学中

首先，历史课程包括丰富的中国优秀传统文化知识，这是文化自信的基础。从纵向来看，中国文化有着悠久的历史，这是坚持文化自信的根源。从时间上讲，中国古代的思想文化自殷周以来一直积淀、繁荣，并开始蓬勃发展。尽管社会动荡、朝代更迭和近代民族遭受罹难，但仍以坚强的毅力生存至今。这种经久不息的民族文化在世界上是独一无二的。从横向来看，中国文化有自己的特点，这些特点构成了建立文化自信的基础。世界文化丰富多样，一些文化的形成主要受其他文化的影响，而中国文化是独立创造和发展的，有自己的体系，有独特的民族个性。在物质层面上，秦砖汉瓦、笔墨纸砚都展现了中国文化的独特魅力；在制度层面，从中国古代统一的政治制度和对人才选拔的科举制度能看出中国文化的治理效能；在精神层面上，儒、释、道所讨论的文化道德及法制等反映了中国文化的深刻智慧。这些足以让我们有理由在世界文化的森林中对我国传统的文化抱有坚定自信。从价值维度来看，中国文化具有深远的影响，为我们培养文化自信提供了文化共识。中国人的思维、选择价值

观和做事方式在某种程度上是相似的,因为我们往往在不知不觉中受到旧观念的影响。如"天下兴衰,人人有责"的爱国主义理念、"威武不屈"的自强精神、"人无信不立"的诚信品质、"知行合一"的认识论思想、"老吾老以及人之老,幼吾幼以及人之幼"的社会风气等。这些价值观在古代被中国人所遵循,而且在新时代也深深扎根于中国人的心中。只有当一个民族的文化被生活在这里的人民接受、尊重和认可时,它才有信心谈论文化自信。

第二,历史课可以了解中国传统文化的历史发展进程。几千年来,中华民族共同创造了丰富的、博大精深的传统文化,并长期积累。这种文化是我们祖先宝贵的文化遗产,是历史在发展过程中所凝结的文化结晶。纵观传统文化的演变与传承,在确立了传统文化的发展脉络中,我们可以看出传统文化形成与发展是历史的必然性,大学生只有掌握了传统文化的丰富内涵,才能增强民族自豪感,从而对中国优秀传统文化产生文化自信。

中国传统文化的发展可分为萌芽阶段、初步形成阶段、丰富发展阶段、成熟阶段、转型阶段五个发展阶段:

(1)萌芽阶段

殷周时期是传统文化的萌芽阶段。这个时代的文化带有浓厚的宗教色彩。中国进入奴隶社会的标志是公元前21世纪夏朝的建立。从殷商到西周,奴隶制逐渐发展到鼎盛时期。然而,受生产力和科学发展水平的限制,殷商时期的奴隶主强调天神的至高无上,以便能更好地管理和奴役劳动人民。在此期间,天命神权的宗教世界观占据统治地位。周朝统治者在继承天命与神权思想的基础上,引入了"德"的范畴,强调"以德配天命""敬德保民",但这一范畴仍没有从天命与神权的宗教世界观中脱离。这一思想构成了儒家"德治"理论的重要基础。西周时期,带有朴素唯物主义色彩的理论——阴阳五行学说形成,对中国文化的发展以及中国哲学的产生具有深远的影响。时至今日,阴阳五行学说具有重要的指导意义。

(2)初步形成阶段

春秋战国时期是中国传统文化的初步形成阶段。这一时期是奴隶社会向封建社会大发展大变革的时期,也是中国传统文化形成的时期。为了适应社会生产力发展的需要,这一时期的社会政治、文化领域出现了前所未有的繁荣。

在思想文化方面，各种学者崛起，出现百家争鸣。中国传统文化的重要组成部分儒道思想就是在这一时期形成的。作为道教的创始人，老子创立了"道"作为世界本体的理论，并在社会治理中引入了"无为而治"的思想。春秋末年，孔子创立了儒家学派。孔子思想的核心是研究"仁"。后来子思和孟子进一步发展了孔子的学说，尤其是孟子把孔子的"仁"说发展为"仁政"说，并引入了人性论和以人为本的理论，全面推动了儒家思想的发展。春秋战国时期，不同学派的学说相互影响、相互融合，形成了传统文化的基本格局。

（3）丰富发展阶段

秦汉时期是中国传统文化的丰富发展的阶段。这一时期，经过三次思想文化冲突，儒家思想成为"儒家经典"，在封建社会占据主导地位。

第一次思想文化冲突是秦始皇以法家思想统一六国，实行车同轨、书同文、行同伦，形成了统一的民族文化。秦始皇以法家思想巩固中央集权，"焚书坑儒"，宣扬法家学说。

第二次思想文化冲突是指从西汉到武帝，黄帝老子的政治学说得到推崇，这一做法恢复和发展了生产力，但抑制了儒道思想的发展。

第三次思想文化冲突是指西汉中期，田蚡、公孙弘先后担任宰相，他们弘扬儒学，贬低黄帝老子的政治学说，为儒学统一格局的形成奠定了思想基础。后来，汉武帝接受了董仲舒提出的"罢黜百家、独尊儒术"的主张，标志着儒家思想在中国社会获得了绝对的统治地位，而且是合法的统治地位。

此时，儒学吸收了道家、法家、墨家、名家等学派的可取思想，发展成融合百家学说的新儒学，并逐渐成为当时最重要的社会思潮。

（4）成熟阶段

魏晋、隋唐和宋明时期是中国传统文化的成熟阶段。两汉儒家经典的弊端逐渐暴露出来，儒家思想的发展逐渐开始衰落。汉魏时期，两汉儒家经典的发展逐渐转向儒道结合的玄学。当时，《老子》《庄子》《周易》被称为"三玄"。玄学的发展，使得传统文化不再是单纯地讲经、释经。玄学以道解儒，以儒解佛，进一步融合了儒道。同时，汉代传入中国的外来文化佛教，经过隋唐，已经成为中国传统文化的一部分。同时，道教起源于东汉，经过魏晋南北朝的发展，一度成为"国教"，隋唐之后进入全面发展的繁荣时期。尤其是在唐代，道教是儒、释、道三教之首。到了宋明时期，理学开始兴起。理学是集儒、释、道于一体的具有完整理论体系的新儒学。它推动中国传统文化的发展，中华民族的理论思维进入一个新的阶段。

（4）转型阶段

从明朝中期到清朝是传统文化的转型阶段。在这一时期，中国封建社会逐渐衰落，但随着资本主义的出现，新思想逐渐形成。这一时期在对理学批判中，实学开始形成，实学主张务实以及经世致用。实学在这一时期达到鼎盛。随着封建社会的解体和西方文化的入侵，严重冲击了中国的传统文化。此时的中国人开始对传统文化进行反思和总结，从而推动了中国传统文化的转型。

纵观传统文化形成和发展的历史，传统文化始终处于传承的动态变化之中，不断发展和不断创新。因此，我们要了解传统文化的起源和发展过程，跨时空欣赏传统文化的魅力和价值，才能更好地理解文化自信的生成机制。

二、历史教学饱含文化自信培育的基础

在如今复杂的国际形势下，培养学生的文化自信显得尤为重要，而历史教学对此的重要作用不容忽视。中国目前的经济和政治等都获得了长足的发展，这也在一定程度上为历史教学中的文化自信培养起到基础作用。可以说，历史教育者应该充分把握好历史教学的特点，为学生培养好文化自信打下坚实的基础。首先，在历史学习中，学生会接触到丰厚的传统文化，而传统文化是促使学生产生文化自信的重要源泉。传统文化中的很多思想至今仍在我国的社会中发挥着不容忽视的重要影响。比如，儒家的一些思想对于社会的发展以及个人的发展有着十分深远的影响作用。

其次，历史教学中，学生还会接触到红色文化，红色文化是我国人民和中国共产党智慧的结晶，产生于新民主主义革命时期以及社会主义革命与建设时期，其对于国人的影响可谓重于泰山。红色文化的重要思想基础是马克思主义。马克思主义对于人的发展的论述以及对于社会发展的论述，在今天有着发人深省的作用。学生要想更好的发展，就必须在马克思主义的基础上，不断丰富自己的精神、道德等。因此，历史教学应该充分利用好红色文化，帮助学生

体会长征精神、井冈山精神等等，让学生在今后的发展能够做到坚持奋斗。只有这样，学生才可以在不断的发展中做到精神上的富足，才能不断建立起文化自信，做一个新时代的社会主义建设人才。

最后，历史教学中的重要一部分就是中国特色社会主义先进文化。这是中国共产党带领中华儿女，在长期的社会主义建设过程中建立与积累起来的文化。在社会主义建设过程中，广大人民表现出不怕困难、艰苦奋斗的精神特点，值得广大学生学习借鉴。比如，"载人航天精神""雷锋精神"等都是如今的广大高校学生需要学习的部分，在历史教学中，教师要特别注意引导学生学习、体会中国特色社会主义先进文化，让学生得到精神上的洗礼，帮助学生在新时代继续继承、弘扬、发展中国特色社会主义先进文化。

第二节　历史教学中大学生文化自信培养的重要性

一、促使高校学生产生对于传统文化的自豪感

首先，有助于促使高校的学生从内心深处真正认同传统文化。如今，很多学生在各种思潮的影响下，对于我国的传统文化产生了质疑的心理，难以真正和优秀传统文化产生精神上的"共鸣"。这就导致学生的文化自信培养受到一定阻碍。而历史教学的开展，有助于学生真正看到优秀传统文化的魅力，认识到中华民族绵延不绝的原因所在。因此，在历史教学中开展文化自信培养工作首先应该利用好中华优秀传统文化，以此为基础，让学生产生对于传统文化的自豪感。然后，促使学生的创造力和凝聚力得以提升，为社会主义建设提供凝心聚力、推动发展的精神支撑。只有这样，我们的社会才能形成良性的循环，我们的学生才能在良好的社会环境中发展。

其次，除了要提升学生对于传统文化的认同度之外，还应该让学生看到传统文化的生命力，以此促使学生建立起对于传统文化的信心。这样一来，学生的文化自信程度自然会越来越高。中华文明是世界上最古老的文明之一。其对于人类文明的延续与发展有着不容忽视的作用。难道这不值得我们的学生发

自内心地感到骄傲吗？而且，即使是鸦片战争后，面对西方文明的强袭，中华文明依然在一定程度上表现出了旺盛的生命力。如今，在中国经济蒸蒸日上、人民生活愈加富足的今天，中华文明重新焕发出了新的活力和光彩，中国优秀传统文化再一次引人瞩目。因此，在历史教学中，知识的学习有利于促使学生看到中华传统文化的生命力，并促使学生真正对于这种生命力产生敬畏感和信心。

最后，虽然传统文化中有一些利于社会和人发展的东西，但是也有一些不适合如今时代的东西，因此对于传统文化的态度应该是批判性的继承和发展。这样才有利于学生建立起正确的文化自信，而不是盲目的文化自信。在高校历史教学中，教师应该引导学生有效提炼出传统文化中积极的因素，有利于社会发展的一些因素，以及适合这个时代发展的一些因素等等，比如传统文化中"天行健君子以自强不息"等思想，而一些消极的宗教思想则需要适当地被抛弃。以此充分做到扬弃，促使学生体会到优秀传统文化的价值，更好地发挥出传统文化的价值。只有这样，学生才能在历史教学中真正建立起正确的文化自信。

二、帮助高校学生有效警惕西方文化的渗透

首先，历史教学的开展能够促使高校学生避免受到西方文化的侵蚀。当前，网络的迅速发展，促使学生接受信息变得更加方便快捷，但也在一定程度上会造成学生受到西方文化的渗透，让学生接触一些不良的思想。比如"及时行乐"的思想促使一些大学生越来越自私。这对于学生的发展是十分不利的。为此，在历史教学中，应该采取适当的手段促使学生摆脱对于西方文化的过度推崇。高校作为历史教学的载体，应该在教学中促使学生积极开展中西文化学习，让学生能够正确对待中西文化的不同，并借助一定的中外对比，促使学生看清西方一些不良思想的"真面目"。这样才有助于学生建立起充分的文化自信，产生对于国家和社会的认同，以此帮助学生获得更好的发展。

其次，将大学生对西方强势文化的警惕性充分提升，筑牢文化安全底线。百余年来我们学习西方文化，谋求现代化，曾产生过全盘西化的思潮，一

段时间内甚至出现了对民族文化的虚无主义态度，造成民族文化的主体性意识失落。西方文化借势而起，以特殊为普遍，形成了一股"西方中心主义"的强势文化观，不断销蚀着我国文化的民族自主性，导致拜金主义、享乐主义和极端个人主义等腐朽思想在我国蔓延。如何警惕和防范西方价值观霸权，防止西方文化殖民，已成为现代化进程中的重大课题，培育大学生的文化自信，筑牢文化安全底线，夯实文化根基，坚持民族文化的独立性意义重大。

最后，促进大学生对西方外来文化做到"包容借鉴"。文化是一个民族的灵魂，代表着一个国家和民族的文明程度、发展水平与高度。当今世界，文化与经济、政治相互交融，多元文化纷至沓来。部分大学生深受西方文化的影响，思想及话语深深打上了西方文化的烙印，不假思索地盲目认同和接受，如模仿甚至沉溺于西方的生活方式，对西方的宗教节日、花样饮食、娱乐节目等趋之如鹜。在语言表达上浸淫于西方语汇，甚至受其意识形态所左右。还有部分大学生对中西方文化底蕴了解不深，断章取义、人云亦云，对文化交流交融在民族国家生成及发展中的作用认识得不够。学生应该知道，中华文化之所以绵延不绝，很大程度上在于其具有强大的包容性。在漫长的历史中，中华文化不断吸收借鉴其他优秀文化的精华，摒弃自身的不足，从而在历史长河中发挥出耀人的光彩。而西方文化有其产生、存在的地域环境、人文情怀和历史传统。因此，在世界多元文化背景下，要深刻了解中西方文化各自的底蕴及精神，以开放的胸怀、兼容并蓄的态度对待西方文化，吸收借鉴其优秀因子，不可厚此薄彼。

此外，不同于一些学生对于西方文化过于推崇，还有一些学生对于西方文化过于反对，十分极端。应该认识到，西方文化中有不利于社会主义建设的因素，但也有其积极的因素。我们应该认识到西方文化中有腐朽的内容，但也有积极的内容。这样才是正确对待西方文化的态度。为此，在历史教学中，教育者应该促使学生学会正确对待西方文化。在这个过程中，教育者首先要促使学生具备辩证的态度，在不同的时代不同的时期积极辨析不同的西方文化的本质，以此充分认识其对于个人、对于社会的影响和作用。然后在此基础上，学生要用正确的态度和方法去对待西方文化，不能一味地排斥西方文化中优秀的因素，也不能一味接受西方文化中消极的因素。

三、有助于大学生对文化自信的坚定

首先，促使高校学生切实认同社会主义核心价值体系。这是因为这是我国社会主义意识形态的本质体现；是促使中国社会朝着正确方向阔步前进的旗帜；是上亿中国人民应该切实遵守的标准体系。对于国家的发展来说，只有坚持社会主义核心价值体系，才能切实引导中国人民增强民族凝聚力，才能帮助中华民族增强竞争力。在大学阶段，学生接触的东西会越来越多，如果学生没有社会主义核心价值体系作为指导，那么就很容易迷失自己。因此，历史教学的开展，有助于帮助学生深化对于社会主义核心价值体系的认同。

其次，历史教学中文化自信培养有助于深化学生对于马克思主义意识形态的认同与坚持。马克思主义对于中国的影响是十分深刻，不管是在革命时期，还是在社会主义建设时期，党和人民都是以马克思主义为指导。正是因为马克思主义的正确指导，我们中国才能找到适合自己发展的正确的道路。当前，我国的思想文化领域，多元文化思想并存是主要趋势，而思想越是多元就越要将马克思主义的指导地位坚定下去。大学生思想意识形态必须要以马克思主义为指导。而历史教学的开展，有助于促使学生认识到马克思主义的强大生命力、影响力，能够促使学生在今后的发展中获得更好的思想指导。

最后，文化自信的培养能够在一定程度上促使高校学生积极主动地对于中国特色社会主义文化进行传承和弘扬。中国特色社会主义文化是在优秀传统文化的基础上，吸收借鉴了一切有利于人类发展的文化，进行融合发展的结果。在中国的发展过程中，中国特色社会主义文化是强大的精神支撑，是社会主义的重要促成因素。因此说，促使高校学生积极主动地对于中国特色社会主义文化进行传承和弘扬是十分必要的，而文化自信的培养有助于这一目标的达成。

四、有助于大学生坚定自身历史使命

　　青少年是中国发展的希望,未来会是中国社会的中流砥柱。因此,为了中国的发展,为了学生个人的进步,历史教学应该充分促使学生认识到自己的历史使命。而文化自信的培养,对于学生坚定他们自己的历史使命有着不容忽视的重要影响。在历史学习中,学生会体会到我们历史先辈为了中华民族的崛起所做出的不懈的努力,这能够很好地鼓舞学生,促使学生能够汲取精神的力量。如今,学生生活的时代是空前繁荣与复杂的时代。在这个时代,学生只有具备了坚定的文化自信,才能充满激情,充满浓厚的奋斗力。而没有了文化自信,学生很难去为了国家和民族展开不懈的奋斗。为了促使中华民族屹立于世界民族之巅,历史教学要尤为重视培养学生的文化自信。在文化自信的引导下,学生能够摆脱低级趣味,寻求更高的追求。在这个过程中,高校要充分发挥其自身的引导作用。

　　首先,高校要充分促使学生对于我国目前的国情进行充分的掌握。当前,对于我们的国情,学生们要以辩证唯物主义的眼光去分析,在这个过程中要认识文化与经济、科技、政治之间的关系,更好地理解文化的重要性。以科技为例,在科技迅速发展的时代,文化的传播形式和内容都发生了一定的变化。比如伴随着微博、微信以及存储技术的发展,文化能够借助摄影、拍照、扫描等技术进行保存和传播。

　　然后,教育本来就肩负着文化传播的使命,通过教育,学生会接受不同的思想,不同的文化,在这个过程中,学生的能力也会得到一定的提高。如今科技的发展要求学生具有良好的学习能力,尤其是要求学生对于科技有着十分正确的认识。高校要充分促使学生坚定文化自信,在此基础上,促使学生走不断创新的道路,推动科技与社会的进步。

五、有助于挽救大学生文化自信缺失

　　首先,历史教学中文化自信的培养,能够促使学生在正确认识传统文化的基础上更好地得到精神和情感的陶冶。如今，鉴于多元文化的影响，学生在学习过程和生活中，抵御不良思想的壁垒有所松懈。有的学生对于我国优秀传统文化的认识还不到位，这在一定程度上是由于学校教育的不足，也在一定程度上是因为家庭教育的缺失。但总体上，学校的责任是比较大的。一些学校在教学过程中难以充分将传统文化的魅力展示出来，不能促使学生对于传统文化产生浓厚的兴趣，也难以创新传统文化的渗透方式，导致学生对于我国传统文化的主动学习能力不足，且兴趣十分缺乏。这就导致文化自信的培养流于形式。在实际的生活与学习中，传统文化过时论、无用论、悲观论在学生中间有所蔓延。在这样的影响下，学生对于我国的传统文化还很容易产生一定的质疑，认为传统的价值与作用是可以忽略不计的。实际上，文化的发展是有它自身的一些规律的。不管是什么文化类型，都遵守这既定的规律。中华优秀传统文化要想获得更加长远的发展，也必须注意以下两个规律，即民族与世界的统一，传统与现代的统一。如今，一种文化只有被世界所认可与接受，才能更好地发挥其自身的影响力与传播力。因此，文化的发展必须立足于本国的国情，在此基础上面向世界，这样才能获得源源不断的动力。所以，在历史教学中，教师应该切实不断思考、创新，促使文化自信的培养工作落到实处，帮助学生认识文化发展的规律，弥补文化自信的缺失。

  其次，历史教学中，文化自信的培养能够促使学生提升对于先进文化的重视。大学生应用中国先进文化来武装自己的头脑，做先进文化坚定的捍卫者和传播者，弱化中国特色社会主义文化的理论价值是与坚持马克思主义指导地位背道而驰的。再如，对社会主义先进文化的生命力信心不足。从学理上讲，意识形态决定文化前进方向和发展道路，自觉维护和巩固社会主义意识形态，既是中国显著的政治优势，也是文化优势。马克思主义在意识形态领域的指导地位是中国特色社会主义文化的一大优势。文化的灵魂是核心价值观，它是决定文化性质和方向的关键要素，中国共产党紧紧围绕核心价值观的需求，促使中国先进文化成为人们的情感指引，帮助人们获得良好的精神支撑，能够为中国特色社会主义事业的发展打下坚实的基础。随着世界的局势变化，相信中华文化一定能够在世界舞台上表现出自己的生命力。

第三节　历史教学中大学生文化自信培养的策略

一、树立终身学习意识

在高校历史教学中，教师对于学生的影响是十分重要的。教师在历史教学中的作用至关重要。在历史教学中，要想促使学生具有文化自信，那么教师首先就要有文化自信。除此之外，要想更好地促使历史教学发挥文化自信育人的效果，教师就要切实用最新的理论武装自己，要能够善于积累，在引导学生学习马克思主义、中国共产党治国理政思路方法的基础上，为学生拓展资源，帮助学生热爱中国的历史。此外，教师应该对自己高要求、严评价。如果要促使学生成为一个思想高尚的人，那么教师自己首先就要成为一个思想高尚的人，只有教师做到言行一致，学生才能做到言行一致。总之，教师对于学生有着很好的引导作用。因此，教师必须要严格要求自己，不断实现"自我更新"。

应该说，懂得自我更新的教师，一定是一个能够不断取得进步的教师。这是因为懂得自我更新的教师，通常具备更加开放的心理状态，在事业上也是不断追求进步，热爱挑战。在高校教学中，历史教师不但要对于历史知识做到精通，还需要切实拓展自己的知识面，能够广泛涉猎地理、政治、科学、艺术等方面的知识。毕竟历史长河中，人类的发展是丰富的、多元的。要想教好历史，教师就必须具备广博的知识。此外，在如今这个科技日新月异的时代，教师应该懂得提升自身的教学水平，尤其是要注意提升自身的信息技术运用能力。只有这样，教师才能及时获取一定的信息，及时掌握最新的教学技术和方式，及时拓展丰富的教学资源。比如，现在教师可以充分利用微课、慕课等形式来辅助教学，还可以开展线上教学，这都有利于学生历史学习的进步，历史兴趣的调动，等等。

为此，不但学生要树立终身学习的意识，教师也要树立终身学习的意识，教师和学生共同进步，共同在历史的教和学中增强文化学习意识，树立文化自信心。

二、挖掘文化教学资源

对于历史教学中的资源来说，教师可以利用的资源是非常多的，不但有教材资源，还有学校中的资源，不但有课内资源还有课外的资源。因此，历史教师在培养学生文化自信的时候，应该切实将资源的运用作为重中之重。教师应该重视对于历史教材、历史档案和一些其他读物等资源的运用，在此基础上还可以充分结合乡土资源、时事资源等，不断拓展学生的接触面，从而提升学生的文化意识。

首先，对于教材资源进行一定的拓展。教材是教师进行教学的基础，也是教师制定教学目标、评价学生学习的重要基础。历史教材中，不但包括丰富的历史知识，也传递出一定的思想，给予学生思想上的引导。学生通过阅读历史教材，可以了解古今中外的文化。比如，对于中国近代史，学生通过阅读教材，能够认识到这段历史的发展过程。在了解的过程中，学生也能够在革命先辈的事迹中切实体会到红色文化精神的力量。因此说，历史教学和文化教学是不可分割的一个载体。教师应该充分把握好历史教学中的文化资源，帮助学生在历史学习过程中接触到更多的文化资源，以此帮助学生实现文化自信的培养。

其次，在利用教材的时候，教师也应该具有一定的灵活性，对于教材进行理性的审视，从而实现对于相关资源的整合。相关学者认为，教师在引导学生学习知识的时候需要做好准备，这里说的准备就是将知识进行一定的整合。从历史教师的角度来讲，应该按照一定的规律，去系统地、有组织地为学生提供学习资料，促使学生实现有意义的学习。在学习的过程中，学生依据自身原有的认知结构和知识系统去分析教师提供的材料，以旧知识和新知识间的联系，实现有意义的学习。在这个过程中，历史教师应该充分帮助学生打破原有的认知结构，对于书本上固定的、"死"的知识进行重新的审视、组织、梳理。这样学生在学习过程中就可以更加系统。可以说，教师应该帮助学生实现教材资源的充分利用，以此促使文化自信的培养落到实处。具体来说，教师可以从以下方面来促使学生加深对于教材的学习。

一是有效利用中国古代史。中国古代史中有很多人物值得学生学习。他们对于中华民族的进步做出了不可磨灭的贡献。比如，为了给广大人民治病的神农氏，尝百草的故事值得学生体会；三过家门而不入的大禹，是为了治理水患；范仲淹"先天下之忧而忧"；于谦"要留清白在人间"……这些人物在中国古代史上熠熠生辉，充分体现了古人的热血精神。在历史学习过程中，这些人物可以充分促使学生认识到传统文化的魅力，成为学生学习的榜样。教师在引导学生学习这些历史人物的过程中，也会促使学生在一定程度上建立起文化自信，所以作为历史教师要懂得利用好传统文化。

二是充分利用好中国近现代史。中国近代史是一部屈辱的历史，涌现出了无数不屈不挠的英雄人物，他们为中华民族的崛起做出了不可磨灭的贡献。比如，"我自横刀向天笑"慷慨就义的谭嗣同，天下为公的孙中山，等等。这是因为有这些人物，中华民族才不至于在面对外敌入侵的时候被一击即中；正是因为有这些人物，中华民族才能在面对外敌入侵的时候依旧能够"站起来"。因此说，中国近现代史能够充分促使学生体会到民族精神。因此，作为历史教师，必须充分利用好中国近现代史，帮助学生切实培养起文化自信。

三是充分结合红色文化，红色文化是中国共产党在革命斗争和社会主义建设过程中建立起的文化，包括了革命文化。回顾中国共产党带领中国人民抗击外敌的历史，可以发现，很多中国共产党人表现出了智慧、无畏的精神，正是因为有这些杰出的人物，中国共产党才能带领中华儿女实现祖国的统一。因此，在高校历史学习过程中，教师要充分带领学生体会这段历史，尤其是要重视学习这段历史中的英雄人物，比如抛头颅、洒热血的刘胡兰、杨靖宇等人。借助这样的学习，学生能够充分培养起文化自信，并且能够得到精神上的洗礼。

三是充分学习中华人民共和国建立以来中国共产党人带领中华儿女建设社会主义的这段历史。在这段历史中也出现了很多值得学生学习的榜样人物，比如"两弹元勋"邓稼先、鞠躬尽瘁焦裕禄等。如何建设好社会主义是我们值得思考的一个问题，中国共产党人带领中国人民在这条道路上进行了不懈的探索。在历史学习中，教师应该充分引导学生学习这段历史，帮助学生认识到什么是社会主义，让学生体会到社会主义的真谛，促使学生坚定社会主义真理，从而培养起文化自信。同时，教师也要引导学生从这段历史中的人物榜样身上学习，学习他们的精神，学习他们的智慧，促使学生成为为社会主义建设的接班人。

三、转变教学评价观念

在历史教学中，不可忽视的一部分就是教学评价。其实，不管在哪一门学科的学习中，评价都是不容教师和学生忽视的一部分。简单来说，评价就是对于教师或者学生的教与学进行判断的过程。这个过程的开展，需要以一定的标准为基础，同时需要结合一定的手段或者方法。评价的作用是十分重要的。从目前的评价方式方法来看，最主要的评价就是考试。考试在目前的教学中占据着十分重要的地位，很多教师和学生都是依据考试的结果来判断自己的教和学。但是需要认识到的是，考试仅仅能够反映学生对于知识的掌握程度，并不能反映学生学习的过程与方法、情感态度和价值观方面的表现。因此，这就会导致学生的学仅仅停留在知识的层面，不利于学生综合方面的进步。

历史学科的学习最重要的就是帮助学生建立起文化自信，促使学生树立民族精神，培养起良好的民族自豪感，从而更好地投身于中华民族的建设中去。因此，在历史教学评价中，教师不仅要知道学生的知识学习情况，还要掌握学生在情感态度和价值观方面的表现，这样才能为学生提供良好的指导。这就要求教师要充分利用好教学评价的重要作用。需要认识到，考试这种评价方法是目前比较重要的方式，很多时候考试是无法避免的一种手段，所以教师可以从考试入手。在试卷的编写上，教师可以充分创新，适当地编写一些开放性的试题，不再完全以应试为主，而是促使学生能够借助考试也得到情感方面的反映。这样也能够在一定程度上促使学生感受到历史学习的快乐。

四、转变历史教学理念

一是人性关照的哲学性。哲学反映人的本质。事实上，哲学的形式是多样的，但是不管是什么形式，都是以人为本的。人类对于世界的理解是促使世界人性化的重要基础。理性的哲学通常会承认人是世界的一部分。人性的哲学，则能够认识到世界因人而具有意义。这对于高校学生文化自信的培养具有十分重要的影响。在大学生文化自信教育问题上，长期以来存在过度强调"工具性价值"的偏差，忽视个人文化素养培养的"目的性价值"，仅仅让学生去掌握一些传统文化的知识，而没有让学生去对于知识背后反映的精神和道德进行体会。这样的教育方式忽视了对于人的价值、情感重视，甚至不能满足人的合理需要，违背了文化自信教育的内在要求，导致教育目的异化、效果弱化。文化自信教育本应以人的需要为出发点，站在人发展的角度构建文化自信教育的内容，即文化人格培养应是核心，文化认知能力、文化反思能力、文化甄别能力和文化创新能力是关键。对学生尊重、关心，分析人性要求，培养具有自由个性的文化人才，使主体性文化人格趋于完善。可以说，文化自信教育中的人性关照意义重大。

　　二是研究视角的整体性。文化自信的培养离不开人，其是一种以人为基础的实践活动。在文化自信的培养过程中，相关教育者要充分重视人的需要，从现实的人出发合理看待人并界定人的本性。其一，将大学生视为完整的现实的人。马克思主义认为现实的人在本质上是处于一定社会关系中从事实践活动的人，它是自然存在物，同时也属于社会存在物。要想获得对于人的完整认识，就要充分思考人类的本质，思考人格的发展。在这方面，马克思对于人的思考和论述值得我们借鉴。现实的人不是单个社会存在物，它与社会是统一的，对现实的人的本真把握要求我们从整体性视角去认识和把握人性。人的本质规定了人的全面发展的特定内涵，即作为社会的人必须在个人基本素养、社会实践能力、社会关系等多方面得到自由而充分的发展，大学生作为社会个体，更应注重全面发展。具体到文化自信教育，需注意以下几个方面：结合学生的认知诉求，分析学生的人际交往，了解他们的就业实际需要等，顺应形势地进行文化自信教育；在多元的社会生活中潜移默化地提升文化自信教育效果；充分挖掘礼仪和节日庆典活动的文化内涵，寓教于乐中发挥教育功能。

　　三是以整体性视角整合文化。当前的文化自信教育是在我国全面深化改革，传统与现代、东方与西方多元思想交织中进行的，困惑与危机并存。唯有直面现实，既立足本国又面向世界才能有效重构大学生的文化自信和价值观，创造出能够充分体现现代与历史结合的文化理论。遵守整体性原则，就要求我们不要带有一定的成见和偏见去进行研究，而是要从整体出发对于文化资源进行一定的整合，把文化自信作为一种价值追求和信仰而做出的选择，使文化自信教育回归到整体的人的角度去实现。

五、重视中国古代文学

要想充分体会中华优秀传统文化，就离不开对于古代文学的学习，在中国古代文学中，我们可以充分认识到中华优秀传统文化的思想核心。比如孔子的一些思想，孟子的一些思想，我们可以从《论语》《孟子》中进行体会。以此，能够总结出中华优秀传统文化的思想核心。因此说，在历史教学中，教师应该引导学生重视中国古代文学的学习。以此帮助学生能够充分体会到中华传统文化的魅力。

以民为本是中华优秀传统文化的核心。这一重要结论是中国古代思想家和统治者在长期的历史实践中总结出来的。对于以民为本这一思想，很多古代文学家都在文学中有所论述。比如，《新书·大政上》中，汉朝时期的贾谊提出过"闻之于政也，民无不为本也"。在民本思想中，古人认为要重视人民、以民为贵、顺应民意、休养生息、教化民众等，简单地说就是重民、贵民、顺民、养民、教民。其中重视人民是非常重要的，很多思想家和文学家都主张统治者要把百姓放在基础的地位。比如，《荀子·大略》中的思想就是人民比统治者的地位要高，孟子也主张"民为贵，社稷次之，君为轻。"。这些都反映了人民才是国家的根本。从这些思想中我们可以总结出以民为本是中华优秀传统文化的核心。这对于如今社会主义的建设具有十分重要的参考意义。在历史教学中培养学生的文化自信的时候，教师应该借助这一重要思想核心促使学生认识到中国传统文化的优秀之处，以此让学生更好地坚定文化自信。

除了以民为本是核心之外，中华传统文化的优秀之处还体现在对于诚信的重视方面。在中国传统文化中，讲诚信的人才可以算得上是君子。关于诚信重要性的论述，古代文学中也有很多的相关论述，翻开历史典籍，我们可以经常看见关于文化的论述，比如"人而无信，不知其可也""诚信者，天下之结也""民无信不立"。可以说，古人对于诚信是十分看重的，他们对于诚信的重视值得我们这些现代人进行学习。因此，在历史教学过程中，教师应该充分利用好文学，引导学生体会古人对于诚信的重视程度，这样才能促使学生体会到中国传统文化的优秀之处，进而促使学生能够在相关的学习中坚定文化自信。

崇尚正义也是中国传统文化的优秀之处。关于正义的论述，我们在很多文学著作中都可以读到，这反映了古人对于"正义"是十分重视的。在建设社会主义的今天，我们依旧需要把正义的实现作为重中之重，这不仅关乎社会的稳定，也关乎国家的发展。在历史教学过程中，教师可以为学生拓展一定的资源，让学生去阅读古代文学中关于正义的重要表述。比如，教师可以引导学生去读《中庸》，里面有"义者，宜也"的论述；可以引导学生去阅读《墨子·天志下》，其中探讨"义者，正也"的思想；还可以引导学生去阅读《论语》，其中有"政者，正也。子帅以正，孰敢不正"的论述。可见，中国古代文学中有很多关于"正义"的论述，这对于我们今天的发展也具有很强的启示意义。在历史教学中，教师应该充分利用好这些资源，帮助学生树立起文化自信，促使学生在今后也得到更好的发展。只有这样，教师和学生才能真正体会到历史的重要性，才能实现历史教学的重要目标。

和合也是中国优秀传统文化中不可忽视的一个词。关于和合的论述，体现在很多文学作品中。首先，在《国语·郑语》作者首次讲到这个词，即"商契能和合五教，以保于百姓者也"。这一处主要利用和合来论述父、母、兄、弟、子之间的关系，这种关系可以说是人们安身立命的根本。事实人，和合不但反映出人与人之间的关系，还可以在一定程度上反映出人与天地、人与自然以及社会之间的关系。对于这些不同的关系，古代文学中都有相关的论述。比如说，在《论语·子路》中就有这样一句话："君子和而不同，小人同而不和。这句话多强调的就是人和人之间的关系应该是怎样的。又如，在《礼记·礼运》中，作者写道："夫大人者，与天地合其德，与日月合其明，与四时合其序，与鬼神合其吉凶。"这强调的就是人与自然的关系。应该说，这些思想对于如今的社会主义建设具有十分重要的参考意义，也对于文化自信的培养具有良好的促进作用。因此，在历史教学中，教师可以借助一定的文学作品促使学生去体会这些思想，帮助学生认识到传统文化的优秀之处，借此树立文化自信。

此外，追求大同也是中国古代文学中所体现出来的一个重要思想，其对于如今的社会主义建设具有不可忽视的重要影响。在历史教学中，教师也要借助一定的文学作品促使学生体会这一思想，进而促使学生获得一定的精神力量，更好地以文化自信的态度投入到社会主义建设中去。据相关学者研究，《尚书·洪范》最早提及"大同"这个词。在这本书中，作者对于人心的统一进行了着重的论述，其借助庶民、卿士、统治者和天地鬼神的状态来论述"大同"的境界。此外，《礼记·礼运》中也有关于"大同"的论述。在中国古人来看，"大同"是一种十分理想的社会状态，在这种社会中，人们没有私心，没有烦恼，只有幸福，社会是人们的社会，是人们追求的理想状态。这反映了古人对于美好生活的诉求。

因此说，中国优秀传统文化中有很多在今天依旧具有重要意义的思想。这些思想对于如今的社会发展和人民进步有着十分积极的促进作用。因此，历史教师在高校教学中要充分重视中国古代文化，以此帮助学生树立起文化自信，坚定文化自信。

参考文献

[1] 刘瑶, 顾相君. 论新时代大学生文化自信的培育[J]. 哈尔滨学院学报, 2021, 42 (02): 130-132.

[2] 谢群. 文化自信视阈下大学生革命文化认同培育研究[J]. 未来与发展, 2021, 45 (02): 98-102.

[3] 马娇. 新时代大学生文化自信培育[J]. 商业文化, 2021 (04): 124-125.

[4] 乔木. 新时代大学生文化自信教育研究[J]. 教育理论与实践, 2020, 40 (36): 35-37.

[5] 毕天航, 马寄. 中华优秀传统文化视域下大学生文化自信的培育[J]. 佳木斯大学社会科学学报, 2020, 38 (06): 91-94.

[6] 余深焰. 浅论以优秀传统文化培育大学生文化自信[J]. 黄河. 黄土. 黄种人, 2020 (23): 12-13.

[7] 张先, 宁琳琳. 新时代高校培养大学生文化自信的路径[J]. 学园, 2020, 13 (35): 1-2.

[8] 谌华. 新时代坚定大学生文化自信的路径研究[J]. 长江丛刊, 2020 (33): 18+26.

[9] 彭陈. 新时代大学生文化自信培育研究[J]. 沈阳农业大学学报 (社会科学版), 2020, 22 (06): 737-741.

[10] 安莉. 大学生文化自信教育研究[D]. 哈尔滨: 哈尔滨师范大学, 2020.

[11] 周婧. 新时代大学生文化自信培育路径研究[J]. 青年与社会, 2020 (28): 78-79.

[12] 宋洁. 文化自信背景下的历史与社会教学资源探究[J]. 学周刊, 2020 (30): 191-192.

[13] 郐永果. 传统文化教育融入高校历史教学的思考[J]. 延边教育学院学报, 2020, 34 (04): 149-151.

[14] 李亚亭, 徐寅洁. 课程思政视野下历史教学文化自信培育路径[J]. 文学教育（下）, 2020(06): 138-139.

[15] 冯绍益. 新时代大学生文化自信培育研究[D]. 太原: 中北大学, 2020.

[16] 卓娜. 文化自信视域下大学生社会主义核心价值观培育研究[D]. 呼和浩特: 内蒙古工业大学, 2020.

[17] 陈鑫, 马栩旻. 高校历史教学中大学生人文素养的缺失与培养[J]. 学园, 2020, 13(14): 51-52.

[18] 赵潜. 文化自信视域下高校意识形态教育研究[D]. 兰州: 兰州理工大学, 2020.

[19] 蓝朝阳. 新时代大学生文化自信的生成机理及培育路径[J]. 龙岩学院学报, 2020, 38(03): 106-111.

[20] 张乐. 新时代大学生文化自信的生成逻辑定位和功能[J]. 文化创新比较研究, 2020, 4(15): 163-164.

[21] 徐国栋. 历史教学融入文化自信教育方法初探[J]. 学周刊, 2020(05): 85.

[22] 侯振兵. 高校本科历史教学的现状、问题与对策研究[J]. 西南师范大学学报（自然科学版）, 2019, 44(11): 174-180.

[23] 王美蓉. 利用历史课程思政教育资源，发挥高校课堂教学育人功能[J]. 文教资料, 2019(30): 164-165.

[24] 梁兆宪. 中国古代政治史教学与文化自信的培育[J]. 中学历史教学参考, 2019(16): 36-37.

[25] 徐晓燕. 文化自信背景下的历史与社会教学资源探究——以温州为例[J]. 课程教育研究, 2019(08): 247.

[26] 余先荣. 高校历史教学中传统美德教育的弘扬[J]. 智富时代, 2018(09): 239.

[27] 李心东. 文化自信在中学历史教学中的培养[J]. 读写算, 2018(24): 101.

[28] 朱小阳. 在高校文化史教学中突出文化自信——以"中国文化史"教学为例[J]. 科教文汇(中旬刊), 2018(03): 36-37+57.

[29] 李晶. 中国近现代史教学的困境、机遇与改革[J]. 教育评论, 2015(05): 120-122.

[30] 范元涛. 幼儿园教学游戏化研究[D]. 重庆: 西南大学, 2011.